SW

SWITCH CODE

Öffne die Schatzkammer
Deines Lebens

von

Kat Lassen

Bibliografische Information der Deutschen Nationalbibliothek:
Die deutsche Nationalbibliothek verzeichnet diese Publikation in
der deutschen Nationalbibliografie. Detaillierte bibliografische
Daten sind im Internet über http://dnb.dnb.de abrufbar.

TWENTYSIX - Der Self-Publishing-Verlag
Eine Kooperation zwischen der Verlagsgruppe Random House
und BoD - Books on Demand

Covergestaltung: budgetcover
Korrektorat und Buchblock: citroNET Autorenservice

Herstellung und Verlag:
BoD – Books on Demand, Norderstedt

ISBN: 978-3-7407-3541-8

Für Bo und Lilli

in Liebe und Dankbarkeit

Die Autorin:
Kat Lassen studierte Kunst und Theologie an der Christian-Albrechts-Universität in Kiel. Nach dem Studium gründete sie eine erfolgreiche Konzert- und Eventagentur, die sie 2005 verließ. Unter Public Piranha gründete sie 2007 ihre eigene Firma. Nach diversen Reisen durch Asien und Südamerika lebt und arbeitet sie als Autorin und freie Künstlerin in Hamburg.

www.switchcode.de
www.katlassen.de

Inhaltsverzeichnis

Das Leben ist so viel mehr, als wir glauben…

Der *Switch Code* ermöglicht Dir, Dein Leben zu verändern, zu *switchen.* Er besteht aus vier Teilen, dem jeweils ein Abschnitt des Buches gewidmet ist. In den verschiedenen Teilen gibt es mehrere Kapitel, welche die einzelnen Aspekte des zu behandelnden Punktes näher beleuchten. Die Kapitel bauen aufeinander auf und führen Dich Schritt für Schritt in Deine eigene Schöpferkraft und in ein erfüllteres und glücklicheres Leben.

Der *Switch Code* verfolgt einen bestimmten Ablauf. Von daher empfehle ich Dir, Dich an die Reihenfolge des Buches zu halten. Oftmals ist es ratsam, bestimmte Abschnitte wiederholt zu lesen, damit das Gesagte von unserem unbewussten Wissen in unser bewusstes Denken wechseln kann. Nimm Dir all die Zeit, die Du brauchst, um Dich den Gedanken dieses Buches zu nähern. Der *Switch Code* soll Dich immer wieder dazu ermuntern, Fragen zu stellen, und Deine *eigenen* Antworten zu finden. *Es geht um Dich und um Dein Leben!* Du bist auf dem Weg, und der Code wird Dir die Schatzkammer Deines Lebens öffnen.
In vier Schritten hast Du die Möglichkeit, Dein Leben selbstbestimmter, glücklicher und spannender zu gestalten. Der *Switch Code* gibt Dir die Chance, den Schleier der Verwirrung, die ein Leben jenseits Deiner eigenen Gestaltungsmöglichkeit auslöst, zu heben. Er liefert Dir einen klaren Blick auf das, was Du Dir wünschst. Es liegt an Dir, genau hinzuschauen. Das Leben ist eine Gabe und als solche sollten wir es auch sehen. Du hast jetzt die Chance, das Geschenk Deines Lebens auszupacken, anstatt immer nur an der bunten Verpackung zu zupfen. Nichts geschieht zufällig.

Sei mutig und hab Vertrauen. Du hast Dich mit diesem Buch auf den Weg gemacht und bist dabei, Dein Leben zu verändern.

In dem ersten Teil des Buches geht es um das *Weltbild.* Wir betrachten verschiedene Denkemodelle und Wahrnehmungsmuster. Die kritische Auseinandersetzung mit unserem Weltbild, gewährt uns neue Einsichten in die universalen Gesetze, die in unserer Welt und in unseren Leben wirken. Für Einige ist dies der anstrengendste Teil des Buches, da er einige theoretische Ausführungen in Bezug auf wissenschaftliche Erkenntnisse und logische Folgerungen enthält. Dies lässt sich leider nicht ganz vermeiden, wenn Du die großen Zusammenhänge, in denen der *Switch Code* wirkt, verstehen möchtest.

Wenn Dir einige Ausführungen sehr fremd vorkommen, oder bestimmte Sachverhalte unverständlich sind, dann lass Dich nicht verunsichern. Es geht immer darum, dass *Du Dir Deines Selbst bewusst wirst.* Du sollst zu Deinen eigenen Überzeugungen gelangen, die Dir helfen, Dein Leben selbst zu gestalten. Überprüfe Dein eigenes Weltbild aufgrund dessen, was Du nachfolgend lesen wirst und versuche, zu Deiner eigenen Wahrheit zu finden.

Der zweite Teil dieses Buches widmet sich Deinem *Ausgangspunkt,* d.h. Deiner aktuellen Lebenslage. Er betrachtet die Situation, in der Du Dich momentan befindest, einmal genauer. Es ist eine Art Bestandsaufnahme Deines bisherigen Lebens. Muster und Glaubenssätze sind mit verantwortlich, dass Du momentan genau das Leben führst, das Du führst. Dieser Teil des Buches beschäftigt sich mit dem Aufspüren und der Transformation dieser tief in uns wirkenden

Mechanismen. Des Weiteren gilt es zu verinnerlichen, dass der Punkt, an dem Du jetzt in Deinem Leben stehst, nie ein Endpunkt ist, sondern jederzeit in Deinen persönlichen Startpunkt in ein glücklicheres Dasein umgewandelt werden kann. Der Ausgangspunkt wird zum Startfeld, von dem aus Du die persönliche Reise zu Deinem gewünschten Endergebnis jetzt beginnst.

Im dritten Teil beschäftigen wir uns mit genau diesem Endergebnis, Deinem *Zielpunkt*. Es geht um das Erkennen und Formulieren Deiner innigsten Wünsche und Träume. Nur wenn Du genau weißt, wohin Du möchtest, kann Dich das Navigationssystem Deines Lebens zu genau diesem Ziel lotsen. Mit Beispielen und kleinen Übungen kannst Du Deine Ziele klar formulieren. Du steigst tief in den Manifestationsprozess Deiner Wünsche ein und wirst in die Lage versetzt, bestimmte Bereiche Deines Lebens oder auch Dein gesamtes Dasein komplett und nachhaltig zum Guten zu *switchen.*

Im letzten Teil des *Switch Codes* steht der *Prozess* der Wunscherfüllung im Vordergrund. Wir müssen uns wieder vertrauensvoll dem Fluss des Lebens überantworten, der uns langsam aber stetig unserem Ziel entgegenträgt. Es gibt vielerlei Klippen, die uns daran hindern wollen, das Ufer der Angst und des Zweifels zu verlassen. Sie gilt es zu umschiffen und die Reise unseres Lebens mit Freude anzutreten. *Der Prozess* ist der Teil des Buches, der Dich in die Praxis entlässt und Dir die Möglichkeit gibt, die Schatzkammer Deines Lebens zu betreten.

Die vier Teile des *Switch Codes* entfalten ihre eigene Wechselwirkung und ermöglichen es Dir, von einem unerwünschten Zustand in einen erwünschten zu wechseln, *zu switchen*. Wenn dir die Lebensumstände, in denen Du Dich gerade befindest, nicht gefallen, hilft Dir der *Switch Code*, durch die Umstellung Deiner inneren Haltung den Zustand zu erreichen, der es Dir ermöglicht, das Leben zu führen, welches Du Dir schon immer erträumt hast. Vielleicht sogar ein so wunderbares Leben, von dem Du bisher nicht geglaubt hast, dass Du es erreichen kannst. Du benötigst keine finanziellen Mittel, um sie zu investieren. Du brauchst keine entsprechende Hochschulbildung und auch keine wichtigen Kontakte, um Dein Ziel zu erreichen. Du brauchst einzig und allein Deine innere Überzeugung in Bezug auf Dein Leben und den, *der Du wirklich bist*, zu verändern. Allein, dass du dieses Buch jetzt in den Händen hältst, ist der erste Schritt, Dein Leben selbstbestimmt zum Besseren zu wenden.

Du hast die Macht und alle Fähigkeiten. Es liegt kein anstrengender Weg vor Dir, sondern eine spannende Reise, die Du genießen sollst.

Viel Spaß!

Der Code

Der *Switch Code* gibt Dir die Möglichkeit, Dein Leben auf eine einfache Weise komplett zu ändern. Egal, welche Dinge Du in Deinem Leben verbessern möchtest, dieses Buch reicht Dir das Handwerkszeug, Dir Deine Wünsche zu erfüllen und das Leben zu führen, von dem Du schon immer geträumt hast. Mit Hilfe dieses Buches kannst Du Dein Leben in einigen Teilen bereichern oder auch komplett *switchen*.

Ich kann mir vorstellen, dass das Versprechen, dass Du ohne große Anstrengung ein Leben, das vielleicht von Sorgen, Anstrengungen und Mangel geprägt ist, in ein wundervolles Dasein zu wandeln, in dem Du alles haben und alles sein kannst, was Du willst, vermutlich auf Dich so unseriös wirkt wie das Versprechen der neusten Diätpille.
Lass uns ruhig bei diesem Beispiel bleiben, um einen großen Unterschied zu verdeutlichen. Auf den ersten Blick scheinen der *Switch Code* und die Diätpille positive Änderungen auf ähnliche Weise zu erreichen. Die Wunderpillen versprechen, quasi über Nacht einen anderen Menschen aus Dir zu machen. Dieses Buch verspricht Dir ebenfalls, dass Du ohne viel Anstrengung ein völlig neues und besseres Leben führen kannst. Wo ist also der besagte Unterschied? Viele Produkte, die Wunder-Abnehm-Pille und auch Ratgeber, basieren auf der Aussage, dass Du etwas von außen brauchst, das dann auf Deiner physischen oder psychischen Ebene wirkt. Erst mit Hilfe dieser zugeführten Veränderung kannst Du gewünschte Resultate und positiven Wandel schaffen. Es geht von dem Bild aus, dass der Mensch, in diesem Fall Du, allein nicht in der Lage ist, die

ersehnte Veränderung herbeizuführen. Genau da liegt der Fehler! Das kann gar nicht funktionieren. Jede Veränderung beginnt in Dir, und in Dir liegt der Schlüssel, das Potenzial zu entfesseln, das in Dir steckt. Du musst nichts anderes tun, als den Code des Lebens und seiner Gesetzmäßigkeiten zu entschlüsseln und Deine beschränkte Sicht auf Dich und Deine Möglichkeiten in dieser Welt zu verändern. Es ist eine spannende Reise, auf die sich die Menschheit begibt und Du kannst mit Hilfe des *Switch Codes* bewusst diesen Wandel erleben. Keine Sorge, es liegt kein anstrengender Prozess vor Dir, sondern ein wunderbarer Weg, der es Dir ermöglicht, Dein Leben wieder selbst zu gestalten und zu verbessern.

Einiges, was Du auf Deiner Reise zu den Schatzkammern Deines Lebens liest, wird Dir vielleicht bekannt sein, anderes vielleicht nicht. Das ist normal und überhaupt nicht wichtig. Von Bedeutung ist, dass Du ein klein wenig Bereitschaft zeigst, Dich auf eventuell neue Sichtweisen einzulassen und Freude am Lesen und ausprobieren hast. Mehr musst Du nicht tun, damit der *Switch Code* Dein Leben positiv wandelt.

Der **Switch Code** besteht aus vier Teilen:

1. **Weltbild**
2. **Ausgangspunkt**
3. **Zielpunkt**
4. **Prozess**

Wenn Du diese vier Punkte, den *Switch Code*, anwendest, wird sich der Tresor mit den Geschenken des Lebens öffnen. Dein Leben wird sich auf eine leichte und wunderbare Art ändern.

Es geht im *Switch Code* nicht um naiven Glauben, sondern um logische Folgerungen aus einer sich gerade jetzt wandelnden Weltsicht, die interdisziplinär in verschiedenen wissenschaftlichen Fachrichtungen an Bedeutung gewinnt. Wenn wir dem Wunder des Lebens und seinen Gesetzen in unserem Denken Raum geben, erreichen wir einen Punkt, den *Switch Point*, an dem sich unser Leben von allein ändert. Wenn sich unsere Gedanken und Gefühle in Bezug auf unsere eigene Existenz wandeln, so wandelt sich auch unsere Existenz. Das ist kein esoterischer Humbug, sondern ein Naturgesetz. Es erfüllt sich immer, egal ob wir daran glauben oder nicht. Das alte Weltbild hat langsam ausgedient. Wir leben in einer Zeit des Paradigmenwechsels. Das bedeutet, dass sich gerade in unserer Zeit die Grundstruktur unserer wissenschaftlichen Weltanschauung radikal verändert. Unsere grundsätzliche Denkweise über das Wesen des Menschen, unsere Welt und die Gesetzmäßigkeiten des Lebens befinden sich in einem Wandlungsprozess. Dieser Wandel ermöglicht es uns, das Leben völlig neu zu betrachten.

Das Leben ist viel dynamischer und magischer, als Du bisher gedacht hast. Es ist voller Wunder und unsere heutige Wissenschaft ist dabei, diese Aussage zu untermauern. Das Leben arbeitet für uns und nie gegen uns. Wenn wir uns auf dieses neue Paradigma einlassen, dann fängt die Magie des Lebens an, für uns zu wirken. Das ist keine Träumerei, sondern eine Feststellung, welche in verschiedenen Disziplinen und Fachrichtungen der modernen Wissenschaft untersucht wird.

Um den *Switch Point*, der den Wendepunkt zur Veränderung bildet, zu erreichen, müssen wir einige unserer althergebrachten Sichtweisen ändern. Erst müssen wir unsere alten Denkmuster überprüfen und uns einem neuen Weltbild öffnen. Wenn wir unser Denken geöffnet haben, erkennen wir die wundervollen Gesetzmäßigkeiten. Sie verleihen uns die Macht, unsere eigene Schöpferkraft zu leben, und ein – im wahrsten Sinne – wundervolles Leben zu führen. Aber keine Sorge, es kommen keine Strapazen auf dich zu. Lese, lausche und lerne Dich selbst ein Stück besser kennen. Es ist ein eine Reise zu Dir und dem Leben, das Du Dir wünschst. Entspanne Dich. Indem Du gerade dieses Buch liest, machst Du schon Schritte in die richtige Richtung. Du musst nicht Dein Leben umkrempeln, sondern es lediglich verstehen. Indem Du die Mechanismen des Lebens, Deiner Existenz und der Gesetzmäßigkeiten des Universums erkennst und vertraust, wird sich Dir eine wahrhaftig neue Welt erschließen, auch wenn Du erst einmal gar nichts änderst. *„Auch der weiteste Weg beginnt mit einem ersten Schritt"*, sagte bereits Konfuzius. Dein Weg in ein besseres Leben vielleicht mit diesem Buch. Es ist eine Reise. Genieße sie.

Im Folgenden wollen wir uns auf den Weg machen und uns die einzelnen Punkte, die den *Switch Code* bestimmen, einmal genauer betrachten.

TEIL I

WELTBILD

Veränderung ist der Ursprung der Schöpfung. Sie geschieht mit jedem Wimpernschlag, auch mit Deinem…

In diesem Teil werde ich erläutern, wie sich unser Weltbild im Wandel der Zeit verändert und erweitert. Wir leben in einer spannenden Zeit, in der die seriösen Wissenschaften das Althergebrachte mit bahnbrechenden neuen Erkenntnissen ausheben. Unser Paradigma, d.h. unsere momentan gültige Sichtweise auf Wirklichkeit, Wahrnehmungsweise und Wertvorstellungen, werden von den neuen Erkenntnissen der Naturwissenschaften völlig auf den Kopf gestellt. Diesen Paradigmenwechsel, der sich gerade vollzieht und erstmals ein völlig anderes Menschenbild und Selbstverständnis zulässt, werde ich in diesem Teil des Buches skizzieren.

Ich lade Dich ein auf eine Reise zu einer neuen Weltsicht und einem neuen Selbstverständnis. Einige Dinge werden Dir vielleicht bekannt vorkommen, andere vielleicht etwas verrückt. Das ist völlig in Ordnung. Wir sind die Ersten, die diesen Paradigmenwechsel bewusst erleben, und es ist mehr als verständlich, dass es kaum einem Menschen gelingt, konsequent im neuen Paradigma zu leben. Es ist eine Einladung, das Leben einmal aus einer erweiterten Sicht heraus zu begreifen.

Damit wir das Leben unserer Träume führen können, müssen wir unsere althergebrachten Überzeugungen über unser Menschsein, das Leben und die Welt an sich transformieren. Dein Leben ist ein riesiges Geschenk und es wird Zeit, dass Du es auspackst und mit Feuerwerk feierst. Wir sind aufgefordert, den Trampelpfad aus Angst und Leid, den Generationen vor uns in den Sand der Geschichte getreten haben, endlich zu verlassen und unsere eigenen Wege zu gehen.

Wir sollen unsere Köpfe aus dem Sumpf der Geschichte ziehen, uns den Staub des globalen Leidens von den Kleidern schütteln und anfangen, uns selbst als schöpferischen Teil des Lebens und der Geschichte zu begreifen. *Du* bist ein schöpferischer Teil der Welt. Deiner eigenen, aber auch der aller Anderen. Aber um das zu verstehen, müssen wir unser Weltbild um einige Wahrheiten erweitern.

Das alte Weltbild

Der französische Philosoph, Mathematiker und Naturwissenschaftler René Descartes ist für sein Diktum "cogito ergo sum" ("ich denke, also bin ich") bis heute berühmt.

René Descartes (1596-1650)

Diesem Ausspruch liegt eine rein rationale Sicht auf den Menschen und sein Weltbild zu Grunde. Der Mensch und die Welt, in der er lebt, werden rein rational betrachtet und in ihre einzelnen Anteile zergliedert. In diesem Weltbild gleicht der Mensch eher einer Maschine, welche in ihre Einzelteile zerlegbar ist, als einer komplexen Schöpfung Gottes. Unabhängig vom Menschenbild führte die Sichtweise Descartes' in den folgenden Jahrhunderten auch zu einer äußerst reduktionistischen und mechanistischen Auffassung der Realität. Objektive Quantifizierung galt und gilt zum Teil immer noch als Prämisse für Sinnhaftigkeit und Grund des Seins.

Sir Isaac Newton (1642-1726) stützte aus physikalischer Sicht genau dieses Weltbild. Nach seiner Auffassung basiert alles auf dem Gesetz von Ursache und Wirkung. Dieses Kausalitätsprinzip dominierte bis Anfang des 20. Jahrhunderts die Naturwissenschaften und wirkt bis heute weiter.

Das alte Weltbild geht davon aus, dass wir und die Welt, wie wir sie erleben, unabhängig von unserer Wahrnehmung existieren. Wir haben ursächlich keinerlei Einfluss auf die Abläufe. Charles Darwin (1809-1882) untermauerte mit seiner Evolutionstheorie diese Sichtweise. Mit seinem Modell der natürlichen Auslese postuliert er, dass der Entwicklungsprozess lediglich auf Zufall und selektiver Mutation beruhe. Damit leistete er unserem Empfinden von einem Leben im Haifischbecken Vorschub, in dem nur das Ellenbogenprinzip zum Erfolg führt und die Stärksten überleben ("survival of the fittest").

Wir leben in einer Welt voller Gesetzmäßigkeiten. Es gibt Naturgesetze, die alles Leben auf dieser Erde bestimmen und denen wir selbstverständlich auch in unserem Denken folgen. Kein Mensch zweifelt zum Beispiel an der Schwerkraft. Wenn Du einen Stein in die Hand nimmst, gibt es für Dich keinen Zweifel, dass er Richtung Erde fallen wird, sobald Du ihn loslässt. Andere Dinge, wie zum Beispiel Elektrizität, lassen sich für uns nicht so leicht erklären. Wir nutzen in unserer westlichen Welt permanent die Errungenschaften der ihr zugrundeliegenden Erkenntnisse, ohne das dahinterliegende Wissen kennen zu müssen.

Was immer wir tun und für möglich halten, basiert letztlich auf den Ideen der Physik Newtons, welche über 300 Jahre alt sind. Überhaupt klammert die Wissenschaft gemäß ihrer Natur Fragen der Sinnhaftigkeit aus, da sie sich nur an messbaren Ergebnissen orientiert. Im Rahmen unseres bisherigen wissenschaftlichen Verständnisses haben wir ein sehr geordnetes Universum mit voneinander getrennten Dingen, die nach festgelegten Gesetzen in Raum und Zeit aufeinander einwirken und funktionieren. Es ist das Denken des alten Paradigmas, einer veralteten Weltvorstellung.

Es geht nicht darum, die Newtonsche Physik als Erklärungsmodell zu negieren oder in Misskredit zu bringen, sondern einfach zu akzeptieren, dass sie nicht alles abdeckt. Es werden in der Wissenschaft andere Gesetzmäßigkeiten erkannt, die unsere bisherige Sicht auf die Welt komplett auf den Kopf stellen. Einen großen Anteil, an der Neuinterpretation der Gesetzmäßigkeiten des Universums und der Rolle des Menschen als Teil der Schöpfung, hat der relativ neue Zweig der Quantenphysik.

Neue Ergebnisse aus der Erforschung der Quanten (der kleinsten Teilchen) sprechen dafür, dass alles miteinander verbunden ist. Lynne McTaggart ist eine preisgekrönte Journalistin und Autorin erfolgreicher Bücher wie *The Field*, das in 14 Sprachen übersetzt wurde (dt. Titel: *Das Nullpunkt-Feld*). Sie inspirierte den Kino-Kultfilm *„What the bleep do we know?"*. Lynne McTaggart fasste diese neue Entwicklung in einem Ihrer Interviews folgendermaßen zusammen: "Wir haben geglaubt, dass es da eine Physik des Großen (Astronomie) im Unterschied zu einer Physik des Kleinen (Teilchenforschung) gibt, doch nun beginnen wir zu verstehen, dass es nur eine Physik gibt: Die Gesetze der Quantenwelt, der kleinsten Teilchen, gelten auch für die Welt, die wir sehen. Und diese Gesetze besagen unter anderem, dass ich, der Beobachter, die Welt und dass was ich erlebe, beeinflusse. Und es gibt Beweise dafür, dass unsere Gedanken das Physische verändern können."

Wenn das stimmt, dann müssen wir völlig umdenken. Bisher haben wir die Welt auf der Basis der Trennung wahrgenommen. Die Welt, die wir nun entdecken, ist eine der Einheit, wo alles – bis zur Ebene der kleinsten Partikel – miteinander verbunden ist.

Da ich Geisteswissenschaften studiert habe, kann ich nicht den Anspruch haben, die Quantenphysik hier wissenschaftlich darzustellen, geschweige denn ganz zu erfassen. Für ganz normale Menschen, zu denen ich mich durchaus zähle, ist und bleibt die Quantenphysik ein Buch mit mehr als sieben Siegeln. Es ist jedoch auch für den Laien offensichtlich, dass gerade dieser Zweig der Physik auf dem Weg ist, unser Weltbild komplett zu revolutionieren.

Aktuell haben Physiker am Europäischen Kernforschungszentrum (CERN, Schweiz) mit dem stärksten Teilchenbeschleuniger der Welt eine neue Form von Materie nachgewiesen: die sogenannten Pentaquarks.

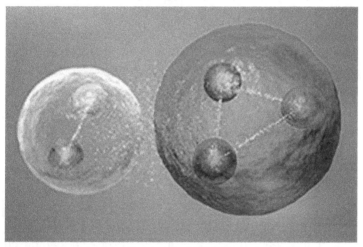

Das neu entdeckte Pentaquark-Teilchen besteht aus fünf Quarks. (Foto: CERN)

Diese fünfgliedrigen Quarks haben nichts mit Milchprodukten zu tun, sondern sind eine Form von Bestandteilen der Materie, die bislang nur in theoretischen Modellen der Teilchenphysik beschrieben wurden.

Das Pentaquark besteht aus vier Quarks und einem Antiquark. Deren Existenz war erstmals in den 1960er Jahren vorhergesagt worden, maßgeblich von dem amerikanischen Forscher Murray Gell-Mann, der 1969 den Nobelpreis für

Physik erhielt. Auf dem Quarkmodell fußt die Vorhersage der Pentaquarks. Es ist ein wissenschaftlicher Durchbruch und die praktische Auswirkung der neuen Erkenntnisse über das Pentaquark ist nicht abzusehen. Aber das war bei Einsteins Relativitätstheorie ebenso, und nun basiert jedes Navigationsgerät darauf.

Die Quantenphysik ist dabei zu beweisen, dass Materie eine Illusion ist. Sie besteht zu 99,99% aus *Nichts*. Überdies haben Versuche ergeben, dass die kleinsten Teilchen ihren Zustand ändern können. Sie können sich sowohl als Teilchen als auch als Wellen darstellen. Als wäre das noch nicht verwirrend genug, haben namenhafte Wissenschaftler unabhängig voneinander herausgefunden, dass Materie erst durch bewusste Beobachtung entsteht. Auch das stellt unser altehrwürdiges Weltbild völlig auf den Kopf, wenn wir versuchen, uns da reinzudenken. Darüber hinaus haben jüngste Versuche gezeigt, dass es eine Verschränkung von Elementarteilchen gibt. Das bedeutet, wenn man zwei zusammenhängende Elementarteilchen (z.B. Photonen) trennt und dann an dem einen Teilchen eine Messung durchführt, reagiert auch das andere Teilchen genau gleich und liefert exakt dieselben Testergebnisse. Das gleiche Phänomen lässt sich auch beobachten, wenn man den Zustand eines der Teilchen ändert. Wird zum Beispiel ein Teilchen in eine andere Position gebracht, nimmt das andere augenblicklich dieselbe Position ein, auch wenn es durch einen ganzen Kontinent von dem ersten getrennt ist. Es sind ausgeklügelte wissenschaftliche Experimente, die mit großem apparativen und finanziellen Aufwand von verschiedenen Regierungen durchgeführt werden. Trotzdem ist es für unseren normalen Verstand fast ein Ding der Unmöglichkeit, die Ergebnisse dieser weltweit durchgeführten Versuche nachzuvollziehen. Noch abstrakter wird es für unser Gehirn bei der Tatsache, dass dies alles ohne jegliche Zeitverzögerung oder räumliche Begrenzung geschieht. Die neusten Forschungsergebnisse haben bewiesen, dass zwei voneinander getrennte Systeme ohne auch nur die geringste Zeitverzögerung und über jede Entfernung miteinander interagieren. Schon Albert Einstein (1879-1955) konfrontierte uns mit der Relativität von Zeit und Raum und nun kommt auch die neuere Wissenschaft immer mehr zu dem Schluss, dass unsere Vorstellungen von Zeit und Raum reine Illusion sind. Unser Verstand benötigt diese Parameter lediglich, um eine bestimmte Ordnung zu erschaffen, die eigentlich gar nicht existiert.

Ich bin sehr froh, dass viele namenhafte Wissenschaftler global diese Thesen mit ihren Forschungsergebnissen immer wieder untermauern und es zahllose teuer bezahlte Versuchsreihen zu dem Thema gibt. Es ist so unbegreiflich, dass man sich leicht für einen Spinner halten könnte. Aber wir sprechen hier von Wissenschaft und nicht von Esoterik. Trotzdem ist mein durchaus kritischer Verstand sehr gefordert, da unser gesamtes Weltbild durch die Forschungsergebnisse der Quantenphysik komplett auf den Kopf gestellt wird. Somit ist es fast beruhigend, dass der dänische Physiker Niels Henrik David Bohr (1885 -1962), einer der Wegbereiter der Quantenphysik, einmal sagte: "Wer über die Quantenphysik nicht entsetzt ist, der hat sie möglicherweise nicht verstanden." Er erhielt 1921 die Hughes-Medaille der Royal Society und 1922 den Nobelpreis für Physik.

Niels Bohr und Albert Einstein 1925. Foto: Paul Ehrenfest (1880-1933).

Es soll im Laufe dieses Buches nicht darum gehen, die Forschungsergebnisse der Quantenphysik bis ins Detail zu verstehen und über die revolutionären Forschungsergebnisse entsetzt zu sein. Es gilt vielmehr, sich die Frage zu stellen, welche Bedeutung die neugewonnenen Erkenntnisse für unser Leben haben. Wenn wir, wie in den jüngsten Versuchen an großen Zentren der Erforschung der kleinsten Teilchen gezeigt, scheinbar das Verhalten der Quanten durch unser *Bewusstsein* beeinflussen können, dann können wir auch unsere erlebte Realität beeinflussen.

Ich denke, wir sind gerade mit den Erkenntnissen der Quantenphysik in ein spannendes neues Zeitalter eingetreten.

Bereits Aristoteles (384 v. Chr. - 322 v. Chr.) erwähnt im Buch XII seiner Metaphysik einen immateriellen „unbewegten Beweger" als erste Ursache, die der bereits vorhandenen Materie Struktur verliehen hat. Er verneinte jedoch eine Schöpfung, denn die Materie sei „ewig und unerschaffen". Dieses erinnert mich sehr an einige Versuchsergebnisse in der Quantenphysik, in denen Teilchen durch ein beobachtendes Element ihre Wellen- oder Teilchenstruktur ändern. In seinem *Timaios* vertrat Platon (428/427 v. Chr. - 348/347 v. Chr.) die Auffassung, dass ein Schöpfergott der ungeordneten Ur-Materie eine Form verliehen haben muss, um daraus ein vernünftiges Ganzes zu schaffen.

Philosophisches und theologisches Denken, welches oftmals zur reinen Glaubenssache degradiert wird, erlangt ironischerweise gerade durch die Wissenschaft eine ganz neue Bedeutung. Der Graben zwischen Glaube und Wissenschaft scheint sich zu schließen. Es wird immer wahrscheinlicher, dass unsere eigene Schöpferkraft und unser Einfluss auf unser Umfeld wissenschaftlich bestätigt wird.

Für dieses Buch und unser Ziel, unser eigenes Leben bewusst nach unseren Wünschen zu gestalten, reicht es an dieser Stelle zu wissen, dass wir keinem naiven Wunschdenken folgen. Wir öffnen uns einem neuen Blick auf die Mechanismen des Kosmos und des Lebens, welchen die Wissenschaften bereits seit längerem viel Aufmerksamkeit schenken. Und das sollten wir nun auch.

Wie wir bewusst manifestieren können und die Gesetze, die uns die Quantenphysik erschlossen haben, für unser Leben positiv nutzen, werden wir im Laufe des Buches erkennen.

Eine veränderte Sicht auf die Welt bedingt eine Veränderung der Dinge und Kräfte, die außerhalb des Sichtbaren liegen. Eine Öffnung zum neuen Paradigma bedeutet zwangsläufig auch ein Umdenken in anderen Bereichen.

Im neuen Weltbild gilt Annahme, dass alles miteinander verbunden ist. Trennung ist eine Illusion. Dies führt in der Konsequenz dazu, dass das Bild eines vom Menschen getrennten strafenden Gottes, der von außerhalb nach seinem Willen über den Menschen richtet, nicht mehr aufrecht zu erhalten ist. Vielmehr ist der Große Geist (Gott) überall präsent und durchdringt alle Aspekte. Gott, die göttliche Intelligenz, das Universum oder wie auch immer Du es nennen möchtest, ist *Alles*. Es ist so umfassend, dass nicht nur alles, was existiert, sei es belebt oder unbelebt, physisch oder energetisch auf das göttliche Prinzip zurückgeht, sondern es geht noch weiter: Die göttliche oder universelle Intelligenz hat nicht nur die Welt, wie sie ist, geschaffen und konzipiert, sondern auch eine Welt, die alle Möglichkeiten enthält. Auch wenn sie sich (noch) nicht physisch manifestiert haben.

Das hat nichts mit naivem Gottglauben oder Esoterik zu tun, sondern das ist Metaphysik. Metaphysik ist die Wissenschaft, die sich als Teilrichtung der Philosophie mit dem Ursprung, dem Grund und dem Ziel aller Existenz, aber auch eines möglichen übergeordneten Seins befasst. Diese übergeordnete Existenz oder auch Intelligenz nenne ich persönlich Gott. Mein Gottesverständnis unterscheidet sich jedoch existentiell von unserem christlichen Gottesbild. Ich glaube nicht an den von uns getrennten, ziemlich unleidlichen Mann mit Bart im Himmel, in dessen Namen so viel Leid in diese so wundervolle Welt gekommen ist. Gott ist vielmehr universelles Prinzip. Der Ursprung von allem, was ist und allem, was sein kann... und es schließt Dich und mich mit ein. Der Quantenphysiker Hans-Peter Dürr (1929-2014) formuliert dies so: "Du kannst nicht von Gott reden, weil Gott eigentlich das Ganze ist. Und wenn er das Ganze ist, dann schließt es dich mit ein.".

Gott ist somit Schöpfer und Schöpfung in einem. Das ist Dein Potenzial und Deine Chance. Du bist nicht nur Teil der Schöpfung, sondern ebenfalls Teil des Schöpfers. Du hast in logischer Konsequenz göttliche Schöpferkraft. Die gilt es nun zu entdecken und zu nutzen.

Natürlich musst Du nicht Deinen Glauben, egal welcher Religion und Konfession Du angehörst, an den Nagel hängen. Es geht lediglich darum, zur Essenz Gottes, des Schöpfers, wie er in allen großen Religionen vorkommt, zurückzukehren und Deinen eigenen Platz in der Schöpfung anzunehmen. Das eine schließt das andere nicht aus. In der Bibel heißt es zum Beispiel im Alten Testament im ersten Buch Mose: „... und gab ihnen Macht über das, was auf Erden ist, und verlieh ihnen Kraft, wie er selber sie hat, und schuf sie nach seinem Bilde" (1. Buch Mose, 26-28). Das bedeutet zum einen, dass wir über göttliche Schöpferkraft verfügen und zum anderen, dass wir alle gottgleich sind. Juden, Christen und Muslime beten alle zu dem einen Gott. Jahwe, Gott und Allah meinen alle denselben einzigen Gott, von dem wir uns kein Bild machen sollen. Die Abbildungen Gottes, die uns in religiösen Darstellungen entgegen flackern, ist eine völlige Missachtung dieser fundamentalen biblischen Aussage. Wir kennen Darstellungen, in der Gott als himmlischer Vater mit Rauschebart, oftmals halbnackt vom Himmel guckend und mit Ansatz eines Waschbrettbauchs, abgebildet ist. Dieses Abbild des himmlischen Vaters hat unser Gottesbild geprägt. Es hat uns in die Irre geführt. Wenn Gott uns nach seinem Bilde geschaffen hat, dann ist er schwarz, weiß, indianisch, asiatisch, weiblich und männlich, klein und groß, Kleinkind und Greis, kurzum alles, was der Mensch überhaupt sein kann.

Der christliche Philosoph Brian Leftow legt in der *Routledge Encyclopedia of Philosophy* folgende restriktivere Definition Gottes zugrunde: „Gott ist die höchste Wirklichkeit, die Quelle oder der Grund alles anderen, perfekt und der Anbetung würdig." Diese Definition erhebt unsere individuelle Existenz zur höchsten Wirklichkeit.

Kein anderer Mensch hat Deine Realität, Dein Empfinden, Deinen individuellen Blick auf die Welt. Du bist göttlich und perfekt! Vielleicht siehst Du Dich gerade anders, wenn Du kritisch Dein momentanes Leben beäugst. Versuche jedoch nur einmal kurz hinter den Vorhang Deiner Selbstbeschränkung zu gucken und empfinde einmal das Wunder, welches Du bist. Scheinbar bist Du ohne Dein aktives Zutun in diese Welt geboren worden und Alles war bereits arrangiert. Deine Lunge hat von Deinem ersten Atemzug an Deinen Körper mit Sauerstoff versorgt. Dein Herz pumpt unermüdlich das Blut durch Deinen Körper, ohne dass Du etwas dafür tun musst. Deine Zellen erfüllen ihren Plan und Deine Botenstoffe kommunizieren ohne Deine Anweisung. Der menschliche Körper mit seinen ausgeklügelten Stoffwechselprozessen ist ein wahres Wunderwerk. Ebenso wie diese unglaublich auf einander abgestimmten Kreisläufe, die wir in der Natur beobachten können. Das Wunder der Schöpfung begegnet uns in jeder Sekunde in der kleinsten Zelle genauso wie in dem Wechsel der Jahreszeiten oder in dem hochkomplizierten Zusammenspiel von Flora und Fauna in einem intakten Ökosystem. Alles ist perfekt und wundervoll angelegt in der Schöpfung. Auch Du! Du bist ein Teil der Schöpfung, ein Teil Gottes.

Alles ist Energie

Alles ist Energie, und Energie kann nicht verloren gehen. Das ist keine spirituelle Spielerei, sondern eine wissenschaftliche Annahme, die als bewiesen gilt. Der sogenannte Energieerhaltungssatz drückt die Erfahrungstatsache aus, dass die Energie eine Erhaltungsgröße ist. Sie kann also nicht verloren gehen. Als erster hat der Arzt Julius Robert von Mayer (1814 -1878) den Energieerhaltungssatz formuliert. Nach dem Energieerhaltungssatz ist es nicht möglich, Energie zu erzeugen oder zu vernichten. Es ist möglich, Energie in verschiedene Energieformen umzuwandeln, beispielsweise Bewegungsenergie in Wärmeenergie. Wir alle kennen den Satz „Reibung erzeugt Wärme". Energie kann auch aus einem System oder in ein System transportiert werden. Im physikalischen Sinne des Energieerhaltungssatzes ist aber ein Verlust von Energie nicht möglich. Diese Erkenntnis gilt als wichtiges Prinzip aller Naturwissenschaften. Unser Körper ist ein Paradebeispiel für die Umwandlung und Transformation von Energie. Viele unserer Nahrungsmittel weisen ihren Energiewert in Form von Kilokalorien oder Kilojoule bereits auf ihrer Verpackung aus. Diese aufgenommene Energie wird über die Organe und Stoffwechselprozesse unserem Körper in verschiedener Art zur Verfügung gestellt. Aber nicht nur die Prozesse in unserem physischen Körper wandeln Energie um, sondern auch unsere Psyche. Bei diesen nicht stofflichen Vorgängen verbrauchen mentale Tätigkeiten und Emotionen die meiste Energie. Denken benötigt dabei am wenigsten Energie, während Gefühle wahre Energiefresser sein können. Da wir aber wissen, dass Energie eigentlich nicht verbraucht werden kann, sondern nur ihre Form wandelt, bedeutet das, wenn wir uns energielos und erschöpft fühlen, dass unsere Energie einfach falsch umgewandelt wird. Positive Gefühle, zum Beispiel wenn man verliebt ist, sich auf etwas freut, sind richtige Energieschübe, während uns Sorgen und negative Gedanken jede Energie rauben. Leider wird dabei oftmals eine Spirale in Gang gesetzt, die uns gar nicht bewusst ist. Alle nicht stimmigen Lebensumstände erzeugen negative Emotionen und kosten uns somit Energie. Gleichzeitig bestimmen unsere Gefühle, ob wir unsere Lebensqualität als hoch oder niedrig einschätzen.

Was bedeutet das für uns?

Für unsere Emotionen benötigen wir die meiste Energie. Dabei ist es nicht relevant, ob das Gefühl positiv oder negativ ist. Diese Energie wird jedoch nicht sinnlos verbraucht, sondern in die Bewertung unserer Realität, wie wir sie wahrnehmen bzw. als wahr fühlen, geleitet. Das bedeutet in der logischen Konsequenz, dass uns unsere Realität und die

Lebensumstände, in denen wir uns befinden, eigentlich genau spiegeln, welche Emotionen bei uns vorherrschen. Wenn ich verliebt bin, kann ich sogar den Wolken verhangenen Regenhimmel wildromantisch finden. Wenn ich gerade deprimiert bin, mir Sorgen mache und mich nicht wohlfühle, wird mich die graue Tristesse vermutlich noch mehr runterziehen. Da zudem Gleiches Gleiches anzieht, geht in dem ersten Beispiel unsere Laune immer mehr nach oben, da die Energie wieder vom Außen zu uns zurückfließt, während uns bei Kummer und Sorgen eine Lebenssituation gespiegelt wird, die unsere negativen Gefühle verstärkt. Wir steuern also selbst unsere Lebensumstände und ihre Entwicklung über unser Denken und vor allem über unsere Emotionen!

Das mag sich für Dich, falls Du momentan in einer nicht so schönen Lebenssituation bist, sehr unsensibel und hart anhören. Gaube mir, gerade *das* ist die wundervolle Nachricht. Ja, Du bist verantwortlich für Dein Leben und die Lebensumstände, in denen Du Dich befindest. Aus diesem Grund kannst Du sie auch jederzeit und ganz leicht ändern! Das ist doch eine tolle Nachricht! Du musst nicht erst viel Geld verdienen, um endlich glücklich zu werden, keine Diät machen, um endlich den Partner für Dein Leben zu finden. Du musst nicht erst ein Hochschulstudium absolvieren, um endlich den gewünschten Erfolg zu haben. Ausschlaggebend für Dein Glück sind einzig und allein Deine Gefühle. Fühle Dich glücklich und Du wirst es sein, in allen Bereichen. Das ist kein leeres Versprechen, sondern ein Naturgesetz.

Das vorherrschende alte Weltbild sieht den Menschen rein biologisch und ohne großen Spielraum für seine Einflussnahme auf das, was in seinem Leben geschieht. Der Mensch wird geboren, wächst heran, pflanzt sich fort und stirbt. Sein Körper, der in diesem Weltbild den Menschen hauptsächlich ausmacht, ist lediglich ein fein ausgeklügeltes Konstrukt aus Milliarden von Zellen, Atomen, Molekülen und chemischen Prozessen. Der Mensch stolpert zufällig in sein Leben. Anschließend schlägt er sich durch eine Reihe zusammenhangsloser und zufälliger Ereignisse. Er ist an der kurzen Leine von Ursache und Wirkung, mit dem einzigen Ziel, möglichst lange zu überleben. Du magst jetzt innerlich aufschreien und Dein momentanes individuelles Leben als einzigartiges Geschenk betrachten, aber eingebettet in dieses Weltbild ist es das keinesfalls. Wir brauchen nur einmal über den Tellerrand unserer eigenen heimeligen Sicht auf unser Leben zu schauen, um die Fragilität unserer Existenz zu begreifen.

Ich weiß noch, wie schockiert ich als Jugendliche war, als ich die Bilder der Leichenberge der unter dem NS Regime ermordeten KZ-Häftlinge in meinem Geschichtsbuch anschaute. So viele Menschen mit ihren eigenen Lebenswünschen, Ideen, Hoffnungen, Träumen und Eigenheiten wurden zu einem einzigen toten Fleischberg. Ähnliche Gedanken hatte ich bei meiner ersten Betrachtung einer Mumie. Nicht nur in Ägypten, sondern auch in Europa hatten Könige versucht, sich ihren Wunsch nach Unsterblichkeit zu erfüllen und ließen sich mumifizieren. Rund tausend von solchen luftgetrockneten Exemplaren liegen allein in Deutschlands

Grüften. Als ich das erste Mal eine dieser Mumien aus der Nähe in Ruhe betrachten konnte, war ich über den lächerlichen Versuch, auf diesem Wege eine Art Unsterblichkeit zu erreichen, fast amüsiert. Es waren nur Haut und Knochen, die der Form nach an einen Menschen erinnerten, aber nichts Menschliches mehr hatten.

Das führt uns nun zwangsläufig zu der Frage:

Was macht den Menschen denn nun aus?

Auch hier möchte ich gerne eine persönliche Erfahrung schildern. Mitte der Achtziger Jahre verbrachte ich mit knapp 16 Jahren ein Auslandsjahr in Tacuarembó/Uruguay. Ich wohnte bei einer Gastfamilie in einem dieser typischen doppelstöckigen Häuschen mit einer Bank vor der Haustür. Die Häuser hatten neben einem Innenhof fast alle einen kleinen Patio, wo die Gasflaschen für die Versorgung der Küche standen. Die Wäsche wurde auf Leinen auf dem flachen Dach rund um diesen kleinen Hof getrocknet. Ich kannte zwar Bungalows und auch Dachterrassen aus meiner deutschen Heimat, aber die Nutzung des Hausdaches war mir fremd. Als ich das erste Mal die zwei Treppen auf das Dach ging, um meine Wäsche zu trocknen, geschah dann auch gleich das Unglück. Beim Anklammern der Wäscheteile ging ich rückwärts an der Wäscheleine entlang und übersah das „Loch", das der Patio bildete. Ich kann mich noch sehr gut daran erinnern, dass ich einmal kurz "Oh Mist" dachte und dann merkte, wie mein Körper aufschlug. Bereits vor dem Aufprall hatte ich das Gefühl, mich von außerhalb zu beobachten. Einige Menschen berichten in ähnlichen Situationen, dass sich ihr ganzes Leben nochmal vor ihrem inneren

Auge abspielte. Das kann ich nicht bestätigen, aber das Gefühl der Trennung von Körper und Geist war in diesen kurzen Sekunden des Fallens sehr spürbar. Was danach passierte, erinnert zu Recht an die vielen Nahtoderlebnisse, die bereits mehrfach dokumentiert sind. Ich war nach dem Sturz bewusstlos und kann mich an den Transport in das Krankenhaus und die Erstversorgung nicht erinnern. Insgesamt war ich fünf Tage im Koma und erlebte genau das, was viele Menschen in ähnlichen Situationen beschreiben. Während mein Körper keinerlei Reaktion zeigte, war mein Geist hellwach. Gespräche, die Besucher an meinem Bett führten, waren für mich eine Qual. Ich verstand zu diesem Zeitpunkt noch kein Spanisch und konnte nicht verstehen, was geredet wurde. Mein Verstand und meine Sinne waren jedoch so hellwach, dass jedes Wort in meinem Kopf glasklar und immens laut hallte. Was mich aber wirklich zutiefst beeindruckte und auch verstörte, war die Tatsache, dass ich mich selbst im Bett liegen sehen konnte. Auch nach über dreißig Jahren weiß ich noch ganz genau, wie das Krankenzimmer von oben ausgesehen hat. Ich sehe mich selbst leblos, zu keiner geringsten Regung fähig, im Bett liegen. Zwei meiner Gastgeschwister unterhielten sich auf den Stühlen neben dem Bett in der Annahme, dass ich nichts mitbekommen würde. Mein Geist war jedoch konzentriert und meine Seele spazierte umher. Ich sah das Licht, fühlte die Verbundenheit mit allem, was uns auf dieser Welt ausmacht, aber auch mit dem Jenseits unseres irdischen Daseins. Ich fühlte mich leicht und frei. Meine Seele entschied sich, in meinen Körper und in diese Welt zurückzukehren. Wäre sie dem Licht gefolgt, wäre auch von mir nur eine körperliche Hülle in diesem Bett zurückgeblieben, welche in kürzester Zeit in ihre Einzelteile zerfallen wäre.

Ich habe die Trennung von Körper und Seele erfahren. Die Seele bewohnt den Körper, um in dieser Welt präsent zu sein. Der Körper ist sozusagen das Vehikel, in dem wir uns auf dieser Welt und in unserem Leben fortbewegen. Der Fahrer ist jedoch die Seele. Und die Seele ist so viel mehr, als unser Gehirn, unsere Organe und Körperteile. Die Seele ist unsterblich, allwissend und mit allem verbunden. Erst durch den Körper können wir in dieser Welt in Erscheinung treten und Erfahrungen in unserer imaginären Begrenzung von Zeit und Raum machen. Wir können auf der körperlichen Ebene Schmerz, Freude, Kummer, Liebe, Angst empfinden und die Welt mit unseren Augen sehen und erleben.

Viele Menschen halten diesen physischen Aspekt für den einzigen Grund ihres Daseins und die Welt wird aus dieser physischen Begrenzung heraus wahrgenommen. Nur das unmittelbare Erleben wird als real angesehen. Wir müssen wieder lernen, unsere Seele mehr zu integrieren, ihr mehr Respekt entgegenbringen und mehr Raum zur Entfaltung lassen. Natürlich ist ein gesunder Körper, in dem wir uns wohlfühlen und der uns erlaubt, uns in dieser Welt körperlich und geistig zu bewegen, ein großes Gut. Er ist aber nur das Gefäß, nicht der Inhalt unseres Seins. Die Kunst besteht jetzt sozusagen darin, die Identifikation mit unserer vermeintlichen Realität aufzugeben und uns auf unsere göttliche Natur zurückzubesinnen. Man könnte unseren Körper vielleicht mit einem tollen Sportwagen vergleichen, den wir, d.h. unser Geist, angeschafft hat, mit der Idee, uns rasant und freudig auf den Straßen des Lebens zu bewegen. Wenn wir jetzt unseren Seelenplan, mit dem wir in diese irdische Existenz eingetreten sind, vernachlässigen und uns immer mehr von den Beschränkungen unseres Lebens in Angst und Schrecken versetzen lassen, werden wir uns vielleicht irgendwann gar nicht mehr in das „Auto" setzen, sondern es nur noch ab und zu waschen und polieren, ohne das Abenteuer der Reise zu genießen.

Das Gesetz der Anziehung

Das Gesetz der Anziehung haben wir ansatzweise bereits von der energetischen Seite her beleuchtet. Da es sich aber um ein so fundamentales Gesetz handelt, das es uns ermöglicht, uns aus der Sklaverei eines vermeintlichen Schicksals oder negativer Umstände zu befreien, gehe ich an dieser Stelle nochmals gesondert darauf ein.

Das Gesetz der Anziehung (englisch law of attraction), auch Resonanzgesetz oder Gesetz der Resonanz, beruht auf dem Grundsatz, dass Gleiches Gleiches anzieht. Seinen Ursprung findet der Begriff *Gesetz der Anziehung* im Jahr 1877 in einem Buch von Helena Blavatsky. Gegen Ende des 19. Jahrhunderts wurde der Begriff von den Autoren Prentice Mulford und Ralph Waldo Trine, den ersten Vertretern der Neugeist-Bewegung, und später auch von anderen neugeistig orientierten Autoren, verwendet.
Die Vorstellung, dass Gleiches Gleiches anzieht, bezieht sich speziell auf das Verhältnis zwischen der Gedanken- und Gefühlswelt einer Person und ihren äußeren Lebensbedingungen. Es geht von einer gesetzmäßigen Analogie zwischen Innen- und Außenwelt aus. Diese Analogie soll nutzbar gemacht werden, indem man durch eine Änderung der

persönlichen Einstellung zu gegebenen äußeren Umständen, eine analoge Änderung dieser Umstände im gewünschten Sinne herbeizuführen versucht.

Das Gesetz der Anziehung ist das universale Prinzip unserer gesamten Wirklichkeit:

„Das Gesetz der Anziehung gilt generell, für alles und alle. Es gilt für alles, das existiert. Jeder Gedanke, den wir denken, jedes Gefühl, das wir fühlen, zieht ähnliche oder gleichartige Gedanken und Gefühle an. Es reicht schon aus, dass wir etwas aufmerksam betrachten. Dies erzeugt Gedanken und jeder Gedanke ruft entsprechende Gefühle und Schwingungsmuster hervor [...]." (Peter von Karst: Das universelle Lebensgesetz der Anziehung, 2009, S. 6.)

Alles Geistige – also Gedanken, Gefühle, Befürchtungen und Wünsche – erzeugen Schwingungen. Diese Schwingungen werden von der Person, die sie erzeugt, auf die Außenwelt übertragen und dort rufen sie entsprechende Wirkungen hervor, unabhängig davon, ob die Person sich dessen bewusst ist oder nicht.

Soweit die Theorie. Und was bedeutet für uns, wenn wir das Gesetz der Anziehung als Naturgesetz ansehen? Eine ganze Menge:

Mit jedem Gedanken erzeugen wir Schwingungen, die wir nach außen senden und die dann in Resonanz mit ähnlichen Schwingungen treten. Wenn sich diese Schwingungen zusammenballen, sich immer mehr verdichten, materialisieren sie sich erkennbar in unserem Leben. Wir sind sozusagen menschliche Magnete und ziehen genau das in unser Leben, was wir als Schwingung aussenden, und zwar in jedem Moment. Die meisten von uns sind sich ihrer Schwingungen, die wir in Form von Gedanken und Gefühlen aussenden, nicht bewusst und ziehen somit eine bunte, selbstangerührte Brühe von positiven und negativen Dingen in ihr Leben, die sich selber verwässert und das Leben irgendwie anstrengend und fad schmecken lässt. Wir machen uns gar nicht klar, dass wir selbst der Koch sind. Es ist die Familie, der Chef, der Partner, die Figur, die Regierung oder die heilige Kuh, die uns die Suppe versalzen hat. Wir erkennen nicht, dass unsere gedankliche Ausrichtung allein dafür verantwortlich ist, was uns widerfährt. Das Leben spiegelt uns lediglich das, was und wie wir fühlen. Ohne Wertung. Wir bekommen immer genau das, was wir aussenden. Das Gesetz der Anziehung bewertet nicht, ob das, was wir schwingungsmäßig in unser Leben ziehen, positiv oder negativ für uns ist. Es unterscheidet nicht, ob wir ein guter oder schlechter Mensch sind, ob wir hart für etwas gekämpft haben oder es nur über die bewusste Ausrichtung unserer Gedanken vom Sofa aus in unser Leben gezogen haben. Es ist ein universales Gesetz. Das Gesetz der Schwerkraft unterscheidet schließlich auch nicht, ob der Mensch, der durch dieses Gesetz mit beiden Beinen fest auf dem Boden verankert ist, ein guter Mensch ist oder ein Massenmörder. Das Gesetz der Schwerkraft gilt für alles und jeden, ausnahmslos. Und genauso verhält es sich mit dem Gesetz der Anziehung.

Du bist nicht das Opfer Deiner Umstände. Du bist der Schöpfer. Das klingt erst einmal hart und frustrierend, da sich bestimmt niemand bewusst körperliche Beschwerden, Geldmangel, schwierige Beziehungen oder sonstige Probleme in sein Leben holt. Wir machen aber genau das durch unsere Schwingungen, die wir aussenden.

Was müssen wir also tun, um positive Ereignisse und Umstände in unser Leben zu ziehen? Wir müssen sie bewusst mit Hilfe unserer Gedanken und Gefühle manifestieren. Wie wir das hinbekommen und praktisch das Gesetz der Anziehung für das *Switchen* unseres Lebens zum Besseren nutzen, werde ich in den folgenden Teilen des Buches behandeln. Aber eins steht fest: Das Gesetz der Anziehung ist das Werkzeug, mit dem jeder sein Leben nach seinen Wünschen und Vorstellungen gestalten kann.

Muster und Identifikation

Wenn wir das in unser Leben ziehen, was wir schwingungsmäßig aussenden, sind wir uns vermutlich alle einig, dass wir lieber positive Energie aussenden möchten, die positive Dinge in unser Leben bringt. Warum tun wir uns dann damit so schwer? Die Beantwortung dieser Frage ist sehr vielschichtig und hat viele verschiedene Aspekte. Da jeder Mensch unterschiedliche Sozialisierung und Lebensumstände erfahren hat, ist ein Teil individuell verankert und kann nicht pauschal beleuchtet werden. Wie Du Zugang zu Deinen individuellen Mustern findest, die Dich zu dem Punkt gebracht haben, an dem Du jetzt bist, werden wir noch näher untersuchen. Neben Deinem individuellen Schicksal gibt es aber auch ein kollektives Bewusstsein, das uns daran hindert, in unsere Schöpferkraft zu kommen.

Wenn wir in diese Welt geboren werden, sind wir unschuldige kleine Wesen mit mehr oder weniger denselben Fähigkeiten. Wir sind wie ein leeres Blatt Papier, offen für die größten Abenteuergeschichten und völlig verbunden mit unseren Bedürfnissen. Im Laufe unserer Kindheit entdecken wir immer mehr unsere Abhängigkeit von den uns umgebenden Personen. Die Erwartungen und die Erziehung unserer Eltern schwächt unsere Wahrnehmung als das wichtigste Instrument, unser Leben nach unseren Wünschen zu formen. Wir lernen, das bestimmte Dinge passieren, wenn wir uns auf eine bestimmte Art verhalten oder bestimmte Dinge tun. Im Laufe der Zeit entwickeln wir so bestimmte Verhaltens- und Denkmuster. Wir entwickeln unverrückbar scheinende Ansichten und Gewohnheiten. Je öfter und intensiver wir unser Leben nach diesen Mustern ausrichten, desto mehr identifizieren wir uns schließlich mit ihnen. Unsere Einstellung gegenüber Geld, dem anderen Geschlecht, Erfolg, unserem Äußeren etc. ist dann irgendwann so eng mit unserer persönlichen Wahrnehmung verbunden, dass wir sie zur Realität unseres Seins erheben. Hier beginnt ein fataler Fehler, der uns oftmals daran hindert positive Energie in bestimmte Bereiche unseres Lebens auszusenden.

Wir alle kennen Sätze wie:

„Geld wächst nicht an den Bäumen."
„Für sein Auskommen muss man hart arbeiten."
„Geld reicht nie, egal was Du tust."
„Wir waren schon immer alle dick, das liegt in der Familie und ändert sich eben nicht."
„Menschen, die Erfolg haben, gehen über Leichen."

(Wir könnten eine schier endlose Liste solcher scheinbar allgemeingültigen Aussagen erstellen.)

Wenn Du – wie die meisten von uns – mit dieser Art zu denken aufgewachsen bist, wird es Dir schwerfallen, das Leben als leicht, selbstbestimmt und immer zu Deinem Vorteil agierend zu empfinden. Du fragst Dich gar nicht mehr, wie Dein Leben sein könnte, sondern erliegst der Illusion Deiner momentanen Realität als einziges Lebensmodell. Da die meisten in uns wirkenden Muster bereits in frühesten Kindertagen in uns angelegt wurden, sind sie für uns schwierig zu durchschauen. Sie wirken sehr subtil auf unser unbewussten Ebene. Oftmals ist uns überhaupt nicht bewusst, dass wir nur durch in uns wirkende Glaubenssätze bestimmte Dinge für selbstverständlich halten und andere komplett ablehnen. Das Gemeine dabei ist die Tatsache, dass wir durch das, was wir denken und schwingungsmäßig aussenden, unsere Lebensumstände selbst erschaffen, egal ob wir es bewusst tun oder nicht.

Zu allem Überfluss spielt unser Gehirn dieser Gewöhnung an unsere Überzeugung in die Hände, da es die Bildung von Mustern auf seiner neuronalen Ebene unterstützt. Bereits 1949 formulierte Donald Hebb die nach ihm benannte Hebb'sche Regel, die folgendes besagt: „Wenn ein Axon der Zelle A (…) Zelle B erregt und wiederholt und dauerhaft zur Erzeugung von Aktionspotentialen in Zelle B beiträgt, so resultiert dies in Wachstumsprozessen oder metabolischen Veränderungen in einer oder in beiden Zellen. Diese bewirken, dass die Effizienz von Zelle A in Bezug auf die Erzeugung eines Aktionspotentials in B größer wird". Hebb hat dieses Zusammenspiel und die Verdrahtung von Neuronen anhand von Veränderungen der synaptischen Übertragung nachgewiesen und den Satz „what fires together, wires togehter" geprägt. Das besagt in der Praxis: Je häufiger ein

n A mit Neuron B aktiv ist, umso schneller und wahr-
licher werden die beiden Neuronen aufeinander rea-

Das ist für uns sehr bedeutsam. Wenn wir immer wieder die gleichen Gedankengänge haben, die gleichen Handlungen vollziehen und damit die gleichen Gefühle in uns auslösen, entwickeln wir eine automatische und unbewusst ablaufende *Gewohnheit*. Dies prägen dann entscheidend unsere Lebenseinstellung. Diese gewohnheitsmäßige Lebenseinstellung und unsere immer widerkehrenden Gedanken dieser erlernten Sicht auf unser Leben bestimmt irgendwann unsere Persönlichkeit. Da wir das, was wir denken und fühlen, in unser Leben ziehen, bestimmt diese Persönlichkeit, die nicht viel mit unserer wahren Natur zu tun hat, unsere Lebensumstände. Wir stecken in einer vermeintlichen Realität fest, die wir uns selbst geschaffen haben und die uns jetzt gefangen hält.
Schau Dir Dein Leben an und Du kannst ablesen, welche Überzeugungen Du in Dir trägst. Es geht im Leben immer um Bewusstsein. Wenn wir uns der Dinge, die uns passieren und über deren Ursprünge bewusst sind, dann können wir sie beeinflussen.
Da wir erst über die Bewusstwerdung Kontrolle über unser eigenes Leben erlangen, möchte ich auf das Bewusstsein an dieser Stelle noch etwas intensiver eingehen:

Individuelles und kollektives Bewusstsein

Bewusstsein (lateinisch conscientia: „Mitwissen") ist im weitesten Sinne das Erleben mentaler Zustände und Prozesse. Sobald wir über etwas nachdenken, tun wir dies bewusst. Aus der bewussten Reflexion eines Menschen über sich selbst, sein Umfeld und seine Rolle darin, seine Gefühle, seine Überzeugungen, erschafft er sein Ich- und Selbstbewusstsein. Er wird sich also seines Selbst bewusst. Wohl mit keinem Phänomen im Universum sind wir so innig verbunden wie mit unserem eigenen Bewusstsein. Unser Selbst, unser Menschsein, unsere jeweilige Individualität als Person, unsere komplexe Interaktion mit unserer Umwelt wären ohne unser Bewusstsein undenkbar. Obwohl wir uns ohne unser Bewusstsein nicht von Tieren unterscheiden und unsere Selbstwahrnehmung und unsere Welt vermutlich etwas anders sein würden, gibt es bis heute erstaunlicherweise keine anerkannte wissenschaftliche Definition von Bewusstsein.

In den Neurowissenschaften wird unter anderem der Zusammenhang von Gehirn und Bewusstsein untersucht. Der portugiesische Neurowissenschaftler António Damásio, einer der prominentesten Vertreter dieser Disziplin, definiert nach jahrelanger praktischer Forschung Bewusstsein wie folgt:
„Bewusstsein ist ein Geisteszustand, in dem man Kenntnis von der eigenen Existenz und der Existenz einer Umgebung hat".
Wir erkennen uns also selbst, indem wir uns selbst, aber auch unser Umfeld wahrnehmen.

Im Zusammenhang mit religiösen Vorstellungen von einer Seele und einem Leben nach dem Tod (siehe z. B. Judentum, Christentum und Islam) spielen die Begriffe Geist (Gottes) und Seele eine wesentliche Rolle für das Verständnis von Bewusstsein. Demnach könne menschliches Bewusstsein nicht – wie von den Wissenschaften versucht – allein als Produkt der Natur oder Evolution, sondern ausschließlich im Zusammenhang mit einer transpersonalen oder transzendenten Geistigkeit verstanden und erklärt werden. In den großen drei monotheistisch orientierten Weltreligionen ist es der *Atem Gottes,* der uns Bewusstheit verleiht.

Das bedeutet: ohne den Funken Gottes, kein Bewusstsein. Es ist letztendlich Gott, der alles belebt und auch das Bewusstsein lebendig macht. Er ist sozusagen die Seele von Allem und befähigt uns zur menschlichen Wahrnehmung unseres Selbst. So heißt es zum Beispiel im Johannes-Evangelium: "Der Geist ist es, der lebendig macht; das Fleisch nützt nichts. Die Worte, die ich zu euch gesprochen habe, sind Geist und sind Leben." (Johannes 6,63)

Ich denke nicht, dass es jetzt an mir sein kann, eine Definition des Bewusstseins zu formulieren. Das ist auch gar nicht notwendig. Für Dich ist es an dieser Stelle nur wichtig zu erkennen, dass es gar nicht so einfach ist, das Bewusstsein zu entschlüsseln. Viele unserer täglichen Abläufe laufen unbewusst ab. Das ist auch gut so, da wir schier verrückt werden würden, wenn wir uns über jeden Handgriff und Tätigkeit bewusste Gedanken machen müssten. Wir sollten uns nur bewusstmachen, dass viele mentale Vorgänge zu bestimmten körperlichen Reaktionen führen, die unser Handeln und Empfinden beeinflussen, welche letztendlich wiederum unser Bewusstsein beeinflussen.

Der Psychologe Ulrich Ott, der seit Jahren am Bender Institute of Neuroimaging der Universität Gießen forscht, erklärte in einem Artikel, dass Neuroforscher schon lange wissen, dass bei Musikern, die gewisse Handbewegungen ständig trainieren, Hirnregionen für die motorische Steuerung stärker ausgebildet werden (Quelle: DIE ZEIT, 31.01.2008 Nr. 06). Bei Taxifahrern fanden die Wissenschaftler zum Beispiel überdurchschnittlich große Hirnareale für die Orientierung im Raum. Wenn Gehirnstrukturen also häufig aktiviert werden, wachsen sie offensichtlich. Das entspricht der Hebb'schen Regel und bedeutet für mich, dass wir unser Bewusstsein in einem engen Zusammenhang mit unseren unbewussten Abläufen sehen müssen. Schon kleinste Sinneseindrücke lösen normalerweise wahre Gedankenketten aus, die von Vorstellungen, Wünschen und Ängsten geprägt sind. Häufig reagieren wir gar nicht bewusst auf die vielfältigen Informationen, die uns unser Umfeld permanent liefert, sondern filtern und agieren unbewusst aufgrund unserer Konditionierung und Wertvorstellungen. Der Mensch befindet sich oftmals noch in einer Art Überlebensmodus, in welchem wir fast instinktiv und unbewusst auf bestimmte Reize reagieren, anstatt Situationen und Prozesse bewusst zu gestalten. Da unsere Überlebensreaktion jedoch kaum noch in einem sinnvollen Verhältnis zu den Geschehnissen in unserer Außenwelt steht, sind wir mit Stresshormonen überspült, die uns dazu verleiten, unsere Umwelt als real bedrohlich und stressig zu empfinden. Wir haben zu wenig Zeit, zu wenig Anerkennung, zu wenig Geld oder beschäftigen uns obsessiv mit unserem Körper oder unserer Karriere. Alles Dinge, die für unser eigentliches Sein und unser Überleben völlig unerheblich sind. Was uns wirklich ausmacht, werden wir auf diesem Wege nicht erkennen, sondern verharren in einer illusionären Welt, in der wir mehr unbewusste als bewusste Entscheidungen treffen. Wir identifizieren uns mit unserer Umwelt und machen sie zu unserer Lebenswirklichkeit. In der Konsequenz erleben wir die immer wiederkehrenden Gedanken und Gefühle, die uns dann die immer wieder gleichen Erfahrungen bescheren. Ein wahrer Teufelskreis. Unser gestresstes Leben stellt das Ego an die erste Stelle, aber vergisst das Selbst. Wenn wir es nun im Umkehrschluss schaffen, aus diesem Karussell auszusteigen, dann haben wir die Möglichkeit, neue Erfahrungen zu machen. Wir sind nicht mehr länger dazu verdammt, reaktiv auf unser Umfeld zu reagieren, sondern können bewusste Entscheidungen treffen. Wir können anfangen, unser Leben selbst zu gestalten.

Mittlerweile haben auch viele Menschen der westlichen Welt Meditation als neue Wunderwaffe der Bewusstwerdung entdeckt. Mehrere neurowissenschaftliche Studien belegen, dass sich bei regelmäßiger Meditation Gehirnareale verändern und tatsächlich eine Umgestaltung des Bewusstseins eintritt. Sie beschreiben ein Gefühl der Verbundenheit mit dem Universum, Lichteinstrahlung, Glücksgefühle, inneren Frieden, Auflösung des Zeitempfindens. Dies geschieht nicht nur bei Buddhisten, in deren Religion die spirituelle Praxis des Meditierens fest verankert ist, sondern Mystiker aus unterschiedlichen Kulturen und Zeiten und westlich geprägte Meditierende bestätigen diese Erfahrungen. Leider gehöre ich nicht zu der Gruppe Menschen, die es schaffen, sich auf ein Kissen zu setzen und den Kopf auszuschalten. Trotz dieses Umstandes finde ich es immer wieder erwähnenswert, dass gerade die Konzentration auf das innere Selbst, losgelöst von allen äußeren Faktoren, oftmals eine einschneidende Veränderung der Persönlichkeit und der Lebenseinstellung mit sich bringt. Ich vertrete die These, dass unser äußeres Umfeld unsere Wahrnehmung von uns selber prägt, aber mit unserem wahren Selbst nicht viel zu tun hat. Wir suchen die Zerstreuung, die Anerkennung, das Geld, den Sex, den Partner, der uns ganz machen soll, die lohnende Aufgabe, das bestimmte Erscheinungsbild und so weiter nur, weil wir einen großen Teil unseres Selbst in dem Außen nicht finden. Eigentlich sind wir immer auf der Jagd nach uns Selbst, wenn wir in der Außenwelt nach etwas oder jemanden vehement Ausschau halten.

Viele der automatisierten Abläufe, die unsere Erfahrungen und letztendlich unser Leben bestimmen, werden wir uns nicht von heute auf morgen - oder vielleicht auch niemals - gänzlich bewusstmachen können. Es ist schon ein erster Schritt in die richtige Richtung, wenn uns allein das bewusst ist. Es reicht an dieser Stelle vollkommen, dass Du verstehst, dass Du in vielen Situationen unbewusst auf Reize in Deinem Umfeld reagierst, und zwar in dem engen Rahmen Deiner Prägung und Deiner verinnerlichten Denk- und Handlungsmuster. In der Konsequenz führt dies zu den immer gleichen Erfahrungen in Deinem Leben.

Neben unserer persönlichen Prägung spielt auch der kollektive Glaube der Gesellschaft, in der wir leben, eine große Rolle in Bezug auf unsere Bewertung von Realitäten. Die wiederum haben Einfluss auf die persönlichen Erfahrungen, die wir im Leben machen. Kollektivbewusstsein ist ein soziologischer Begriff für die gemeinsamen Glaubensvorstellungen und Gefühle von allen Mitgliedern einer Gesellschaft. Von klein auf werden wir mit den Wertvorstellungen und Glaubensmustern unserer Familie konfrontiert und übernehmen viele Verhaltensweisen. Das ist bis zu einem bestimmten Grad auch gut so. Schwierig wird es jedoch, wenn wir uns in ein zu enges Korsett von übernommenen Wertvorstellungen pressen, welches uns die Luft und die Freude abschnürt und wir nicht mehr lässig auf unserem eigenen Thron platznehmen können. Vieles, das wir an gesellschaftlichen Normen übernehmen, beruht nicht auf persönlicher Erfahrung, sondern beruft sich auf ein Selbstverständnis, welches wir selber gar nicht haben. Selbst wenn wir bestimmte Erfahrungen nie selbst gemacht haben, kann es durchaus sein, dass wir sie in unseren Erfahrungshorizont als real einfügen. Sehr negative Beispiele sind hierbei zum Beispiel ein kollektiver Antisemitismus, enge Glaubensvorstellungen oder die Ausgrenzung Andersdenkender. Aber auch jenseits dieser offensichtlichen Abgrenzung einer Gesellschaft gibt es Normen und Regeln, die dazu führen, dass wir bestimmtes Verhalten und Handeln nicht hinterfragen. Es war und ist für eine funktionierende Gesellschaft unbedingt notwendig, bestimmte Regeln und Verhaltensweisen aufzustellen, da ein Leben in einer größeren Gemeinschaft ansonsten nicht funktionieren kann. Auf der anderen Seite werden bestimmte kollektive Glaubensvorstellungen innerhalb einer Gesellschaft oftmals zu dem Zweck weitergegeben, bestimmte Hierarchien und Machtpositionen zu festigen und Schwächere zu unterdrücken. Selbst Rituale, welche schon lange ihre Sinnhaftigkeit verloren haben, werden in dem kollektiven Bewusstsein weiter gespeichert und von Generation zu Generation weitergegeben. Ein besonders schlimmes Beispiel ist in diesem Zusammenhang die Beschneidung von Mädchen, die immer noch in weiten Teilen Afrikas praktiziert wird, oder die verschiedenen Genozide, also die Ermordung und Ausrottung ganzer Völker und Volksgruppen, die in allen Teilen der Erde über die Jahrhunderte stattgefunden haben, und erschreckenderweise immer noch stattfinden.

Ich bin ein überzeugt unpolitischer Mensch und werde mich bei dem kollektiven Bewusstsein einer abschließenden Bewertung entziehen. Es geht mir in diesem Zusammenhang lediglich darum, dass Du Dir auch Deiner familiären, kulturellen und gesellschaftlichen Prägung bewusstwirst. Du musst nichts ändern, nicht Deine Familie oder Gesellschaft anklagen oder befürchten, nicht mehr dazuzugehören. Es geht nicht um Abgrenzung, sondern um Dein eigenes Bewusstsein in der Gesellschaft.

Realität

Im vorherigen Abschnitt ging es darum, wie unser Bewusstsein bzw. unser Unbewusstes unser Erleben und damit unsere Realität beeinflusst. Aber was ist Realität überhaupt?

Das Wort Realität stammt aus dem Lateinischen (realitas, über res, ‚Sache‘, ‚Ding‘, ‚Wesen‘) und wird normalerweise - und auch im Folgenden - mit dem Begriff der Wirklichkeit gleichgesetzt. Als Realität wird im allgemeinen Sprachgebrauch die Gesamtheit des Realen bezeichnet. Als real wird zum einen etwas benannt, das sowohl keine Illusion ist als auch nicht von den Wünschen oder Überzeugungen eines Einzelnen abhängt. Zum anderen ist real vor allem etwas, das in Wahrheit so ist, wie es erscheint, bzw. dem bestimmte feststehende Eigenschaften zukommen.

Für die Naturwissenschaften ist Realität das, was der wissenschaftlichen Betrachtung und Erforschung zugänglich ist. Dabei geht es vor allem um methodisch feststellbare Wechselwirkungen. Dinge, die nicht messbar sind, werden vernachlässigt und zur Theoriebildung schlichtweg nicht zugelassen. Inhalte von Vorstellungen, Gefühlen, Wünschen, Wahrnehmungen und ähnlichem gelten in der bisherigen naturwissenschaftlichen Auffassung als nicht der Realität zugehörig. Diese Realitätsdefinition ist allgemein akzeptiert und entspricht der Überzeugung des Kollektivs, das nicht gerade darin geübt ist, philosophische Kraftanstrengungen zu machen. Wie wir schon bei der rasanten Entwicklung der Quantenphysik gesehen haben, steht auch hier die Wissenschaft vor einer Erneuerung der Beurteilung von dem, was wir Wirklichkeit nennen.

Andere philosophische Strömungen postulieren ein völlig anderes Realitätsprinzip:
Arthur Schopenhauer zufolge unterliegt die gesamte Wirklichkeit einem Prinzip, das er „Wille" nennt. „Die Welt ist meine Vorstellung" gilt bei Schopenhauer als erster Hauptsatz seiner Philosophie. Die Welt, als Vorstellung betrachtet, zerfällt in Subjekte und Objekte, die zwar untrennbar vonei-

nander verschieden, jedoch letzten Endes beide nur Erscheinungen des metaphysischen Willens sind. Dem Menschen, als höchster Erscheinungsform dieses metaphysischen Willens, ist nach Schopenhauer die Möglichkeit gegeben, die Illusion des persönlichen Willens aufzuheben und so in einen Zustand des Nichtseins, des Nirwana zu gelangen. Hier zeigt sich ein starker Einfluss der indischen Philosophie. Dieser Einfluss, aber auch das neue Paradigma zeigen sich deutlich, wenn Schopenhauer schreibt: „Die gesamte Welt bin im Grunde ich allein und außer mir ist nichts anderes existent und die gesamte Schöpfung habe ich selbst gemacht". (Schopenhauer: Parerg. II, § 13., Straßburg 1801–1802, Band 1, 122)

Meine persönliche Überzeugung liegt nicht in der philosophischen Betrachtung der Wirklichkeit und ihrer Natur, sondern in ihrem theologischen Ursprung. Unsere Welt, wie wir sie erleben, also unsere Realität, wurde durch das *Wort Gottes* erschaffen. Nein, ich werde jetzt nicht in ein naives Gottesverständnis abdriften, sondern möchte Dich lediglich einladen, die Schöpferkraft in Deiner Gottgleichheit zu erkennen. Es ist sozusagen nur ein kleines Gedankenspiel. Um zu verstehen, was ich damit meine, ist es wichtig, dass wir unterscheiden, was mit „Wort" gemeint ist. Der altgriechische Ausdruck *Logos* verfügt über einen außerordentlich weiten Bedeutungsspielraum, der unsere allgemeingültige Vorstellung sprengt. Er wird unspezifisch im Sinne von Wort und Rede sowie deren Gehalt („Sinn") gebraucht. Er bezeichnet aber auch das geistige Vermögen und was dieses hervorbringt (z.B. „Vernunft"). Er steht auch ferner für ein allgemeineres Prinzip einer Weltvernunft oder eines Gesamtsinns der Wirklichkeit. Das Wort hat eine erschaffende Kraft und wirkt nachhaltig. Es ist also ein großer Unterschied zwischen dem biblischen Wort Gottes, das unsere ganze Welt kreiert und mit Sinn erfüllt hat. Dem steht die sehr eindimensionalen Bedeutung für unsere Auffassung der Kraft des gesprochenen Wortes gegenüber. Das *Wort Gottes* ist in diesem Vergleich nicht gleichzusetzen mit dem ewigen sinnlosen Geplapper, mit dem wir uns an den Banalitäten des Alltags festbeißen und uns aus unserer Schöpferkraft herauskatapultieren. Durch den Logos (das *erschaffende* Wort) fand der Gedanke Gottes seinen Ausdruck und materialisierte sich als Wirklichkeit. Das ausgesprochene Wort hat die Welt und ihre unzähligen Bauteile in einer unnachahmlichen Präzision und Logik erschaffen.

Im übertragenden Sinne sind wir dazu ermächtigt, mit unseren sinn- und realitätsstiftenden Gedanken, die wir in Worten ausdrücken können, unsere Welt und unsere Wirklichkeit zu erschaffen. Jeder von uns, unabhängig von seiner religiösen Überzeugung, hat diese göttliche Kraft mitbekommen. Am Anfang war das Wort, und auch bei Dir ist Dein Wort, hinter dem eine bestimmte Absicht und ein vorausgegangener Gedanke steht, das Element, welches Deine Wirklichkeit erschafft.

Unser allgemein üblicher Realitätsbegriff fußt auf dem veralteten Weltbild. Ich glaube, es ist an der Zeit, dass wir ihn überdenken. Die objektive Realität bezeichnet im althergebrachten Sinne die Gesamtheit dessen, was unabhängig und außerhalb von jeglichem Bewusstsein existiert, ganz gleich, ob als Erscheinung, Eigenschaft oder Relation. Dem gegenüber steht die Annahme, dass alles, was wir erleben, die Welt an sich und wie wir sie wahrnehmen, von unseren Wünschen und Überzeugungen abhängig ist. Unser Denken erschafft im weitesten Sinne unsere Realität. Wir bekommen das im Leben präsentiert, mit dem wir schwingungsmäßig in Resonanz stehen. Nach meiner Auffassung liegt es daher auf der Hand, dass es keine objektive Realität geben kann. Was denkst Du? Es gilt herauszufinden, was Deine Auffassung von Deiner Wirklichkeit ist, wenn Du sie verändern möchtest. Dabei geht es nicht darum, ein Gedankenmodell gegen ein anderes auszutauschen, sondern um das Finden Deiner eigenen Wahrheiten.

Wenn wir an dieser Stelle begreifen, dass es gar keine universell gültige, objektive Realität gibt, dann hat das die logische Konsequenz, dass es auch keine allgemeingültige, objektive Wahrheit geben kann. Was zunächst wie ein Verlust erscheint, ist in Wirklichkeit ein großer Gewinn. Sowohl für Dich selbst, da Du Dich frohen Mutes auf die Suche nach Deinen eigenen Wahrheiten und Überzeugungen machen kannst, aber auch für uns alle und unser Zusammenleben auf dieser schönen Welt.

Kein Mensch ist meiner Meinung nach in der Lage endgültig zu bestimmen, wer nun Recht hat und was Realität objektiv ist. Ich finde das auch nicht schlimm, da ich es für viel wichtiger halte, sein Leben zu *leben*, als es zu *denken*.

Dein Leben findet jetzt, in diesem Moment, statt. Es ist an der Zeit, dass Du Dich vollends in Dein reales Planschbecken der Gedanken, Gefühle, Chancen und Herausforderungen stürzt, als darüber vom Beckenrand zu philosophieren. Kein Mensch erlebt Deine Wirklichkeit. In diesem Moment, in dem ich diese Zeilen für Dich schreibe, bin ich in meiner eigenen Realität. Meine Wirklichkeit unterscheidet sich - nicht nur philosophisch, sondern durchaus real - von der Wirklichkeit, welche die zentralafrikanische Frau auf dem Weg zu den kilometerweit entfernten Wasserstellen gerade erlebt. Wieder anders mag der afghanische Freiheitskämpfer in den Bergen gerade in diesem Moment seine Realität empfinden. Ich denke, diese Beispiele genügen, um meinen Standpunkt zu verdeutlichen. Es gibt bestimmte Ordnungen und Abläufe, die den Gesetzen des Lebens folgen, die für alle Menschen gelten und die unsere Welt im Innern und im Allgemeinen formen und bestimmen. Darüber hinaus gibt es keine Realität, die unabhängig von uns existiert und die für uns alle allgemeingültig ist. Wie wir die äußeren Umstände und auch unsere inneren Befindlichkeiten wahrnehmen, hängt einzig und allein von unserer Wahrnehmung, Interpretation und Bewertung ab. Kein Mensch ist real in einem Hamsterrad gefangen, außer er sieht sich selbst als Hamster an und das Leben als ewig gleich rotierendes Rad.

Die Vorstellung, dass es keine universale Wirklichkeit gibt, mag Dich vielleicht ein wenig verwirren und verängstigen, aber es ist im Grunde ein Befreiungsschlag für Dein göttliches ICH. Die Welt, die Dich sowohl im großen globalen als auch in Deinem kleinen, täglichen Umfeld umgibt, ist ein Produkt Deiner Vorstellung. Viele Menschen klammern sich an scheinbare Realitäten und Gegebenheiten, die von außen diktiert sind und die Ihr Leben in vorgegebenen Bahnen lenken. Sie haben die Zügel aus der Hand gegeben und sich selber entmachtet. Der Rahmen, in dem sich das Leben abspielt, wird mehr beachtet als das Leben an sich. Wir verbringen freiwillig unser Leben in einem zu kleinen Ausschnitt unserer Möglichkeiten, der keinen Raum zur Entfaltung bietet. Unsere Seele und unsere Schöpferkraft wird an die kurze Leine genommen und hat keine Chance mehr, auf der riesigen Wiese unseres Potenzials herumzutollen. Du bist so ein wunderbares und einzigartiges Wesen, das sich auch als solches in dieser Welt ausdrücken sollte.

Wenn es Dich glücklich macht, was Du momentan machst, bist und tust, dann ist das wunderbar. Es ist schön, sich an dem Platz und mit dem, was man innerlich und äußerlich erlebt, wohlzufühlen. Wenn Du in allen Bereichen glücklich bist, dann bist Du einer von den wenigen Menschen, die in voller Absicht ihre eigene Realität verwirklicht haben und kannst dieses Buch jetzt zur Seite legen. Solltest Du aber Veränderungen in Deinem Leben wünschen, dann hast Du jetzt die Chance dazu. Verändere den Blick auf Dich und Deine Wirklichkeit. Es ist immer eine Frage der Perspektive. Wir sind von einer Realität umgeben, die wir uns selbst erschaffen haben. Da uns das nur in Ausnahmefällen bewusst ist, denken wir, dass es eine absolute Wirklichkeit gibt. Eine Realität. die außerhalb von uns existiert und auf die wir keinen Einfluss nehmen können. Aus dieser Illusion heraus versuchen wir, uns den gegebenen Umständen entsprechend zu verhalten und anzupassen. Wir gehen in Resonanz mit dieser Scheinwirklichkeit und unserem Verhalten in Ihr. Letztendlich hängen wir unsere Schöpferkraft komplett an den Nagel. Wir agieren in den scheinbar unveränderlichen Realitäten unseres Daseins und denken irgendwann gar nicht mehr daran, dass wir Dinge - und auch uns selbst - ändern können. Geprägt von den Erfahrungen und Glaubensmustern unserer Kindheit und unseres Umfeldes akzeptieren wir eine objektive Realität und dass die Dinge nun einmal so sind, wie sie sind. Dieser Gedankenfehler erhebt eine - durch unsere Interpretation und Resonanz erschaffene - Wirklichkeit zur allgemeinen Ordnung, in der wir kaum Spielraum für Veränderungen haben. Das hat weitreichende Konsequenzen, die über unsere äußeren Gegebenheiten, in denen sich unser Leben abspielt, hinausgeht. Mit der Zeit verinnerlichen wir immer mehr die selbsterschaffenen Grenzen, in denen wir uns physisch und gedanklich bewegen. Schließlich identifizieren wir uns mit ihnen und ihren Gesetzmäßigkeiten. Dein Selbst wird durch den Rahmen und nicht mehr durch den Inhalt Deines Lebens bestimmt.

Neben unserer eigenen Identifikation erleben wir gesellschaftliche Normen und Ängste, die uns darin bestärken, uns ja nicht aus unserer eigenen Begrenzung herauszuwagen. Wir wollen und sollen nicht *aus dem Rahmen fallen*. Kollektives Misstrauen und Ängste werden durch eine scheinbar real existente negative und auf Mangel basierende Wirklichkeit gefüttert. Leider kommt durch diesen Mechanismus viel Leid in unserer Welt zustande. Weiteres Misstrauen und noch mehr Ängste sind die Folge und der Kreislauf beginnt von vorn.

Wenn ich mich der Idee öffne, dass jeder Mensch seine eigenen Wahrheiten hat, die so individuell sind wie wir, dann kann es auch nicht die eine wahre Religion, den einen wahren Herrscher oder die eine wahre Weltanschauung geben. Wenn wir uns auf unseren eigenen kleinen Mikrokosmos (Dein Leben) konzentrieren und dort versuchen, unseren Wahrheiten und Überzeugungen entsprechend ein glückliches Leben zu führen, dann hat das Auswirkungen auf den Makrokosmos (die große Welt), da viele kleine Einheiten den Makrokosmos bilden. Was Du in Deiner eigenen Realität denkst und tust, hat nicht nur Auswirkungen auf Dein zukünftiges Leben, sondern auch auf das Leben aller. Wie im Kleinen, so im Großen; Wie innen so außen. Es liegt nun an

Dir, für Dich, aber auch zum Guten aller, Deine Überzeugungen zu überprüfen und Dich auf die Suche nach Deiner eigenen Wahrheit zu machen. Es ist weder naiv noch egoistisch, seine eigene Wirklichkeit zu erschaffen. Es ist Dein Leben, Deine Existenz, aber letztendlich auch die Zukunft unserer Welt, um die es geht. Der ewige Kreislauf von Gewalt, Leid und Unterdrückung kann endlich durchbrochen werden. Du hast viel mehr Macht, als Du denkst.

Die Realität bestimmt nicht unser Leben, sondern die Art, wie wir das Leben sehen. Unsere Einstellung bestimmt unsere Wirklichkeit und unsere Resonanz, wie wir sie und uns erleben. Anders ausgedrückt: Du lebst Dein Dasein so, wie Du erwartest, dass es ist. Es ist alles abhängig von Deiner Bewertung und Deiner Einstellung dem Leben gegenüber. Du bekommst das in Deinem Leben präsentiert, was Du über es denkst. Du machst einen fatalen Denkfehler, wenn Du meinst, dass es die Umstände sind, die Dein Leben bestimmen. Die Art und Weise, wie Du über Dich und das Leben denkst, bestimmt Deine Umstände, nicht umgekehrt. So wie Du in das Leben hinausschreist, so schreit es zurück. Veränderung ist jederzeit möglich, ganz egal wie die äußeren Umstände zu sein scheinen. Es liegt an Dir und Deiner Perspektive auf Dich und Dein Leben, ob Du nur in einer illusorischen Realität existierst oder Dein Leben in seiner Einzigartigkeit und Schönheit feierst.
Wenn Du Veränderung in Deinem Leben wünschst, dann verändere Dein Denken und Deine Gefühle gegenüber Deiner Lebenssituation und dem Leben im Allgemeinen. In dem Moment, in dem Du die Wirklichkeit aus einem neuen Blickwinkel heraus betrachtest, hat die Veränderung in Deinem

Leben bereits begonnen. Es liegt ganz allein an Deiner Einstellung in Bezug auf die Dich umgebenden Illusionen und Deine Interpretation der Wirklichkeit, die entscheidet, ob Du Dein Leben jetzt in einen freudigen Tanz verwandelst oder im Rahmen Deiner vermeintlichen Realitäten gefangen bleibst. Erweitere Dein Weltbild, und Deine Welt wird sich erweitern. Schau positiver auf Dein Leben, und Dein Leben wird positiver. Erwarte schöne Dinge, und schöne Dinge werden kommen. Liebe Dein Leben, und das Leben liebt Dich.

Gegenwart

Einer der größten Irrtümer, unter denen wir und die gesamte Menschheit leiden, ist die Illusion von Zeit. Wir geben der vergangenen Zeit und der zukünftigen eine Bedeutung, als würde es sich um eine real existente Größe handeln. Groll, Ängste und Blockaden, die sich in unserem Leben als negative Defizite zeigen, sind oftmals Ausdruck einer nicht verarbeiteten Vergangenheit oder einer ängstlich vorweggenommenen Zukunft. Wir arbeiten an unserem Mutterkomplex, der Beleidigung durch Tante Hilde, als wir sechs Jahre waren, und versichern uns und unsere magere Habe gegen alle möglichen Gefahren und Eventualitäten, die uns in Zukunft bedrohen könnten. Indem wir so mit der Vergangenheit und Zukunft beschäftigt sind, verlieren wir das Wichtigste, das wir haben: unsere Gegenwart. Im Rahmen des *Switch Codes* ist es ratsam, den Begriff Gegenwart aus seinem Korsett seiner zeitlichen Bedeutung zu befreien.

Mit der Veränderung der Vorstellung der Zeit, seit Einführung der speziellen Relativitätstheorie von Albert Einstein, haben auch die Begriffe Vergangenheit, Gegenwart und Zukunft eine Umdeutung erfahren. Neurologische und psychologische Studien lassen vermuten, dass das Gehirn die Gegenwart in Einheiten zu etwa 2,8 Sekunden verarbeitet. Der alltagssprachliche Begriff „Augenblick" beschreibt genau diesen Sachverhalt. Der Gegenwart stehen die Vorstellungen gegenüber, die man sich von der Vergangenheit (z.B. Erinnerung, Geschichte, Herkunft, Ursache) und der Zukunft macht. Es ist absurderweise möglich und ein weit verbreitetes Phänomen, dass sowohl die Vergangenheit als auch die Zukunft eine solche Bedeutung in unserem Leben einnehmen, dass die Anwesenheit im Augenblick zur Nebensache wird. Aber nur in der Gegenwart ist es dem Menschen möglich, die Welt und sein Inneres - das Selbst - wahrzunehmen und damit in Kontakt zu treten. Gegenwart ist also mehr als das Präsens und grammatikalischer Tempus.

Das ist eine ungeheuer wichtige Erweiterung unseres Gegenwartsverständnisses. Das *Erleben des Augenblicks* ist gemeint. Ich werde im Laufe dieses Buches noch des Öfteren auf diese Bedeutung der Gegenwart eingehen. Um die erweiterte Begrifflichkeit der Gegenwart im Rahmen des *Switch Codes* hervorzuheben und für Dich erfassbarer zu beschreiben, werde ich diese erfahrbare Gegenwart auch das „*Jetzt*" nennen.

Philosophisch betrachtet sind zwei Aspekte der Gegenwart von Bedeutung:
Zum einen versucht die Philosophie, der Frage nach dem Wesen der Zeit auf den Grund zu gehen, da sie einen Widerspruch von bewusst wahrgenommenem *Jetzt* und der

Unmöglichkeit, das *Jetzt* sinnlich zu erfassen, sieht. Zum anderen wird die Bedeutung der Gegenwart im Leben des Menschen näher betrachtet. Im Rahmen unserer Sterblichkeit, die uns ja durchaus bewusst ist (ob wir wollen oder nicht), kann die philosophische Betrachtung der Gegenwart zu zwei prinzipiell konträren Weltanschauungen führen:

A. Den Moment als das einzig Wirkliche anzusehen. Ausgedrückt wird die *Nichtigkeit menschlicher Werke* (die Vanitas) durch Sprüche wie *carpe diem* (pflücke / nutze den Tag) oder *memento mori* (gedenke des Todes)

oder

B. Den Augenblick geringzuschätzen und das eigene Leben einem Ziel unterzuordnen, in der Hoffnung, der Mensch lebe darin weiter. Der Mensch wird auf ein Paradies jenseits seiner Existenz vertröstet.

Ich will mich hier in keine philosophische Debatte einmischen, geschweige denn behaupten, dass es nur eine richtige Antwort auf die Frage nach der Bedeutung der Gegenwart für Dich und die Milliarden anderer Menschen gebe. Ich möchte Dich nur auffordern, Dir Deine eigene Haltung in Bezug auf den Moment, den Augenblick und Dein Erleben Deiner Gegenwart zu vergegenwärtigen. Bist Du Dir Deiner Macht, den aktuellen Moment aufmerksam zu erleben und somit auch zu gestalten, bewusst? Oder bist Du der Meinung, dass die Gegenwart nur aufgrund Deiner Vergangenheit einfach geschieht?

Interessant ist, dass der Begriff Gegenwart, der in der deutschen Sprache bereits im Mittelhochdeutschen belegt ist, erst im 18.Jahrhundert seine Bedeutung auf eine Zeitbezeichnung ausweitete. Vorher stand der Begriff für Anwesenheit, ohne Fokus auf mögliche Tempi. Heute gibt es zwar noch den etwas angestaubten intellektuellen Ausdruck der „Gegenwärtigkeit" oder des „gegenwärtig" seins, was in die Richtung der Achtsamkeit gegenüber des Moments deutet, aber der Hauptaspekt der Gegenwart liegt mittlerweile in seiner zeitlichen Bedeutung. Gegenwart bedeutet in unserem Sprachgebrauch hauptsächlich, dass etwas gerade, also in dem aktuellen Zeitfenster, stattfindet. Es sagt etwas über die zeitliche Qualität eines Ereignisses aus, jedoch nichts über die individuelle Bedeutung. Ich persönlich finde das Bild der *Anwesenheit in seinem eigenen Leben* überaus kraftvoll. Der aktuelle Moment und Deine gegenwärtige Lage sind der einzige Ort, an dem Du real anwesend bist. Es ist der Punkt, von dem Du Deine Reise in ein glückliches Leben starten kannst. Wie Du im jetzigen Moment denkst und fühlst, bestimmt, was Du morgen in Deinem Leben erfährst. Das ist das Gesetz. Nichts geschieht außerhalb dieses *Jetzt*. Alles was gewesen ist, ist nie in der Vergangenheit geschehen; es geschah im damaligen *Jetzt*. Auch gibt es keine zukünftige Dimension, in der auf einmal Dinge passieren, die nicht in diesem *Jetzt* geschehen. Selbst wenn Du an die Vergangenheit denkst und sie wieder fast real nacherlebst, geschieht das im *Jetzt*. Genauso verhält es sich mit Deinen Gedanken über die Zukunft. Alle Vorstellungen über zukünftige Geschehnisse, denkst Du jetzt.

Es ist schwierig für unseren Verstand zu akzeptieren, dass Vergangenheit und Zukunft keine eigene Realität besitzen.

Sie sind nur Spiegelungen konservierter Gefühle und Gedanken oder Projektionen. Die einzige Wirklichkeit, die real existiert, ist die Gegenwart. Also nutze den Moment! Du hast im Hier und Jetzt die Möglichkeit, Dein Leben in völlig neue Bahnen zu lenken. Der Augenblick, der jetzt geschieht, ist der Moment, in dem Du neue Wege gedanklich und emotional einschlagen kannst, die Dich zu völlig neuen Zielen bringen. Indem Du das Erleben des Augenblicks veränderst, und sei es auch noch so wenig und zart, wirst Du Veränderungen in Deinem Leben bewirken. Dein momentanes Erleben ist kein Endpunkt in Deinem Leben. Jeder Augenblick ist ein Startpunkt, den Du für die Veränderung Deines Daseins in eine gewünschte Richtung nutzen kannst und solltest. Das Leben arbeitet immer für Dich und nie gegen Dich. Leider haben wir verlernt, das Wunder des Lebens in jedem Augenblick zu spüren. Wir haben jedoch in jedem Moment die Möglichkeit, dieses Wunder zu erleben, und sei es nur dadurch, dass wir für einen kleinen Augenblick unserem Atem lauschen, der uns mit dem Leben verbindet. Unser Körper verbindet sich in jedem Augenblick mit dem Leben, indem er seine lebenswichtigen Funktionen in göttlicher Präzision Sekunde für Sekunde ausführt. Es ist unser Verstand und unser innerer Grübler, der sich oftmals diesem wunderbaren Prozess verweigert und in vergangenen oder zukünftigen Szenarien den Augenblick vergisst. Indem wir uns jedoch der kraftvollen Macht des Augenblickes verschließen, entsagen wir unserer eigenen Schöpferkraft. Unser Leben wird durch vergangene Tage einer undefinierten Zukunft entgegentragen.

Um unsere Ziele zu erreichen und unsere eigene Größe und Freude zu erleben, müssen wir aufwachen und den Augenblick wieder als das Geschenk betrachten, das er ist: unser

Leben. Wenn wir unser Dasein in dem Moment wieder spüren, dann haben wir die Möglichkeit, unser Leben nicht nur geschehen zu lassen, sondern es wahrhaftig zu (er)leben und in die Richtung zu lenken, in die wir möchten. Wenn wir den Moment achten, sind wir auf dem Weg, der zur Zielgerade der Erfüllung unserer Wünsche und Träume wird.

Das Ziel bestimmt den Weg

Wir alle kennen den Spruch „Der Weg ist das Ziel", der auf den chinesischen Philosophen Konfuzius (551 v. Chr. – 471 v. Chr.) zurückgeht und dem konfuzianischen Denken entspricht. In unserer westlichen Welt wird dieser Satz und seine Aussage oftmals auf die buddhistische Sichtweise des Lebens übertragen, sodass Buddha („der Erwachte"), der ebenfalls um 500 v. Chr. in Nordindien lebte und lehrte, als Ursprungsvater angesehen wird.

Wenn man sich intensiver mit der buddhistischen Lehre und dem Denken der östlichen Religionen befasst, ist dieser Spruch durchaus wahr. Ich selbst habe ihn oft übernommen und gerechtfertigt. Im Gegensatz dazu ist in unserer westlichen Tradition das Hinarbeiten auf ein bestimmtes, klar formuliertes Ziel, der üblichere Weg. Nicht der Weg hat Bedeutung, sondern lediglich das Erreichen der Zielvorgabe, auf welchem Wege auch immer. Dazu steht der Gedanke, dass allein der Weg das Ziel ist, in krassem Widerspruch. Und nun? Sollen wir uns nun meditierend von Moment zu Moment hangeln und einfach abwarten wo uns der Fluss des Lebens hin spült? Oder doch lieber verbissen die nächsten

Karriere Schritte planen, Business Pläne schreiben, versuchen unser Leben im Griff zu haben und uns im Hamsterrad leerlaufen?

Meine Antwort lautet: weder noch.

Wenn wir wirklich verinnerlichen, dass die Energie den Gedanken folgt und sich, mit den entsprechenden Gefühlen aufgeladen, materialisieren muss, dann gibt das Ziel den Weg vor. Falls einige Leser nun meinen, dass dies ein eindeutiger Punkt für die westliche Denkweise sei, muss ich sie leider enttäuschen. Es ist völlig anders gemeint und stellt unser gesamtes Weltbild mal wieder auf den Kopf. Diese These bedeutet nämlich nicht, dass ich, um ein bestimmtes Ziel zu erreichen, den Weg planen muss und dann versuche, ihn Schritt für Schritt umzusetzen, bis ich in den vermeintlich sicheren Hafen der Glückseligkeit einlaufen kann. Nein, das Gegenteil ist gemeint: Gib Dein Ziel in das Navigationssystem Deines Lebens ein, freue Dich auf die Ankunft und überlasse es den universellen Naturgesetzen, Dich so schnell wie möglich und auf dem besten Wege hinzubringen. Das Ziel – das was Du Dir wünschst – muss Deine einzige Aufmerksamkeit beanspruchen. Je mehr Du Dich in Deinen Wunsch hineinfühlst, desto mehr setzen sich die Mechanismen in Gang, die alle Umstände arrangieren, damit sich dieser Wunsch manifestiert. Deine Aufgabe ist es lediglich, an Deinem Ziel, Traum, Wunsch oder wie immer Du es für Dich nennen magst, so festzuhalten, dass Du bereits in einer Art Vorfreude leben kannst und in dem Vertrauen, dass er sich erfüllen muss.
Okay, ich gebe zu, auch das kann eine echte Herausforderung sein. Es ist ein wenig "so tun als ob" und das ist etwas,

das in unserem Denken keinen besonders hohen Stellenwert hat. Aber erweitere Dein Denken, es lohnt sich! Du sollst ja nicht rumlaufen und jedem das Gegenteil von dem erzählen, was gerade ist. Es bringt gar nichts, zu sagen "ich bin schlank", wenn mein Spiegelbild leider etwas ganz anderes zeigt. Oder vielleicht sogar Schulden zu machen, da man schon anfängt den Reichtum zu verprassen, der leider den Weg auf das Konto noch nicht gefunden hat. Du sollst Dich und andere nicht belügen, sondern Dein Leben im Einklang mit Deinen Wünschen leben. Das ist etwas völlig anderes. Es geht darum, fokussiert zu bleiben auf das, was Du Dir erträumst. Darum, eine klare Absicht zu formulieren, was du Dir von Deinem Leben wünschst, und daran zu glauben, dass es kommen wird. Einige mögen ein solches Festhalten an Wunschvorstellungen für naiv halten, aber wenn Du Dein Denken wirklich erweiterst und Dich für die neue Sicht auf die Welt und das Leben öffnest, ist es keine Naivität und Weltfremdheit, sondern wissenschaftliche Gesetzmäßigkeit. Wenn Du in dem festen Vertrauen bleibst, dass sich die Dinge in die Richtung, die Du Dir wünschst, entwickeln müssen, dann werden sie es auch.

Das Gesetz der Anziehung ist hierbei ein genauso unumstößliches Naturgesetz wie das Gesetz der Schwerkraft, welches niemand, ja wirklich niemand auf diesem Planeten in Frage stellt. Das Schwierige bei dieser Gesetzmäßigkeit ist jedoch im Gegensatz zur Schwerkraft, dass es nicht so offensichtlich ist. Wenn ich ein rohes Ei in meiner Hand halte und es dann loslasse, kann ich mir innerhalb eines Bruchteils einer Sekunde eine beträchtliche Schweinerei auf meinem Boden angucken. Mit der Manifestation meines Wunsches, den ich voller Absicht seiner Erfüllung abgeschickt habe, verhält es sich jedoch anders. Ist Deine Absicht klar formuliert und Deine Wunschvorstellung genügend emotional aufgeladen, tritt die Gesetzmäßigkeit in Kraft, aber unsichtbar. Dein Wunsch fällt Dir nicht vor die Füße, sondern es werden die Dinge in Deinem Leben so arrangiert, dass sich Deine Absicht erfüllt. Manchmal dauert es und es kann sein, dass Du Dich fragst, ob er sich überhaupt manifestiert, oder ob das Ganze nicht doch nur naive esoterische Spinnerei ist. Das ist menschlich. Aber jeder Zweifel sendet auch wieder Energie aus, welche der Energie Deines Wunsches entgegensteht. Das ist eine logische Folgerung und einer der Gründe, warum es manchmal so lange dauert, bis sich die Vorstellung den Weg in die reale Welt bahnen kann, oder die Manifestation der Wünsche sogar komplett boykottiert wird. Der *Switch Code* wird Dir dabei helfen, die Klippen zu umschiffen und Dein Ziel zu erreichen. Hab Vertrauen!

Dass dieses Vertrauen manchmal auf eine harte Probe gestellt wird, kann ich Dir anhand eines Beispiels aus meinem eigenen Leben bestätigen. Das war nicht lustig, aber es hat mir gezeigt, wie präzise und fehlerfrei das universelle Gesetz arbeitet:

Vor ein paar Jahren hatte eine vermeintliche Freundin von mir die gesundheitliche Krise meines damaligen Partners ausgenutzt, um ihn mir auszuspannen. Es war ein großer Schmerz für mich. Ich hatte nicht nur meinen Geliebten, sondern durch diverse Aktionen meiner ehemaligen Freundin auch den Großteil des gemeinsamen Freundeskreises verloren. Das war nicht leicht für mich, da ich in meiner damaligen Tätigkeit als Bookerin und Tourmanagerin immer viel unterwegs war, mich in der Woche um meine Tourplanung und meine Kinder kümmern musste und diesen kleinen Verbund netter Menschen in meiner Heimatstadt erst mühsam aufgebaut hatte. Da ich mir Selbstmitleid als alleinige Ernährerin meiner beiden Kinder nicht leisten konnte, stürzte ich mich in die Arbeit und verbrachte fast jedes Wochenende des gesamten Sommers mit Künstlern auf Festivals. In der restlichen Zeit versuchte ich meinen Kindern so viel Liebe, Aufmerksamkeit und Alltag zu geben, dass sie nicht merkten, wie es mir eigentlich ging. Ich trampelte über meine Gefühle hinweg. Das klappte so gut, dass nicht einmal ich selbst mehr wusste, wie sehr mich dieses verletzende Ereignis mitgenommen hatte. Ich war Mutter und Arbeitstier im Wechsel. Abends konnte ich schlecht schlafen, heulte ab und zu in mein Kissen und am Ende des Jahres war ich völlig ausgebrannt. Ich freute mich ganz zaghaft auf das neue Jahr, in der Hoffnung, dass das dumpfe Gefühl des *unbeteiligt seins* in meinem eigenen Leben besser werden würde. Ich plante den Besuch einer Silvesterparty mit einigen mir noch verbliebenen Bekannten und war so gut es ging optimistisch. Als Silvester kam, hatte ich die Kinder bei meiner Mutter untergebracht, der Hund war bei meinem hundeliebenden Bruder und dann kam alles anders als gedacht. Mein Ex-Freund, dem langsam auch schwante, dass er in ein komisches Spiel geraten war, teilte mir mit, dass seine Freundin beschlossen habe, zu eben dieser Party zu gehen. Sie wollte ihren Triumph auskosten. Da Machtspielchen nicht gerade zu meinen Kernstärken gehören, blieb ich in der Silvesternacht zu Hause. Ich war traurig, wütend und fühlte mich einsam. Die Gefühle, die ich zuvor nicht zulassen konnte oder wollte, brachen in einer mittelschweren Flutwelle über mich herein und spülten meine mühsam errichteten Schutzwälle einfach davon. Kurz vor Mitternacht war ich so ausgeheult, dass ich mich einfach ergab und mir eingestand, dass ich nicht einfach so weitermachen konnte. Der Schmerz der letzten Monate, die Erschöpfung, die Zerrissenheit zwischen den verschiedenen Rollen, das alles war an die Oberfläche gespült worden. Ich konnte davor nicht länger meine Augen verschließen. Als ich mein Leben nun so ganz unverstellt betrachtete, wurde ich irgendwann ganz demütig. Ich war schon immer der Ansicht, dass wir nicht Opfer unseres Lebens sind, sondern unsere Rollen in unserem eigenen Drehbuch, welches wir Leben nennen, selber schreiben. Das Leben bestraft uns nicht, es fordert uns heraus. Wir sollen nicht Leid und Mühsal erfahren, um gepeinigt zu werden, sondern um zu erkennen, dass wir auf dem falschen Weg sind. Mit dieser Grundeinstellung, einem Piccolo und verheulten Augen öffnete ich um Mitternacht meine Balkontür und schaute in den Himmel. Er gab den Blick auf ein ziemlich erbarmungswürdiges Feuerwerk frei, was bestimmt an der Ausrichtung des Hinterhofes und seiner bescheidenen Sicht lag. Während ich in diesem schicksalsergebenen Zustand nach oben blickte, bemerkte ich, dass ich völlig klar und ruhig wurde. Mir wurde bewusst, was ich nicht mehr wollte und was ich mir stattdessen wünschte. Das passierte nicht über den rationalen Teil meines Gehirnes, sondern aus dem Gefühl heraus. Mit einer Klarheit, die ich noch Stunden zuvor nicht für möglich gehalten hätte, formulierte ich den Wunsch, wieder mehr bei meinen Kindern sein zu können, wieder mehr zu malen und meinem Leben eine neue Richtung zu geben. Ich wünschte mir ein Leben, indem ich mein Geld von zu Hause und nicht mehr *auf Tour* verdienen könnte. Ich hatte keinerlei Vorstellung, wie das gehen sollte, aber ich fühlte eine tiefe Überzeugung, dass es so richtig sei. Ich schaute den angeleuchteten Wolken zu und bedankte mich.

Was im Laufe der nächsten Monate passierte, beschreibt ganz gut den Prozess, der nach dem universellen Gesetz in Gang gesetzt wird, wenn Manifestation stattfindet. Ich war nicht so naiv war zu glauben, dass ich nur auf dem Sofa liegen bleiben könne und das Universum mir schon mitteilen oder anklopfen werde, um mir meine Bestellung zu liefern. Also begann ich, mich ein wenig in Richtung Wunscherfüllung zu bewegen. Die ersten Monate des Jahres waren in meiner kleinen Ein-Frau-Firma immer sehr ruhig. Ich nutzte diese Zeit und fing an, mich neben meinem Job als Mama und meiner Jahresvorbereitung am Schreibtisch um meine Kunstwebseite zu kümmern. Ich legte mir einen kürzeren Künstlernamen zu, aktualisierte meine Seite und begann, mich wieder mit Kunst zu beschäftigen. Nicht verbissen und nur so nebenbei, aber es reichte, um meine Energie wieder in diesen Bereich fließen zu lassen. Bereits nach Tagen begann der Manifestationsprozess, seine Arbeit zu verrichten. Völlig aus dem Nichts rief mich nach Jahren ein befreundeter Künstler an und fragte, ob ich Lust hätte, mit ihm und einem weiteren Maler im März in Hamburg gemeinsam auszustellen. Ich war baff. Ich hatte mit niemandem über meine Ambitionen geredet und nur so ein wenig für mich "rumgewurstelt" und bekam gleich einen Wink aus der richtigen Richtung. Natürlich sagte ich zu. Ich freute mich, meine verstreuten Bilder zu sichten und war froh, endlich mal wieder in die Großstadt zu dürfen. Ein bisschen unangenehm waren die Kosten, die mit so einer selbst auf die Beine gestellten Ausstellung einhergehen. Es war keine große Summe, aber da ich gewohnheitsgemäß in der ersten Hälfte des Jahres kaum Einnahmen hatte, war jede Ausgabe ein Risiko.

Als selbstständige Bookerin erhalte ich meine Provision erst, wenn der Künstler auch wirklich auf der Bühne steht, und das wäre erst in den Sommermonaten der Fall. Bis dahin buchte und organisierte ich die Auftritte und verdiente kein Geld. Da ich jedoch bereits dreizehn gut bezahlte Auftritte in Option hatte und das Jahr erst begann, war ich sehr optimistisch. Ich stimmte sogar dafür, einen Caterer für die Vernissage zu bestellen. Inhaltlich kam die Ausstellung gut an, finanziell war sie ein totaler Flop. Es kamen zu wenige Besucher und ich verkaufte kein einziges Bild. Ich versuchte, die Ausstellung als schönes Event und kleine Investition in mein Seelenheil auf das imaginäre Konto für Sonderausgaben zu buchen und nicht weiter darüber nachzudenken. So weit, so gut. Ich konzentrierte mich wieder auf die Planung der Termine für die Sommersaison und machte weiter wie bisher. Aber es lief nicht wie üblich. Trotz meiner gewohnt guten Arbeit bekam ich keinen einzigen der optionierten Termine unter Dach und Fach. Es war der Wurm drin. Verträge wurden nicht zurückgeschickt, ein Musiker bekam eine Sinnkrise und stieg aus, und ich konnte nur zugucken, wie sich alles in eine Richtung entwickelte, die mir gar nicht behagte. Egal, wie ich mich bemühte, es funktionierte nichts wie gewohnt. Als dann ein Termin nach dem anderen platzte, verstand ich die Welt nicht mehr. Von den ursprünglich dreizehn Terminen, die ich bereits im Januar für den Sommer geplant hatte, war Ende April kein einziger mehr spruchreif. Das bedeutete, dass ich nicht nur das ganze letzte halbe Jahr umsonst gearbeitet hatte, sondern auch, dass ich nicht mehr wusste, wie ich dieses Jahr mein Geld verdienen sollte. Ich geriet langsam aber sicher in Panik. Da ich über die Zeit gelernt hatte, dass das Leben manchmal größer ist als wir, versuchte ich, meine zunehmende Unruhe zu bekämpfen, indem ich mich auf meine Kinder konzentrierte, abends gute Bücher las, ein bisschen malte und betete. Kurzum, ich versuchte, dem Gedanken an die drohende finanzielle Krise, die mir langsam aber sicher die Luft abschnürte, so wenig Raum wie möglich zu geben und mich auf das Gute in meinem Leben zu konzentrieren. Dann kam die Wende, mit der ich nicht gerechnet hatte und die ich selber mir nicht einmal hätte ausdenken können. Auf der Ausstellung war unter den spärlichen Besuchern auch ein Bekannter von mir gewesen, der mit einem Freund gekommen war der bei einer großen Containerschiffreederei in Hamburg arbeitete. Von genau dieser Reederei bekam ich einen Anruf. Sie fragten, ob ich nicht die Bebilderung der aktuellen Containerschiffneubauten übernehmen könne. Ich war platt. Ich wäre selbst nie auf die Idee gekommen, dass Drucke meiner Bilder an den Wänden von Containerschiffen um die Welt fahren könnten. Jahre zuvor hatte ich mehrere Segelschiffe und Großsegler, die in meiner Heimatstadt im Hafen lagen, gemalt. Ich hatte immer die Hoffnung, dass sich gerade diese Motive in der nördlichsten Hafenstadt Deutschlands verkaufen würden. Was aber nicht der Fall war. Von den knapp vierzig Schiffsbildern hatte ich im Laufe der Jahre nur drei verkauft. Aber auch da steckte viel Lebensregel im Verborgenen: *Alles, was Du mit offenem Herzen und mit Überzeugung tust, ist nicht umsonst.* Es hat seinen Wert, auch wenn Du ihn nicht gleich erkennst. Und genau das kam jetzt zum Tragen. Die Ausstellung schien ein Misserfolg gewesen zu sein, genau wie die Schiffsbilder. Die augenscheinlichen Flops meiner Karriere entpuppten sich als richtige Glücksgriffe. Ohne die Ausstellung in Hamburg wäre die Reederei niemals auf mich aufmerksam geworden.

Hätte ich nicht auf die vielen Seglerbilder zurückgreifen können, hätte ich den Auftrag nicht annehmen können. Bis zum Einlaufen des Schiffes in Hamburg hatte ich nur einen knappen Monat Zeit. Da gekreuzigte oder nackte Engel (sowie viele andere meiner Werke) nicht die richtigen Bilder zur beruhigenden Innausstattung des Ozeanriesen waren, retteten mich genau diese Segelschiffe. Ich sagte zu. Ich malte in den kommenden Nächten Containerschiffe auf bunten Meeren. Zusammen mit den Seglern und einigen großen anderen Motiven ergab sich eine bunte Zusammenstellung meiner Arbeiten. Ich klappte ein fast vergessenes Netzwerk von Helfern hoch, was mich sehr glücklich machte. Ein befreundeter Fotograf fotografierte die Werke und erstellte die Drucke, ich verhandelte mit einem großen Rahmenhändler und Freunde rahmten und verpackten Bilder mit mir im Akkord. Es war toll. Ich lieferte die fünfundsiebzig Drucke meiner Bilder persönlich am Hafen ab, bekam eine gratis Schiffsführung und war beeindruckt von diesen Giganten aus Stahl. Die Bilder wurden bei der ruhigen Fahrt durch den Suezkanal von den Matrosen aufgehängt. Die Reederei war so zufrieden, dass ich sofort im Anschluss den Auftrag für drei weitere Neubauten bekam. Es war bestimmt nicht die große Kunstausstellung und außer den einundzwanzig Mann Besatzung werden nicht viele Menschen meine Bilder sehen, aber es war genau das, was ich mir gewünscht hatte. Ich konnte während des gesamten Jahres malen, war bei den Kindern und hatte mehr Zeit für mich und eine mögliche Neuausrichtung. Das Verrückteste war, dass das Geld, das ich für die Bebilderung der Schiffe bekam, exakt der Summe entsprach, die ich für die geplanten Konzerte veranschlagt hatte. Mein Silvesterwunsch hatte sich in einer Perfektion erfüllt, die ich selber nicht hätte zustande bringen können.

Naja, vielleicht hätte ich bei dem Gewinn etwas größer denken sollen, aber soweit war ich damals noch nicht.

Im Laufe meines Lebens habe ich einige Beispiele dafür gesammelt, wie kreativ und präzise das Leben für die Erfüllung unserer Wünsche sorgt, aber ich finde gerade das sehr eindrucksvoll. Natürlich habe ich mich zwischenzeitlich gesorgt und mit meinem Schicksal gehadert, aber schließlich hat das universelle Gesetz nur meinem Wunsch entsprochen. Ich wollte nicht mehr so viel unterwegs sein, und somit mussten die Termine im Sommer einer nach dem anderen wegbrechen. Das war eine schlimme Zeit und ich hätte mir gewünscht, dass ich mir die ein oder andere schlaflose Nacht hätte ersparen können, aber es entpuppte sich als der perfekte Weg zu meiner Wunscherfüllung. Es liegt nicht gerade in der Natur des modernen Menschen loszulassen und einer höheren Ebene zu vertrauen. Es war alles perfekt arrangiert und zeitlich geplant. Ich glaube nicht, dass ich die Kraft gehabt hätte, selbst die Termine der Künstler abzusagen, wenn ich den Auftrag der Reederei bereits im Anschluss an die Ausstellung bekommen hätte.

Die Ereignisse entwickeln sich vom Ziel zur Ursache. Das ist das Gesetz. Wie das genau passiert, kann uns egal sein. Sollte es sogar, da wir manchmal gar nicht so wundervoll denken können, wie sich die Dinge entwickeln können und sollen. Unsere Aufgabe ist es, das Ziel in unser Navigationssystem einzugeben, den ersten Gang einzulegen und zu vertrauen, dass uns das Leben auf dem besten Weg zu unserem Ziel bringt. Wir müssen auf diesen Prozess vertrauen. Das ist unsere Herausforderung. Versuche, Dich da mal wirklich rein zu denken. Schließlich diskutierst Du in Deinem Wagen doch auch nicht ständig mit Deinem Routenplaner, nachdem Du Dein Ziel eingegeben hast, oder?

Um den Punkt mit dem Weltbild als erste Stelle des *Switch Codes* abzuschließen, möchte ich nochmals betonen, dass es nicht um eine Veränderung Deines Denkens geht, sondern um eine Erweiterung. Nimm Dir Zeit, über die Dinge, die Du gerade gelesen hast, nachzudenken. Lass Deinem Geist Raum, sich von der Logik der Aussagen zu überzeugen, indem Du versuchst, Dich einfach für diesen Paradigmenwechsel des Weltbildes zu öffnen. Unser Gehirn ist ein großer Richter, der schnell Urteile fällt. Diese Urteile verkauft er uns als verstandesmäßig sinnvoll, obwohl sie oftmals aus einer Überforderung oder auch aus einer Art Schutzmechanismus heraus gefällt werden. Unser Verstand ist toll, um im alltäglichen Leben diverse Aufgaben zu erledigen und unsere Umwelt zu verstehen. Unser Gehirn leistet dabei eine grandiose Arbeit, genau wie unser Herz eine herausragende Leistung erbringt, oder unsere Lunge oder der Darm. Leider identifizieren wir uns oftmals mit dem, was unser Verstand uns aus seiner Haltung heraus suggeriert. Dabei vergessen wir, was unsere Seele bereits weiß oder unser Bauch sagt.

TEIL II

AUSGANGSPUNKT

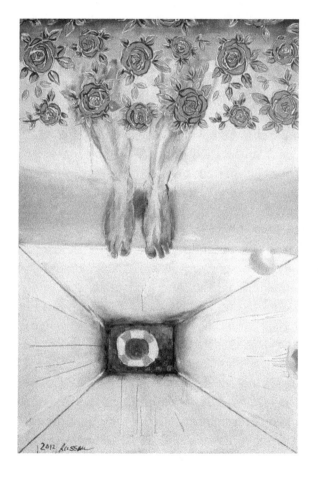

Manchmal muss man loslassen… um anzukommen

Im vorherigen Teil dieses Buches haben wir uns mit neuen Denkweisen und Auffassungen des Lebens beschäftigt. Sie bilden die Grundlagen dafür, dass wir unsere Existenz und unsere Möglichkeiten in unserem Leben anders einschätzen können. Mit diesem veränderten Weltbild verlassen wir unser tägliches Hamsterrad, das uns ständig in Bewegung hält, ohne jemals ein Ziel zu erreichen, das uns wirklich glücklich macht. Du hast jetzt die Möglichkeit, Deine Sichtweise auf alles, was in Deinem Leben passiert ist, zu verändern und bewusst das zu erschaffen, was Du Dir in der Zukunft wünschst. Dabei geht es nicht um schnöde Tagträumerei, sondern um ein bewusstes Gestalten einer neuen Wirklichkeit im Hier und Jetzt. Der Moment, den Du gerade lebst, ist der einzige Moment, der zählt.

Es mag Dir vielleicht widersprüchlich vorkommen, dass auf der einen Seite nur der gegenwärtige Augenblick Relevanz hat, wir aber gleichzeitig unsere Zukunft kreieren, also an unsere Zukunft denken. Aber es gibt keinen Widerspruch. Die Gedanken und Gefühle, die in der Gegenwart vorherrschen, ziehen die Dinge in unser Leben, die unsere Zukunft gestalten. Das Gesetz der Anziehung ist immer aktiv und funktioniert in jeder Minute unseres Lebens. Es mag Dir vielleicht in Bezug auf die Schwierigkeiten, die Du in einigen Bereichen Deines Lebens vielleicht gerade hast, ungerecht vorkommen. Bestimmt hast Du Dir nicht bewusst diese Herausforderungen ausgesucht. Es ist schwierig zu akzeptieren, dass die gesamte Verantwortung für unsere Lebenssituation nur bei uns liegt. Es widerstrebt unserem Sinn nach Gerechtigkeit, da es bestimmt genug andere Menschen und

Umstände unserer Meinung nach gegeben hat, die Schuld an unserem Schicksal sind. Es ist verständlich und menschlich, dass wir nach Ursachen und Gründen Ausschau halten, die wir für die Dinge, die in unserem bisherigen Leben nicht gut gelaufen sind, verantwortlich machen können. Und wir werden sie auch finden; Sei es unsere schwierige Kindheit, die verkorkste Familie, der (Geschäfts-)Partner, der einen betrogen hat, der Undank des Chefs, das fehlende Geld und so weiter und so fort. Aber was bringt uns das? Die Antwort lautet: *NICHTS!* Wir könnten uns zwar mit ruhigem Gewissen abwechselnd in Selbstmitleid und Selbstgerechtigkeit suhlen, würden jedoch außer Groll und Traurigkeit nicht viel erreichen. Ist es da nicht viel schöner, spannender und sinnvoller, einmal die komplette Verantwortung für das, was gerade ist, zu übernehmen? Zu dem zu gelangen, was man wirklich will?

Du magst Dich jetzt fragen, ob das nicht das gleiche Dilemma ist wie bei den Diätpillen: Die ultimative Schlank-Pille hätte ich gerne, aber eigentlich weiß ich, dass es sie nicht gibt. Und wenn ich tatsächlich irgendein angebliches Wundermittel gefunden habe, hat man durch den Jo-Jo Effekt nachher noch mehr von dem, was man eigentlich loswerden wollte, auf den Hüften. Also weiß ich auch da, dass eigentlich nur ich selbst an meinem Gewicht und Erscheinungsbild etwas ändern kann. Ich sollte mehr Sport treiben, meine Ernährung umstellen oder ähnliches. Mit dem *Switch Code* bekomme ich augenscheinlich ebenfalls kein Allheilmittel an die Hand, das die Dinge für mich regelt. Auch hier muss ich selber aktiv werden und Verantwortung übernehmen. Aber wenn ich das bisher nicht geschafft habe, warum sollte ich jetzt Veränderungen in meinen Finanzen, meiner Beziehung, meinem Beruf oder wo auch immer bewirken können? Die Antwort ist ganz einfach: Du hast kein Problem! Auch wenn der Gedanke der Ähnlichkeit der Mechanismen auf der Hand zu liegen scheint, handelt es sich um zwei völlig verschiedene Wirkweisen und Gedankenwelten. Es geht sogar so weit, dass die Philosophie des *Switch Codes* die schnelle Veränderung in der physischen Welt durch trendige kurzfristige Mittel ausschließt. Du hast eine Situation – wie belastend Du sie auch momentan empfinden magst – die Dir die Möglichkeit gibt, Dein Leben grundlegend zum Guten hin zu ändern. Es ist nicht die Diätpille. Es ist nicht der unseriöse Kredit, der Dir vielleicht kurzfristig finanzielle Freiheit bietet, in Wirklichkeit aber Deine Schulden vergrößert und Deine finanzielle Situation, die Du eigentlich weniger belastend empfinden wolltest, nur noch verschlimmert. Du musst nicht in der Art aktiv werden, dass Du Dich krampfhaft in eine Richtung veränderst, von der Du glaubst, dass sie Dir in Deinem Umfeld Vorteile bringt, nur um nachher noch frustrierter und einsamer orientierungslos herumzuirren. *Lass los!* Nichts könnte gerechter sein, als dass das, was ich vorherrschend denke und fühle, sich auch in meinem Leben widerspiegelt.

Das Universum unterscheidet nicht zwischen gewinnbringenden oder kontraproduktiven Gedanken. Es spiegelt nur Deine gedanklichen und emotionalen Denkmuster wider, die Du dann an Deinen Lebensumständen erkennen kannst. Klar, es ist nicht leicht, die Verantwortung für unschöne Vorfälle und unliebsame Lebensumstände zu übernehmen. Aber genau diese Eigenverantwortung ist der Schlüssel, um die Dinge in die gewünschte Richtung zu ändern. Es ist

keine Strafe, auch wenn Du es im ersten Moment so empfinden magst, sondern eine große Gabe. Du hast endlich die
Möglichkeit, das Leben Deiner Wünsche zu führen! Du
musst nur Dein Denken und Fühlen besser für Dich nutzen
und schon setzt sich alles in die gewünschte Richtung in Bewegung. Dabei geht es nicht um blinden Glauben, sondern
um das Verstehen und den Einsatz der Gesetze des Lebens.

Nun müssen wir uns fragen: Wie schaffe ich es, dieses Gesetz für mich und mein Leben in der Weise zu nutzen, dass
es in die Richtung *switcht*, die ich mir wünsche? Hierfür gibt
es einen Code, der Dir hilft, Dein Leben und wie Du es empfindest, in vier Schritten grundlegend zu verändern. Den ersten Punkt, der Dich auffordert Dein Denken in Bezug auf
Dein Weltbild zu verändern, haben wir bereits im ersten Teil
des Buches behandelt. Nun kommen wir zum zweiten Teil,
Deinem Ausgangspunkt.

Du bist Dein Leben

Der Ausgangspunkt bestimmt den Punkt, an dem wir im Augenblick stehen. Dieser Punkt ist weder gut noch schlecht.
Er beschreibt lediglich die Situation, in der Du Dich gerade
befindest. Du hast diese Situation selbst kreiert. Du bist der
Schöpfer Deiner Lebensumstände.
Falls Du Dich gerade in einer schwierigen und unbefriedigenden Lebenssituation befindest, mag dir das ungerecht
erscheinen. Es gibt bestimmt viele äußere Umstände, die

Deiner Meinung nach dazu geführt haben, dass Du gerade nicht laut pfeifend in den Sonnenuntergang tanzt. Kein vernünftiger Mensch will Krankheit, Armut, Einsamkeit oder Unglück in seinem Leben haben. Leider wissen viele Menschen noch zu wenig über die Gesetzmäßigkeiten des Lebens, um ihre eigene Verantwortung an ihren Lebensumständen zu begreifen. Du bist nicht Opfer der Umstände, sondern Schöpfer. Das ist nicht ungerecht, sondern eine Gabe, ein Geschenk, das wir lediglich noch nicht richtig nutzen.

Damit Du Dein Leben in die Richtung verändern kannst, in der Dein Ziel liegt, müssen wir uns erst einmal anschauen, wo Du bist. Wenn Du Dich auf eine Reise begibst, hast Du ebenfalls einen Ort, von dem aus Du Deine Planung beginnst. Im Folgenden müssen wir uns also erst einmal mit Deinem Startpunkt, dem Ausgangspunkt Deiner Reise, genauer beschäftigen.

Da es sich um einen übertragenen und nicht physischen Ausgangspunkt handelt, ist die Frage nach dem *Wo* etwas zu eng gefasst. Es ist nicht eine Frage nach dem Ort, an dem Du Dich gerade befindest, sondern die Frage nach Deiner innerlichen Befindlichkeit. Nicht nur Wo bist Du?, sondern auch Wer bist Du?

Die Veränderung, die Du in Deinem Leben anstrebst findet an dem Punkt seinen Anfang, an dem Du jetzt gerade bist. Das *Jetzt* ist der Ort, von dem aus Du Deine Reise startest. Selbst wenn wir noch sehen werden, dass wir in der Lage sind, einen Startpunkt in die Vergangenheit zu verlegen, wird die Entscheidung dazu immer im *Jetzt* stattfinden. Egal, wie Dein Leben bisher verlaufen ist, Du hast jetzt die Möglichkeit, neue Entscheidungen über Dich und Dein Leben zu treffen, neue Gedanken zu denken, eine neue Energie auszusenden und Dein Leben grundlegend zu wandeln.

Visionäre und Träumer

Wir haben festgestellt, dass es keine von uns unabhängige Wirklichkeit gibt. Wir leben sozusagen in der Interpretation einer Realität, die gar nicht existiert. Sie ist geprägt von dem kollektiven Bewusstsein der Gesellschaft, in der wir leben, und den individuellen Mustern, die wir im Laufe unseres Lebens entwickelt haben.

Gehst Du davon aus, dass Du alles erreichen kannst, was Du Dir vorstellst? Dass das Leben eine abenteuerliche Reise ist? Dass es genug von allem für alle und vor allem für Dich gibt? Dass Du so liebenswert bist, dass Du den liebenswertesten Partner verdient hast und dass Du schön bist und es sich in Deiner Physis, wie auch immer sie gestaltet sein mag, wiederfindet? Vermutlich nicht. Wir alle neigen dazu, uns klein zu machen. Wir bauen uns unser eigenes Gefängnis. Wir finden immer die richtigen Sätze, die uns davon abhalten, mehr zu sein, mehr zu wollen, und unseren Kopf in die Wolken zu heben. Aber Du hast den Schlüssel zur Freiheit und zu einem Leben voller unbegrenzter Möglichkeiten immer in Deinen Händen. Es gab schon immer Menschen, die unabhängig von der Vorstellung ihrer damaligen Zeit an sich und Ihre Träume geglaubt haben. Es gibt unzählige Beispiele von Weltenbürgern, die sich nicht den gewohnheitsmäßigen und kollektiven Gedankengängen unterordneten und Großes bewirkt haben, sowohl für sich, aber auch für Andere.

Viele wahrhaft große Persönlichkeiten hatten eine Vision, an der sie unabhängig von Raum, Körper und Zeit festgehalten haben.
Hätte sich Jeanne D'Arc (1412-1431) dem kollektiven Denken ihrer Zeit untergeordnet, wäre sie wohl nie zur französischen Nationalheldin geworden. Sie glaubte an sich und ihre Visionen, in denen Sie Frankreich vor den Engländern retten sollte. Sie ließ sich von ihrer Stellung als wohlhabende, jungfräuliche Bauerntochter (soziale Realität) nicht in ihrer persönlichen Wahrnehmung als Retterin Frankreichs abbringen. Auch ihre jugendliche, weibliche Natur (körperliche Realität) hielt sie nicht davon ab, als Jungfrau in einer eigenen Rüstung ein ihr unterstelltes Heer auf das Schlachtfeld zu führen. Eine Verwundung konnte sie nicht von ihrem Vorhaben abbringen, was Ihr den Respekt hartgesottener Kämpfer einbrachte. Okay, es ging nicht gut für sie aus, als sie aufgrund eines Verrats auf dem Scheiterhaufen verbrannt wurde. Aber nur 24 Jahre später wurde sie zur Märtyrerin erklärt und im aufgeklärten 20. Jahrhundert von Papst Benedikt XV heiliggesprochen. So hat sie mit Ihrer visionären Kraft sogar Jahrhunderte überdauert (zeitliche Realität).
Auch andere große Visionäre ließen sich nicht von den äußeren Gegebenheiten ihrer Zeit und den Geschehnissen von Ihren Idealen abbringen. Wenn wir zum Beispiel an Martin Luther King (1929-1968), Nelson Mandela (1918-2013) oder Mahatma Gandhi (1869-1948) denken, ist ihnen allen

eines gemeinsam: Im Kampf gegen Unterdrückung und soziale Ungerechtigkeit waren sie Ihrer Zeit weit voraus. Ungeachtet der realen äußeren Umstände träumten sie alle von einer besseren Welt und fühlten sich ihr verbunden. Obwohl sie in unterschiedlichen Ländern agierten, hatten sie doch die gleichen Visionen einer gerechteren Welt und sich ähnelnde Grundsätze, und lebten ihre eigene Idee der Welt und wie sie zu sein hätte. Sie folgten nicht den vermeintlich real existierenden politischen Gegebenheiten. Sie glaubten an sich und Ihre Ideale, ungeachtet dessen, was Ihnen passieren könnte (körperliche Realität). Sie waren nicht unrealistisch in ihrem Denken und ihrem Anspruch an die Welt, sondern einfach ihrer Zeit voraus (zeitliche Realität). Alle waren bereit, ihr eigenes Denken, Fühlen und Handeln über die allgemein üblichen Verhaltensweisen und Sozialstrukturen zu stellen.

Ich denke, man kann allein anhand dieser Beispiele gut erkennen, wie jedes Denken seine Wirkung zeigt. Im allgemeinen Kontext ihrer Zeit wurden alle drei Querdenker in den Anfängen ihrer politisch - oder besser humanistisch - aktiven Zeit angefeindet. Sie widersprachen dem allgemeinen Denken. Im Falle von Nelson Mandela bedeutete dies, dass er fast vierzig (!) Jahre im Gefängnis verbrachte. Mahatma Gandhi musste acht Jahre in südafrikanischen und indischen Gefängnissen einsitzen und Martin Luther King wurde bei einem Attentat 1968 erschossen. Trotz dieses massiven Widerstandes der Zeit gegen ihr neues Denken von einer besseren Welt und großer persönlicher Repressalien wurde ihr Gedankengut schließlich geehrt. Es ist zum großen Teil Bestandteil unserer heutigen Überzeugungen. Ich denke, für Dich und mich ist es heute selbstverständlich, dass eine Hautfarbe rein gar nichts über den Wert eines Menschen aussagt, wobei das Wort "Wert" schon fragwürdig ist. Jeder Gedanke, vor allem wenn er mit Gefühl und Überzeugung aufgeladen ist, wirkt. Nicht genau in dem Moment, sonst würden wir ja wahnsinnig, sondern im Laufe der Zeit und in Übereinstimmung mit der Intensität und Leidenschaft, mit der er gedacht und gefühlt wird. So ist es, ähnlich wie bei Jeanne D'Arc, nicht weiter verwunderlich, dass Martin Luther King 1965 und Nelson Mandela 1991 den Friedensnobelpreis erhielten. Mahatma Gandhis Leben wurde in Hollywood verfilmt und Nelson Mandela wurde nach seiner Haftentlassung der erste schwarze Präsident Südafrikas.

Im Zusammenhang der politischen und gesellschaftlichen Vorausdenker ließen sich noch mehrere Beispiele finden. Viele Menschen sind und waren dem Denken ihrer Zeit voraus. Sie sind auch unter schwierigsten und gefährlichen Bedingungen für ihre Überzeugungen eingestanden.

Aber keine Angst, ich möchte Dich in diesem Kapitel ein bisschen hinter den Vorhang des kollektiven Standartdenkens führen, aber Dich keineswegs dazu animieren, eine politische Laufbahn gegen das Establishment mit Gefahr für Leib und Leben einzuschlagen. Wir leben zum Glück in einer Zeit vieler individueller Entfaltungsmöglichkeiten ohne die Gefahren der vergangenen unruhigen Zeiten. Auch müssen wir in der heutigen Zeit nicht mehr darauf warten, erst posthum die Früchte unserer Überzeugungen ernten zu dürfen. Wir können mit unserem neuen Denken schon heute unsere Zukunft bestimmen und müssen uns nicht für zukünftige Generationen opfern. Wir leben in einer Zeitenwende und können als eine der ersten Generationen unser Morgen selbst gestalten.

Wir sind nicht mehr unserer Zeit voraus, sondern in der Zeit. Wobei hier das Wort *Zeit* irreführend ist, da auch unser landläufiger Zeitbegriff in das Feld der Illusion gehört. Körper, Zeit und Raum sind eine Illusion. Sie sind abhängig von unserem subjektiven Empfinden. Alles ist Energie und Energie vergeht nicht. Jeder Gedanke hat seine Wirkung, auch wenn er nicht unmittelbar verstanden wird. Es muss nicht jeder Gedanke verbal kommuniziert werden, um einen Eindruck im energetischen Feld zu hinterlassen. Es gibt Gesten, Erfindungen, Bücher, Bilder und Musik, die bestimmte Denkweisen in die Welt tragen und dort nach und nach ihre Wirkung entfalten. Manche laut und revolutionär, manche leise und im Stillen. Wichtig ist immer das Gefühl, die Leidenschaft, die ihnen innewohnt.

Um das Bild noch etwas zu erweitern, möchte ich gerne ein wenig bei den Menschen bleiben, die ihrer eigenen Wahrheit gefolgt sind und die Welt mit ihren Ideen bzw. ihrer Energie im Kleinen oder auch im Großen verändert haben. Oftmals nicht der einfachste Weg. Er ist immer mit der Angst behaftet, auch in den eigenen Augen versagt zu haben. Ein Beispiel aus der Kunst ist in diesem Zusammenhang Vincent Van Gogh (1853-1890), dessen Denken bestimmt nicht dem des braven Normalbürgers entsprach. Sein Wesen und sein Werk verstörte seine Zeitgenossen. Er litt sehr unter seinem vermeintlichen Scheitern. Während er zu Lebzeiten gesichert nur ein Werk offiziell verkaufte, erzielen seine post-impressionistischen Hauptwerke seit den 80er Jahren Rekordpreise in Millionenhöhe.

Wie gesagt, müssen wir heutzutage nicht mehr auf unser Ableben warten, um die Früchte unserer Gedanken zu ernten. Wir können heute unsere Überzeugungen in der westlichen Welt leben, ohne die Angst, verfolgt zu werden oder aus dem sozialen Gefüge zu fallen. Im Gegenteil. Oftmals ist es genau diese Andersartigkeit im Denken und Fühlen, die mittlerweile den Menschen zum Erfolg führt. Der brave Bürger, der auf Knopfdruck fast alles haben kann, sehnt sich nach mächtigen Gefühlen und leidenschaftlichen Lebensentwürfen, auch wenn sie für ihn selbst als Lebensstil nicht in Frage kommen. Die Angst zu scheitern und zu versagen, wird in unserem europäischen Sozialgefüge minimiert und der Weg zu einer Art Selbstfindung geöffnet. Dabei gibt es keine allgemeingültige Realität, sondern nur die Illusion, dass die Welt für alle so ist, wie sie scheint. Jeder Mensch empfindet seine Realität anders, bewertet sie unterschiedlich und wünscht sich andere Dinge. Diese unterschiedlichen Gedanken und Wünsche sind es, die uns dahin bringen, wo wir sind. Nicht jeder Mensch möchte ein berühmter Künstler oder einflussreicher Politiker sein. Die großen Berühmtheiten der Menschheit haben sich dahin gedacht und gefühlt. Sie haben sich von dem gelöst, was ist, und zu dem hinbewegt, wie sie es haben wollen, ungeachtet der sozialen, körperlichen, räumlichen oder äußeren Realität, in der die Gesellschaft illusionär verharrt.

Ein Musiker, von dem immer gesagt wird, er habe schon als Popstar gelebt, als er noch gar keiner war, ist Farrokh Bulsara, besser bekannt als Freddie Mercury (1946-1991). Er wurde in Sansibar in eine aus Indien stammende parsische Familie geboren. Mercury ist das englische Wort für Merkur, dem sonnennächsten Planeten und seinem Namensgeber, den römischen Gott Merkur. Obwohl Freddie Mercury viele Rückschläge hinnehmen musste, bevor er mit der Band „Queen" zum Jahrhundertkünstler wurde, hatte er nie daran gezweifelt, dass er einmal ein großer Star werden würde. Es wird über ihn berichtet, dass er, auch wenn er bei Freunden auf dem Sofa schlief, weil ihm das Geld für ein Zimmer fehlte, sich immer schon als großen Künstler gesehen hat. Und er verhielt sich auch so. Nicht vermessen oder arrogant, sondern überzeugt.

Wir könnten bestimmt noch Bücher mit Menschen füllen, die ihrem Traum gefolgt sind und die Welt, die wir kennen, in irgendeiner Weise verändert haben. Aber darum geht es nicht. Ich möchte Dich lediglich anregen, Dich zu fragen, ob Deine gelebte Realität mit Deinen Wünschen überein-stimmt. Ist der Ort, an dem Du Dich gerade befindest, der Ort, an dem Du sein möchtest? Dabei meine ich Ort nicht als physischen Punkt auf der Landkarte, sondern als Zu-stand. Lebst Du das Leben im Einklang mit Deiner Vorstel-lung, wie Du Deine Realität erleben möchtest? Nicht die Welt, so wie sie vermeintlich *ist*, sondern so, wie Du sie *willst*.

Allen großartigen und eindrucksvollen Menschen ist Eines gemeinsam: Sie richten sich nach ihrer inneren Wirklichkeit und nicht nach den äußeren Umständen. Viele dieser Men-schen haben mit der Überzeugung, dass alles das, was Du mit Leidenschaft denkst, fühlst und tust, die einzig richtige Lebenseinstellung ist, genau den Zustand erschaffen, dem sie in ihrer Geisteshaltung gefolgt sind. Nochmal zur Erinne-rung: Jeanne D'Arc wurde französische Nationalheldin und Heilige ihres geliebten Volkes. Mahatma Gandhi führte sein

Volk gewaltlos aus der englischen Kolonialherrschaft. Nelson Mandela haben sie fast vierzig Jahre weggesperrt und er wurde trotzdem Nobelpreisträger und erster schwarzer Präsident seines Volkes. Martin Luther King erreichte tatsächlich die Abschaffung der Rassentrennung und erhielt einen Nobelpreis. Vincent Van Gogh wurde einer der berühmtesten Künstler weltweit und Freddie Mercury zur Pop Legende.

Wir leben in einer Zeit, in der die Wissenschaften den Bewusstseinswandel untermauern und vorantreiben. Viele Menschen entdecken jetzt ihr Schöpferpotenzial und ihre Fähigkeit, sich selbst und die Welt zu verändern.

Entdecke auch Du Deine innere Kraft. Jetzt.
Du schaffst das!

Kontraste

Viele von uns sind der Meinung, dass sie sofort wüssten, was sie sich für ihre Zukunft und ihr Leben wünschen. Wenn man aber einmal genauer darauf hört, was sie sagen und wie sie handeln, dann wird einem schnell klar, dass der Fokus nicht auf dem Wunsch, sondern auf der Ablehnung dessen liegt, was sie *nicht* wollen. Sie wollen *nicht* mehr krank sein, sich *nicht* mehr dick fühlen, *nicht* mehr zu wenig Geld haben oder *nicht* mehr alleine sein. Den ganzen lieben langen Tag wird darüber gegrübelt, mit Freunden lamentiert oder mit dem Partner darüber gestritten, was sich im Leben bitte nun verändern soll. Immer mit der Idee, das zu verändern, was sich schlecht anfühlt und was man nicht mehr länger ertragen will oder kann. Wir sind mittlerweile alle so problemorientiert, dass es für uns völlig normal geworden ist, über alles und jeden zu klagen. Das Gefühl des Mangels ist allgegenwärtig und ist uns in Fleisch und Blut übergegangen. Die wenigen Ausnahmen der Menschen, die in den prächtigsten Farben von ihren Träumen und Wünschen reden und sich vom Leben geschätzt und umarmt fühlen, sind für uns verträumte Spinner, welche die Regeln des Lebens und der Gesellschaft nicht wirklich verstanden haben. Das Gleiche gilt für die Erdenbürger, die es auf die Sonnenseite des Lebens geschafft haben, und sich im Glanze des Erfolges ihres Lebens erfreuen - und sei er auch nur ideell. Entweder beneiden wir sie darum, dass sie ein Leben nach ihren Wünschen leben können oder es schwingt ein wenig Missfallen mit. Im Grunde unseres Herzens können wir nicht nachvollziehen, warum gerade diese Person so fröhlich durch ihr Leben tanzt, während wir uns Tag für Tag abmühen. Der Gedanke ist nicht abwegig, da das Gesetz der Anziehung keinerlei Unterschied macht, ob Du das, was Du Dir wünschst, auch verdient hast, geschweige denn, ob Du ein guter Mensch bist oder nicht. Du bekommst das, was Du denkst und fühlst. Ohne Unterschied und ohne Einschränkung. Das ist auch ein Grund, warum einige Menschen immer reicher werden oder immer wieder auf die Füße fallen, während andere ein Leben lang um ein wenig Glück kämpfen.

Die Welt und unsere Gesellschaft ist so durch Mangeldenken geprägt, dass Du eine Ausnahme wärst, wenn es bei

Dir nicht ebenfalls verankert wäre. In der Politik, der Wirtschaft und den gesellschaftlichen Strukturen wird das individuelle und kollektive Mangelbewusstsein permanent gefüttert und angeheizt, da es den Einzelnen klein hält und ein lenkbares Kollektiv bildet. Gerade in unserer westlichen Konsumgesellschaft wird ein Mangelgefühl bewusst provoziert. Wir wollen immer mehr haben und besitzen, um scheinbar glücklicher zu werden. Das Gleiche gilt für den weit verbreiteten Optimierungswahn, der sowohl unsere Beziehung zu anderen, als auch uns selbst betrifft. Obwohl die Menschen der privilegierten westlichen Nationen über die beste Gesundheitsvorsorge und Gesundheitspflege verfügen, ist ein großer Teil unzufrieden mit seinem Äußeren. Mit immer extravaganteren Operationen und Verschönerungstechniken wird versucht, den Mangel an Selbstbewusstsein und Selbstakzeptanz auszugleichen. Das ist absurd, wenn wir bedenken, dass wir in unserem Land so viel Freiheit und Reichtum zur Verfügung haben und trotzdem oftmals sehr unglücklich sind. Wir haben Freiheit und Fülle geschenkt bekommen. Es liegt an uns, was wir daraus machen. Wir müssen aufhören, uns in den Problemen zu suhlen, und uns dadurch klein und ohnmächtig zu fühlen. Es ist an der Zeit, dass jeder Einzelne, aber auch wir im globalen Kontext, uns in Richtung der Lösung unserer eigenen und übergeordneten Konflikte bewegen.

Fangen wir bei Dir an. Wenn Du an die Baustellen in Deinem Leben denkst und die Gespräche, die Du darüber führst, wie redest Du? Sprichst Du von den großartigen Veränderungen, die in Deinem Leben stattfinden, über die kleinen schönen Momente? Beklagst Du Dich über die Situation, in der Du Dich befindest? Hast Du das Bild von Dir, wie Du gerne sein möchtest, fest vor Augen und betrachtest es mit einem Lächeln im Gesicht, oder schimpfst Du nicht insgeheim oder offensichtlich über die Umstände, die schwere Kindheit, den Chef oder die Ungerechtigkeit des Lebens allgemein, die dafür verantwortlich sind, dass keine bunten Smarties durch Dein Leben fliegen?

Nimm Dir Zeit, Dich einmal von außen zu betrachten. Hör die Stimmen, die Du in Deinem Kopf hast und in Dein Umfeld kommunizierst. Wir sind so versiert darin zu wissen, was wir alles *nicht* wollen, uns *nicht* wünschen, dass es uns manchmal schwerfällt, uns positiv auf die Lösung unserer Probleme einzuschwingen. Da es immer um Schwingungen geht, und Du genau das in Deinem Leben präsentiert bekommst, auf das Du Dich schwingungsmäßig ausrichtest, ist eine Veränderung eines Lebensbereiches ohne eine Veränderung Deiner Schwingung in diesem Bereich unmöglich. *Du kannst Dich nicht über eine Sache beschweren und Groll hegen und gleichzeitig erwarten, dass sie sich ins Positive verändert.* Entlarve Deine Einstellung zu den Dingen, die Du in Deinem Leben negativ empfindest. Ich bin mir sicher, dass genau diese Bereiche und Umstände von Dir gedanklich nicht positiv durchdacht werden. Diese negativen Gedanken wirken wie ein Bremsklotz auf Deinem Weg in ein glückliches Leben. Wir Menschen haben leider die kraftraubende Angewohnheit, uns mehr vor unserem eigenen Licht und unserer Einzigartigkeit zu fürchten als vor unserem Schatten, der im allgemeinen Grau untergeht und kaum auffällt.

Du solltest also erst einmal nichts anderes tun, als Dir diesen Mechanismus bewusst zu machen. Das ist schon harte Arbeit. Achte auf Deine Gedanken, Deine Gefühle, Deine

Taten und Deine Art, über bestimmte Dinge zu sprechen. Wann immer Du Widerstand gegen eine Situation, einen Menschen, eine Vorstellung oder eine vermeintliche Tatsache in Deinem Leben spürst, konzentrierst Du Dich auf das Problem und nicht auf die Lösung. Da wir immer mehr von dem bekommen, was wir im Fokus haben, wirst Du die Dinge damit nicht verbessern, sondern eher verschlimmern. Wenn Du die Worte „nicht" und „kein" im Zusammenhang mit dem Thema benutzt, das Du in Deinem Leben *switchen* möchtest, kannst Du Dir ziemlich sicher sein, dass Du Dich auf die momentan negative Situation konzentrierst. Du bist auf den Mangel ausgerichtet und wirst Mangel, bzw. das *Nicht-haben* von etwas, weiter in Deinem Leben manifestieren.

Aber mach Dir keine Sorgen. Du hast jetzt die Möglichkeit, Deine Perspektive und Deine Ausrichtung zu ändern. Du hast nichts falsch gemacht. Vermutlich haben viele Verhaltens- und Denkweisen Dir in der Vergangenheit sogar einen guten Dienst erwiesen. Es ist alles gut. Du stehst jetzt an dem Punkt, an den Du Dich selber manövriert hast, und Du hast jetzt die Chance, die Dinge zu verändern. Je aufmerksamer Du Deine Lebensumstände unter diesem neuen Gesichtspunkt betrachtest, desto mehr wirst Du feststellen, durch welche Mechanismen Du die Negativität in Deinem Leben festhältst. Es geht – wie so oft – um das Erkennen und um das Loslassen. Sei dankbar, dass Du jetzt die Möglichkeit hast, den Kontrast zu dem, wie Du Dich momentan fühlst und wie sich bestimmte Lebensbereiche in Deinem Leben präsentieren, und dem, was Du Dir wünschst, wahrnehmen kannst. Kontrast ist gut. Es ist hilfreich, dass Du Dir bislang schon viele Gedanken darüber gemacht hast, was Du nicht in Deinem Leben haben möchtest, auch wenn es

Dich davon abgehalten hat, Dich auf das zu konzentrieren, was Du Dir wirklich wünschst. Ohne diese Vorübung wüsstest Du vielleicht gar nicht, was Du in Deinem Leben verändern möchtest. Du könntest nicht die Kraft erlangen zu artikulieren, was Du Dir wünschst. Du würdest, ohne es zu merken, ein blockiertes, routiniertes Leben führen, ohne Dir die Freiheit zuzugestehen, nach den Sternen zu greifen. Aber Du hast die Sterne verdient. Und Du kannst sie auch bekommen. Hör auf, nach unten, auf den Mangel, zu schauen und fang an, den Himmel zu betrachten.

Wie bei allen neuen Dingen, mit denen wir uns das erste Mal in unserem Leben beschäftigen, braucht auch eine Veränderung unserer Lebenseinstellung Übung. Wir sind leider als Individuum, aber auch im Kollektiv, so in einer Mangeleinstellung verhaftet, dass es schon fast absonderlich wirkt, wenn wir penibel darauf achten, Dinge zu sagen und zu tun, die das Gute in unserem Leben hervorheben. Jammern und sich Beschweren ist negative Energie, die negative Lebensumstände anzieht. Unser Leben spiegelt exakt unser vorherrschendes Denkmuster wider.

Bewertung

In unserer industrialisierten, westlich geprägten Welt besteht mehr oder minder die Vorstellung, dass der Mensch gefordert ist, autonom ein selbstbestimmtes Leben zu führen. Er kann sich einen Lebensweg wählen, den er als sinnvoll erachtet. Einige sehen unseren Lebenssinn durch eine äußere Institution vorgegeben, etwa ein göttliches Gebot. In anderen Auffassungen folgt der Mensch lediglich dem Zweck der Fortpflanzung oder der Arterhaltung. Ich denke, die Diskussion, ob wir einen göttlichen Plan verwirklichen, oder ob wir vielleicht nur unseren Trieben folgen und ein bestimmtes Verhalten der Natur entspringt, ist in meinen Augen mittlerweile überholt. Die Frage nach dem Sinn des Lebens ist eigentlich die Frage nach der Bestimmung des Menschen. Sie ist eng verbunden mit den Fragestellungen: *Woher kommen wir? Wohin gehen wir? Warum sind wir hier auf Erden? Haben wir einen Daseinszweck? Und wenn ja, welchen und wie können wir ihm gerecht werden?*

Sinnvoll erscheint ein Leben in diesem Sinne dann, wenn es einer idealen Wertvorstellung entspricht.

In unseren aufgeklärten Zeiten haben wir einen immer größer werdenden Spielraum, unsere eigenen Wertvorstellungen zu finden und unser Leben nach ihnen auszurichten. *Das Leben folgt unseren eigenen Ansichten.* Ein schöner und moderner Gedanke, der uns als Individuum, aber auch als Menschheit von der Knute der Bevormundung befreit. Leider ist aber auch diese Selbstbestimmung mit einer kleinen Tretmine versehen, die uns leicht zum Verhängnis wird. Der Fallstrick, der uns zu Boden ringen kann, ist eben diese ideale Wertvorstellung und führt uns zu den Fragen: *Was ist ideal? Was sind unsere Werte?*

Im Zusammenhang mit der philosophischen Beantwortung der Frage nach dem Sinn des Lebens ist die ideale Wertvorstellung bestimmt anders gemeint. In unserem - auf Angst beruhenden - kleinen Leben, kann sie schnell zur Bewertung führen. Wie wir eine bestimmte Situation dann bewerten, bestimmt, wie wir sie empfinden. Unsere Empfindungen bestimmen unsere Schwingungen. Unsere Schwingungen bestimmen, was wir aussenden und dementsprechend anziehen. Was wir in unser Leben ziehen, bestimmt unsere Lebenswirklichkeit. Schließlich bewerten wir dann dieses Resultat unserer eigenen Gedanken als Realität, und ergeben uns in unser Schicksal.

Der Hebb'schen Regel folgend, identifizieren wir uns bei fortlaufenden gleichen Kreisläufen und Mustern mit den äußeren Umständen. Wir *sind* dann zu dick, zu ungebildet, zu alt oder das Leben *ist* einfach ungerecht, unberechenbar oder langweilig. Wir stecken in einer selbst kreierten Realität fest, mit der wir uns identifizieren und die wir als absolut ansehen. Wir bewerten dementsprechend unser Leben und unsere Person an sich am Maßstab dieser gespiegelten Wirklichkeit und die Kette setzt sich von neuem in Gang.

vermeintliche Realität
(auf Mangel und Angst beruhend)
↔
ideale Wertvorstellung

→ **Bewertung** der Situation und Umstände
→ **Emotionen**
→ **Schwingungen**
→ **Manifestation**
(der ausgesandten Schwingungen)

→ **Bewertung** der Situation und Umstände
→ **Emotionen**
→ **Schwingungen**
→ **Manifestation**
(der ausgesandten Schwingungen)

→ **Bewertung** der Situation und Umstände
→ **Emotionen**
→ **Schwingungen**
→ **Manifestation**
(der ausgesandten Schwingungen)

→ **Identifikation**
→ **vermeintliche Realität**
(auf Mangel und Angst beruhend)

→ **etc.**

Um diese Kette zu durchbrechen und zu unseren wirklichen Wünschen und Zielen zu kommen, sollten wir uns unsere Bewertungen bewusstmachen. Wir können unser Leben erst nach unseren Vorstellungen gestalten, wenn wir die Identifikation mit unseren Lebensumständen auflösen. Damit dies geschieht, müssen wir uns bewusst werden, wo wir Dinge für real halten, die unser Leben und unsere Sicht auf uns selbst bestimmen. Oftmals hält unser ängstlicher Verstand unsere Lebensumstände aufgrund einer illusorischen Lebenswirklichkeit für unabänderlich, obwohl wir sie jederzeit durch unsere Art, die Dinge zu betrachten und zu bewerten, ändern können.

Du hast jetzt die Aufgabe, Dein Leben selbst in die Hand zu nehmen. Verändere es so, wie Du es Dir wünschst. Es ist an der Zeit, dass Du wieder die Hauptperson in Deinem eigenen Leben wirst. Beginne aufzuräumen und den Staub von übernommenen Denkweisen, Bewertungen und Handlungsmustern wegzuwischen. Befreie Dich von dem Mief eines Lebens, das fremden Wegen folgt und das Du Dir so nicht ausgesucht hast.

☞ **Übung:**
Ein wichtiger Schritt in die richtige Richtung ist es, Dir einmal folgende Fragen zu stellen und offen zu beantworten:
Wie ist Dein Leben gerade?
Wie siehst Du Dich in Deinem Leben?
Nimm Dir kurz Zeit, in Dich hinein zu spüren und die Fragen ehrlich zu durchdenken.

Obwohl die meisten Menschen nicht viel über die Mechanismen des Lebens und ihre Eigenverantwortung in Bezug auf die Gestaltung ihrer Lebensumstände reflektieren, werden sie diese Übung relativ einfach und schnell absolvieren.

Wie ist es bei Dir?

Es ist mehr als verständlich, dass wir von uns selber erwarten, diese beiden Fragen klar zu beantworten. Wir sind es gewohnt, unsere Position in unserem Leben zu kennen, auch wenn uns nicht klar ist, wie wir da überhaupt hingekommen sind. Wir sind Meister im Bewerten, sei es nun von uns selbst oder von anderen.

Das ist an sich nichts Schlimmes. Leider neigen wir jedoch dazu, uns mit den Bewertungen selbst zu fesseln, indem wir uns mit der Bewertung identifizieren. Schlussendlich definieren wir unsere Persönlichkeit über Dinge, die andere Menschen über uns denken und sagen, und die wir dann selber denken und sagen. Indem wir eine Situation, das Leben oder uns als Person als gut oder schlecht bewerten, nehmen wir uns selber das Wunder des Lebens.

Das Leben ist eine Aneinanderreihung von Momenten. Du kannst bestimmen, wie diese Momente aussehen. Wir können weder den Lauf der Sonne oder der Jahreszeiten bestimmen, noch die meisten unserer Körperfunktionen steuern, aber wir können die Bewertung unserer momentanen Situation ändern. Wir können uns wieder in den Fluss des Lebens stürzen. Wenn Du gerade mit einigen Dingen in Deinem Leben unglücklich bist, dann ist es so und Du solltest etwas ändern. Das ist eine spannende Aufgabe und kein

Grund, unglücklich zu sein. Du bist nicht Deine Lebensumstände.

Glück oder Unglück?

Wir alle kennen vermutlich die Geschichten, in denen sich vermeintliches Unglück letztendlich als großes Glück herausstellt. Eine der bekanntesten ist diese chinesische Parabel, die ich hier gerne noch einmal widergebe, da sie vieles der anderen Geschichten vereint:

Eine alte Parabel aus China:

Im alten China lebte einst ein armer alter Bauer, dessen einziger Besitz ein wundervoller weißer Hengst war. Selbst der Kaiser träumte davon, dieses Pferd zu besitzen.
Er bot dem Alten Säcke voller Gold und Diamanten, doch der Alte schüttelte beharrlich den Kopf und sagte: "Mir fehlt es an nichts. Der Schimmel dient mir seit vielen Jahren und ist mir zum Freund geworden. Und einen Freund verkauft man nicht; nicht für alles Geld der Welt."
Und so zogen die Gesandten des Kaisers unverrichteter Dinge wieder ab. Die Dorfbewohner lachten über so viel Unvernunft. Wie konnte der Alte bloß wegen eines Pferdes so viel Reichtum und Glück ausschlagen?
Eines Morgens war das Pferd verschwunden. Die Dorfbewohner liefen aufgeregt vor dem leeren Stall zusammen, um das Unglück des alten Bauern zu beklagen. "Sag selbst, Alter, hat sich deine Treue gelohnt? Du könntest ein reicher

Mann sein, wenn du nicht so eigensinnig gewesen wärst. Jetzt bist du ärmer als zuvor. Kein Pferd zum Arbeiten und kein Gold zum Leben. Ach, das Unglück hat dich schwer getroffen."

Der alte Bauer blickte bedächtig in die Runde, nickte nachdenklich und sagte: "Was redet ihr da? Das Pferd steht nicht mehr im Stall, das ist alles, was ich sehe. Vielleicht ist es ein Unglück, vielleicht auch nicht. Wer weiß das schon so genau?"

Tuschelnd gingen die Leute auseinander. Der Alte musste durch den Schaden wirr im Kopf geworden sein. Anders ließen sich seine Worte nicht erklären.

Einige Tage später, es war ein warmer, sonniger Frühlingstag und das halbe Dorf arbeitete in den Feldern, stürmte der vermisste Schimmel laut wiehernd die Dorfstraße entlang. Die Sonne glänzte auf seinem Fell, und Mähne und Schweif flatterten wie feinste Silberfäden im Wind. Es war ein herrlicher Anblick, wie er voller Kraft und Anmut daher galoppierte.

Doch das war es nicht allein, was die Dörfler erstaunt die Augen aufreißen ließ. Noch mehr Staunen riefen die sechs wilden Stuten hervor, die hinter dem Hengst her trabten und ihm in die offene Koppel neben dem leeren Stall folgten.

"O du glücklicher, von den Göttern gesegneter Mann! Jetzt hast du sieben Pferde und bist doch noch zum reichen Mann geworden. Bald wird Nachwuchs deine Weiden füllen. Wer hätte gedacht, dass dir noch einmal so viel Glück beschieden wäre?" riefen sie, während sie dem alten Mann zu seinem unverhofften Reichtum gratulierten.

Der Alte schaute gelassen in die aufgeregte Menge und erwiderte: "Ihr geht zu weit. Sagt einfach: Jetzt hat er sieben Pferde. Ob das Glück bringt oder Unglück, niemand weiß es

*zu sagen. Wir sehen immer nur Bruchstücke, wie will man
da das Ganze beurteilen. Das Leben ist so unendlich vielfältig und überraschend."
Verständnislos hörten ihm die Leute zu. Die Gelassenheit
des Alten war einfach unbegreiflich. Andererseits war er
schon immer etwas komisch gewesen. Naja, sie hatten andere Sorgen.
Der alte Bauer hatte einen einzigen Sohn.
In den folgenden Wochen begann er die Wildpferde zu zähmen und einzureiten. Er war ein ungeduldiger, junger Mann,
und so setzte er sich zu früh auf eine der wilden Stuten. Dabei stürzte er so unglücklich vom Pferd, dass er sich beide
Beine mehrfach brach.
Obwohl die Heilerin ihr Bestes tat, war allen klar, dass seine
Beine nie wieder ganz gesundwerden würden. Für den Rest
seines Lebens würde er ein hinkender, behinderter Mann
bleiben.
Wieder versammelten sich die Leute vor dem Haus des Alten. "O du armer, alter Mann!" jammerten sie, "nun entpuppt
sich dein Glück als großes Unglück. Dein einziger Sohn, die
Stütze deines Alters, ist nun ein hilfloser Krüppel und kann
dir keine Hilfe mehr sein. Wer wird dich ernähren und die
Arbeit tun, wenn du keine Kraft mehr hast? Wie hart muss
dir das Schicksal erscheinen, das dir solches Unglück beschert."
Wieder schaute der Alte in die Runde und antwortete: "Ihr
seid vom Urteilen besessen und malt die Welt entweder
schwarz oder weiß. Habt ihr noch immer nicht begriffen,
dass wir nur Bruchstücke des Lebens wahrnehmen? Das
Leben zeigt sich uns nur in winzigen Ausschnitten, doch ihr
tut, als könntet ihr das Ganze beurteilen. Tatsache ist, mein*

Sohn hat beide Beine gebrochen und wird nie wieder so lau-
fen können wie vorher. Lasst es damit genug sein. Glück
oder Unglück, wer weiß das schon."

Nicht lange danach rüstete der Kaiser zum großen Krieg ge-
gen ein Nachbarland. Die Häscher ritten durchs Land und
zogen die Väter und Söhne zu Kriegsdiensten ein.

Das ganze Dorf war von Wehklagen und Trauer erfüllt, denn
alle wussten, dass die meisten Männer aus diesem blutigen
und aussichtslosen Krieg nicht mehr heimkehren würden.

Wieder einmal liefen die Dorfbewohner vor dem Haus des
alten Bauern zusammen: "Wie recht du doch hattest. Jetzt
bringt dein verkrüppelter Sohn dir doch noch Glück. Zwar
wird er dir keine große Hilfe mehr sein können, aber wenigs-
tens bleibt er bei dir. Wir sehen unsere Lieben bestimmt nie
wieder, wenn sie erst einmal in den Krieg gezogen sind.
Dein Sohn aber wird bei dir sein und mit der Zeit auch wieder
mithelfen können. Wie konnte nur ein solches Unglück über
uns kommen? Was sollen wir nur tun?"

Der Alte schaute nachdenklich in die Gesichter der verstör-
ten Leute, dann erwiderte er: "Könnte ich euch nur helfen,
weiter und tiefer zu sehen, als ihr es bisher vermögt. Wie
durch ein Schlüsselloch betrachtet ihr das Leben, und doch
glaubt ihr, das Ganze zu sehen. Niemand von uns weiß, wie
sich das große Bild zusammensetzt.

Was eben noch ein großes Unglück scheint, mag sich im
nächsten Moment als Glück erweisen. Andererseits erweist
sich scheinbares Unglück auf längere Sicht oft als Glück,
und umgekehrt gilt das gleiche.

Sagt einfach: Unsere Männer ziehen in den Krieg, und dein
Sohn bleibt zu Hause. Was daraus wird, weiß keiner von
uns. Und jetzt geht nach Hause, und teilt die Zeit miteinan-
der, die euch bleibt."

Ich finde, diese Geschichte sollten wir uns alle beizeiten immer wieder durchlesen. Sie ist sie sehr weise. Als ich diese Parabel das erste Mal las, war ich sehr erstaunt, dass sie sich mit meiner Sicht auf die Natur des Lebens deckte, auch wenn der alte Mann es anders ausdrückte.

Meine Vorstellung vom Leben war immer die eines großen Puzzles. Wir bekommen ständig neue Puzzleteile vom Leben ausgeteilt. Manche sind eher düster und andere erstrahlen in den schönsten Farben. Einige dieser Teile können wir an einen Platz legen, andere können wir erst einmal nicht in dem großen Ganzen unterbringen. Im Laufe des Lebens, wenn wir mutig die Teile auswählen, umdrehen und anlegen, bekommen wir einen immer größeren Blick auf das Gesamtbild, welches unser Leben darstellt. Wenn wir uns bemühen, auch die Dinge anzuschauen und zu achten, die wir vielleicht noch nicht an den richtigen Platz legen können, werden sie bereits Teil der Gesamtheit sein. Wir werden am Ende ein großes Bild haben, auf das wir schauen können.

Wenn Dir Dein Leben im Moment nicht besonders schön erscheint, dann verzweifle nicht daran. Es ist eine Momentaufnahme, ein Puzzlestück. Das Leben zeigt Dir in diesem Moment lediglich, wie Du es siehst. Du bist nicht das, was Du gerade erlebst oder zu sein glaubst. Falls Dir Dein Leben gerade eher grau als rosig vorkommt oder Du Dich in dunklen Wolken gefangen siehst, dann akzeptiere, dass es gerade so ist, aber identifiziere Dich nicht mit Deiner momentanen Lebenssituation.

Als Malerin weiß ich, dass ein gutes Bild von dem Kontrast zwischen hell und dunkel, Fläche und Struktur, lebt. Und so ist auch ein gutes Leben. Wir müssen uns Herausforderungen stellen, damit wir wachsen und uns selbst erleben können. Das Leben ist Veränderung und im ständigen Fluss. So wie sich das Puzzle immer mehr zu einem Gesamtbild verändert, so bist Du aufgefordert, das Bild von Dir und Deinem Leben immer zu erweitern.

☞ **Übung:**
Versuche Dein bisheriges Leben einmal in Farben zu betrachten. Dunkle Töne stehen meist für schwierigere Momente und Zeiten. Es gibt die farblosen Strecken, in denen wir eher im täglichen Grau verschwinden. Zu guter Letzt haben wir die hellen, sonnigen Farben für die tollen Zeiten und schönen Momente. Neben diesen Einteilungen kannst Du gerne noch weitere Kategorien finden. Vielleicht gibt es Bereiche in Deinem Leben, die Du eher in kreischenden Farben siehst... oder Momente, die Du mit ruhigen Erdtönen assoziierst? Versuche, ganz nüchtern verschiedene Bereiche einzufärben, ohne zu bewerten oder Dich in Emotionen zu verlieren.

Wo ist das strahlend helle Licht der Freude in Deinem Leben? Wann war es eher düster und dunkel, wo zart gefärbt?

Vielleicht hilft Dir die Idee mit den Puzzleteilen und Du sortierst die Teile Deines Lebens vor Deinem inneren Auge und schaust, was Du bislang für ein Bild erhältst.
Wenn dir die Töne, die Du bisher vom Leben erhalten hast nicht gefallen, dann überlege Dir, welche Farben Dein Leben braucht. Fang an zu lächeln und zu malen. Das Leben ist die Leinwand und Du der Künstler. Wie sollen die Farben

in Deinem Leben sein? Du kannst es bestimmen. Du hast eine unendliche Farbpalette zur Verfügung und es liegt an Dir, auf welches Bild Du am Ende Deines Lebens blicken wirst. Wenn Du zu viel Dunkles in Deinem Bild hast, dann wechsele jetzt die Farbe und wisse, dass gerade die dunklen Töne das Helle zum Leuchten bringt. Falls es Dir schwerfällt, von einer dunklen Farbe bzw. einer negativ empfundenen Situation in eine positive und hellere zu wechseln, dann gehe zurück zu den Punkten in Deinem Leben, die bereits hell und leuchtend waren.

Das ist der Moment, wo Du Deinen Ausgangspunkt in die Vergangenheit verlagern kannst, falls Dir Deine momentane Lebenssituation zu schwierig oder trostlos vorkommt. Wenn Du Dich aktuell nach einer Veränderung sehnst, sie Dir aber selber nicht zutraust, dann geh in Deine Vorstellung.
Bestimmt hast Du in Deinem Leben Momente gehabt, an denen Du Dich toll und glücklich gefühlt hast. Geh in Deinen Gedanken wieder zu diesen Glanzstunden Deines Daseins. Was hat da das Leben und Dich zum Strahlen gebracht? Wie hast Du Dich gefühlt? Was war anders an der Situation, im Leben, in Dir? Oder wo hast Du in Deinem Leben bereits schwierige Situationen gemeistert? Wie hast Du sie bewältigt und was ist vielleicht sogar Gutes aus einer eher schwierigen Lebenslage entstanden? Versuche, Dir die Farben Deiner Existenz bewusst zu machen, und wie das vorherrschende Bild gerade aussieht. Beobachte in Ruhe alle Nuancen und Facetten, die sich zeigen, aber versuche nicht zu werten. Schau Dir das Bild Deines momentanen Lebens so emotionslos wie Dir möglich an. Wie ein Künstler, der seinen Entwurf der letzten Nacht bei Tageslicht begutachtet. Nimm

wahr, aber verliere Dich nicht, sondern entscheide aus einem bewussten Blick heraus, welche Farben Dein Leben jetzt mehr oder weniger braucht.

Wenn Du diese rein beobachtende Phase der Bestandsaufnahme des Bildes Deines bisherigen Lebens abgeschlossen hast, dann schwelge nun in den Emotionen. Vielleicht hast Du Dir die fehlenden und erwünschten Farben aufgeschrieben und kannst sie nun nach ihren emotionalen Kriterien einmal durchgehen? Warum fehlt Dir eine bestimmte Farbe oder ein Kontrast in dem Kunstwerk Deines Daseins? Was für Gefühle sind in den einzelnen Farbfeldern im Ablauf Deiner Biografie begraben? Warum leuchtet es da hell und dort nicht? Wie ist die Farbe Deiner momentanen Lebenssituation? Wie möchtest Du sie in Zukunft? Was fehlt?

Ich kann gut verstehen, dass diese Übung nicht leicht ist und es bestimmt viele Menschen gibt, denen es schwerfällt, in Farben zu sehen und zu denken. Das ist völlig normal und okay. Wie bei allen Übungen des *Switch Codes* geht es nicht um richtig oder falsch, sondern um Bewusstwerdung. Genauer gesagt, um *Dein Bewusstsein*.

Kein Mensch erlebt das Leben, so wie Du Deines erlebst. Es ist Dein höchstes Gut. *Das wichtigste Projekt Deines Lebens ist Dein Leben.* Deine Existenz zu verstehen und zu begreifen, wie sie wirklich ist, sollte Deine wichtigste Aufgabe im Leben sein. Nicht nur Dein Dasein wird dadurch bunter, sondern auch das Deiner Mitmenschen. Indem Du den Pinsel schwingst und Farbe in Dein Leben bringst, bringst Du Farbe in die Welt. Und wenn Dein Leben gerade grau oder dunkel ist, dann freu Dich, da die hellen Töne, die Du jetzt auf die Leinwand Deiner irdischen Existenz malst, noch heller strahlen. Das, was Du nicht wünschst, aber vom Leben gedacht hast, hat die Grundfläche Deiner Lebensumstände koloriert. Wenn Dir Dein Leben trist, grau und trostlos erscheint, ist es nun an Dir, mit Deinen Wünschen die Farben zu setzen und Dein Leben so zu gestalten, dass es sich fröhlich und gut anfühlt.

Switch Code vs. Positives Denken

Es gibt unzählige Bücher, die sich mit der Verbesserung von Lebensumständen durch positives Denken beschäftigen. In einigen sind positive Affirmationen Allheilmittel, in anderen soll die absolute Vermeidung von negativen Gedanken den Durchbruch in ein glückliches Leben bringen. Beide Ansätze sind gut gedacht, werden aber auf Dauer nicht funktionieren. Sein Denken von negativ auf positiv durch Disziplin oder mantrisches Herbeten positiver Sätze zu lenken, kann sogar den Ursprungszustand verschlimmern.

Ich möchte an dieser Stelle noch einmal den Vergleich mit der Diät machen: Lass uns in diesem Zusammenhang negative Gedankenmuster mit ungesunden Lebensmitteln gleichsetzen und positive Gedanken und Formulierungen mit gesunden. Wie bei einer Diät disziplinierst Du Dich und streichst die ungesunden Dickmacher aus Deinem täglichen Speiseplan und greifst zu mehr Obst und Gemüse. Jetzt kannst Du natürlich zu Recht einwenden, dass das doch positiv, einfach und nachvollziehbar klingt. Wir brauchen nur die negativen Gedanken (das Ungesunde) durch positive Gedanken (gesunde, kalorienarme Lebensmittel) ersetzen und… schwupps… tanzen wir schlank in den Sonnenuntergang. Leider funktioniert das nicht. Wie bei einer Diät wirst Du anfänglich mit Elan versuchen, positiv zu denken und negative Gedanken zu verdrängen. Leider ist es mit negativen Gedanken schlimmer als mit der Lust auf Schokolade. Unsere Gesellschaft ist darauf ausgerichtet, auf den Mangel und das Negative zu schauen. Jemand, der sich beschwert, wird weniger schlecht bewertet als jemand, der sein Leben feiert. Der Erste ist Realist, der Zweite im guten Falle ein Träumer, im schlechten ein Spinner. Das ist der Grund vielen Übels in unserem Leben und auch in der Welt. Es fällt dem Menschen sehr viel leichter, in den allgemeinen Abgesang der schwierigen Umstände, der Ungerechtigkeit und der unbefriedigenden Routine einzustimmen, als sein eigenes Licht hell leuchten zu lassen. Wir sind auf Probleme konditioniert und fühlen uns in dem gewohnten grauen Alltag eigentlich oftmals sehr wohl. Das ist vertraut und gesellschaftlich akzeptiert. Wenn Du nun versuchst, über Disziplin aus diesem Kreislauf auszusteigen, wird es sich für Dich nach Arbeit anfühlen. Der harte Kampf gegen die alten negativen Denkweisen und Glaubensätze mündet dann nicht in liebevoller Selbstannahme, sondern in Stress. In der Vermeidung einer negativen Beurteilung Deiner Situation konzentrierst Du Dich permanent auf das Negative. Und was passiert mit dem, worauf Du Dich konzentrierst? Es wird immer größer und mehr. Wenn Du nicht Deine Gefühle änderst und nur denkst, stimmen Gedanken und Gefühlswelt nicht überein und Du blockierst Dich selber.

Selbst wenn Du es schaffen solltest, permanent positiv zu denken, dann wirst Du – rein über die Ratio – irgendwann merken, dass sich nicht wirklich viel ändert. Unter dem Zuckerguss des ewig Positiven köchelt die gleiche Suppe aus

Selbstmitleid, Angst, Unzufriedenheit, Sorge und all den anderen negativen Emotionen, die wir über die Jahre unseres Lebens aufgebaut und verinnerlicht haben, munter weiter. Wie in einem Dampfkochtopf deckeln wir die Brühe mit angelesenen, positiven Sätzen. Das ist auf Dauer nicht zu schaffen. Was wird passieren? Anfangs schenkt Dir die positivere Ausrichtung eine Art Hoffnung auf Veränderung negativer Aspekte Deines Lebens. Das ist ein schöner Gedanke und schenkt Dir Erleichterung. Es reicht aber leider nicht zu sagen "ich bin schlank", wenn Du Dich bei jedem Blick in den Spiegel Dich dick und hässlich *fühlst*. Du wirst Deine finanzielle Situation nicht verändern, in dem Du Dich jeden Morgen einfach nur wie Dagobert Duck in einem Berg von Geld schwimmend beschreibst, Dich aber weiter arm *fühlst*.

Hinter einem ungeliebten Körper stehen oftmals ganz verschiedene Gedankenmuster und vor allem Emotionen, die vielschichtiger sind, als dass sie mit einem einfachen Satz auszumerzen wären. Dasselbe gilt übrigens auch für Deine Finanzen, Beziehungen und andere Bereiche Deines Lebens. Hinter Geldproblemen können zum Beispiel alte Glaubenssätze stehen, die wir von unseren Eltern übernommen haben, aber auch die Angst vor zu viel Macht und Einfluss. Eine größere Körperfülle kann dem Schutz vor anderen Menschen dienen oder aber auch nur Ausdruck eines Lebens sein, dass uns an sich nicht befriedigt und eigentlich langweilt. Das herauszufinden ist eine Mammutaufgabe, die jeden professionellen Tiefenpsychologen an seine Grenzen bringen würde. Positive Sätze für jedes darunterliegende negative Gedankenmuster zu finden, um überhaupt die Chance zu haben, *des Pudels Kern* zu erreichen, erachte ich für illusorisch. Nicht nur die Tatsache, dass die meisten Gedankenmuster unbewusst ablaufen, macht dieses Unterfangen unmöglich, sondern auch die Konsequenz, dass wir dann den ganzen Tag kaum etwas anderes machen könnten, als permanent positive Sätze zu formulieren. Eine wirklich traurige Vorstellung von Leben.

Ich bin davon überzeugt, dass eine rationale Ausrichtung auf positive Gedanken allein nichts bewirkt und auch nicht durchzuhalten ist. Deine negativen Muster und Urteile über Dich und Dein Leben werden sich sofort zeigen, sobald du auch nur einen Moment aufhörst, mit dem Schwert der positiven Allmacht vor ihnen rumzufuchteln. Du bist gestresst und das ist alles andere als positiv. Es ist, als würdest Du gegen Dich selbst kämpfen. Irgendwann wirst Du die Waffen strecken. Im schlimmsten Fall tritt dann der geistige Jojo-Effekt ein, und Du wirst betrübter und frustrierter sein als vorher.

Aber was ist die Alternative, um in das positiv ausgerichtete Leben zu kommen, das wir uns wünschen?

Die Antwort liegt in den Gefühlen. Wir können Ehrlichkeit oder Unbewusstheit nicht denken, aber fühlen. Wir können Traurigkeit und Freude nicht denken, aber empfinden. Wir müssen wieder lernen, positiv zu fühlen. Den wahrhaften Kontakt zu unseren wirklichen Empfindungen haben wir uns über die Jahre abtrainiert. Wir müssen die Verbindung zu unserer innersten Gefühlswelt, unserem wahren Selbst, wiederherstellen.

Als Kinder haben wir unsere Emotionen und Gefühle sofort und unmissverständlich ausgedrückt. Wenn wir Schmerzen hatten oder uns auch nur irgendetwas nicht gefiel, haben wir losgeschrien und unserer Emotion den größten Raum gegeben. Umgekehrt konnten wir, wenn uns Etwas erfreute, sofort umschalten und laut lachen. Kein Stress, keine Frustration, keine Langeweile. Irgendwann kam dann im Laufe unserer Erziehung der Kopf hinzu. Wir fingen an, Kausalketten herzuleiten. "Wenn ich mich so oder so verhalte, dann passiert dieses oder jenes". Wir haben unsere Gefühle den Erfahrungen und Zielvorgaben, die von außen an uns herangetragen wurden, untergeordnet. Wir haben gelernt, wie wir uns in bestimmten Situationen zu verhalten haben und – für uns bestmöglich – zu reagieren. Das ist auch durchaus sinnvoll, aber leider haben wir darüber unsere Gefühlswelt vernachlässigt. Wir haben uns so mit dem Außen beschäftigt, dass wir unseren natürlichen Zugang zu unseren Emotionen oftmals gar nicht mehr finden. Wir haben gelernt zu funktionieren.

Natürlich ist es in einer Leistungsgesellschaft nicht möglich, sich jeden Morgen zu fragen, ob ich wirklich Lust habe zur Arbeit zu fahren. Es wäre jedoch durchaus sinnvoll, sich anzuschauen, was ich morgens fühle und wie es mir wirklich geht. Die meisten von uns schleppen sich durch den Tag, von einer Aufgabe zur nächsten oder versuchen dem *Jetzt* durch Berieselung vor dem Fernseher, zu viel oder zu wenig Sport, Frustessen oder viele andere kaum auffallende Verdrängungsmechanismen zu entfliehen. Das ist nicht das Leben, das als das größte Geschenk der Erde gemeint ist, und schon gar nicht das Ziel Deines Daseins. Damit meine ich nicht, dass es falsch ist, sich von dem Fernseher unterhalten zu lassen, feiern zu gehen, intensiv Sport zu machen oder auch nur auf der Couch abzuhängen. Das ist alles völlig okay, solange Du es mit Freude und Bewusstheit machst.

Frage Dich selbst nach Deinen Gefühlen, Deiner Lust und Deiner Freude. Wir haben unseren wahren Gefühlen viel zu lange zu wenig Aufmerksamkeit geschenkt, und nun müssen wir unser Herzhören trainieren, wie einen vernachlässigten Muskel.

Viele mögen jetzt zu Recht einwerfen, dass sie viele schöne Momente in ihrem Leben haben, dass sie vielleicht sogar das erhebende Gefühl des Verliebtseins spüren, Spaß mit Freunden haben oder einen tollen Job. Das ist gut! Außer Frage ist es ein Ziel im Leben und des Glücks, schöne Dinge und Momente zu haben. Genau so richtig ist es, positiv anstatt negativ zu denken. Was ich meine, geht aber über diese Realitätsebene hinaus. Ich rede von Dir. *Nur von Dir.* Ich meine die Gefühle, die in Dir sind, unabhängig von äußeren Situationen oder Personen. Wie fühlst Du Dich mit Dir? Was fühlst Du in Bezug auf Geld, Beziehung, Deinen Körper oder den Sinn Deines Lebens? Wie fühlst Du Deine Wirklichkeit? An welchem Punkt stehst Du in Deinem Leben, unabhängig von den äußeren Umständen?

Bestandsaufnahme

Um diesen Ausgangspunkt zu definieren, müssen wir eine Bestandsaufnahme Deiner momentanen Situation machen. Wo bist Du gerade seelisch, körperlich und emotional?
Hierbei geht es nicht um eine rein rationale Analyse Deiner Lebensumstände, sondern um das Erkennen und akzeptieren Deiner Selbst. Deine Gedanken und Gefühle haben Dich genau zu dem Punkt gebracht, an dem Du jetzt bist. Es

liegt auf der Hand, dass Du an ihnen etwas ändern musst, wenn Du Dir eine Veränderung in Deinem Leben wünschst.

Hierzu möchte ich eine Übung zur Selbsterkennung mit Dir machen:

Vorbereitung: *Switch Home*

Suche Dir einen Ort, an dem Du Dich wohl und ungestört fühlst. Das muss nicht unbedingt ein physischer Ort sein, sondern vielleicht auch ein Moment, ein Szenario, bei dem Du guten Kontakt zu Dir selbst hast. Ich bezeichne diesen Ort, an dem ich mit mir allein bin, als *Switch Home*. Er ist unabhängig von allen äußeren Umständen. *Switch Home* ist mein inneres Zuhause, in dem ich alle Gefühle, Gedanken, Ängste und Phantasien uneingeschränkt zulassen kann. Im *Switch Home* gibt es keine Tabus, keine Regeln, keine Normen und vor allem keine Bewertung, weder von anderen noch von mir selbst. An diesem Ort unserer Emotionen dürfen die Dinge an die Oberfläche kommen. Wir können unsere Gedanken, Gefühle und Bedürfnisse, egal wie sie sind, aus den unbewussten Teilen unseres Selbst an die Oberfläche kommen lassen. Dort können wir sie uns anschauen und verändern, sie *switchen.*

Ich habe zum Beispiel ein fiktives Zimmer, welches ich in meiner Phantasie erschaffen habe. Ich „gehe" hinein, wenn ich mir über bestimmte Dinge, die ich durchdenken bzw. erfühlen möchte, mehr Klarheit verschaffen möchte. Dieses Denkzimmer kann ich jederzeit betreten, egal ob ich gerade in der Badewanne liege oder im Bus sitze. Es ist völlig unabhängig von meinem physischen Aufenthaltsort. Wenn ich merke, dass ich unruhig und unzufrieden bin, oder sich mein

Leben gerade wieder mal in eine Richtung entwickelt oder mir Dinge zeigt, die ich nicht als positiv empfinde, ziehe ich mich kurz in mein *Switch Home* zurück und gebe meinen Gedanken und Gefühlen Raum. Es geht dabei nicht darum, dass ich in diesem Zimmer schwer analytisch arbeiten muss und Dinge in schweren Denkprozessen erörtere, ungeachtet der Dinge, die in der realen Welt vielleicht erledigt werden müssten. Der Sinn und die Effizienz des *Switch Homes* liegt in seiner wunderbaren Funktion, dass es Dir einen Raum für Deine Gefühle und Gedanken gibt, wo Du genau das *nicht* leisten musst. Es ist der Platz in Dir, wo Du die Grenze zwischen Unbewusstheit, die uns und unsere Denk,- und Verhaltensweisen zu 90% beeinflusst, und unserem (Selbst-) Bewusstsein verschieben kannst. In Deinem *Switch Home* gibt es keine Beschränkungen, weder durch Dich und andere Menschen, noch durch Zeit und Raum.

Immer mehr Menschen finden ihr *Switch Home* in der Meditation, also einem Zustand. Es kann bei Dir auch ein fiktiver Blick auf einen See, ein Moment aus Deiner Kindheit, der freie Flug durch die Milchstraße oder ein wirklich real existierendes Zimmer sein. Finde Deinen eigenen Raum, der Dir dieses Gefühl der Klarheit und Ruhe unabhängig von der äußeren Realität vermittelt. Sei einfach offen für das, was sich für Dich richtig anfühlt.

Wenn Du magst, nimm Dir Zeit, Dir Dein *Switch Home* in allen Facetten vorzustellen und auch gefühlsmäßig einzurichten. Du kannst es auch gerne schriftlich beschreiben und Dir Notizen machen. Tu genau das, was Dir hilft, Dich innerlich an diesen Ort zurückzuziehen und die Dinge sich verändern zu lassen.

Wenn wir nun in unserem *Switch Home* sind, also an dem Ort in uns, an dem wir uns ausschließlich mit uns und unserer wahren Natur beschäftigen dürfen, haben wir die Möglichkeit zu erkennen, wo und wer wir sind. An diesem Ort haben wir gute Chancen zu bemerken, wie es uns wirklich geht und welche Dinge uns fehlen.

Da Du dieses Buch liest, gehe ich davon aus, dass Du das Bedürfnis hast, etwas in Deinem Leben in eine bessere Richtung zu verändern. Du hast Dich auf den Weg gemacht, Dein Leben neu zu betrachten. Es ist sehr wahrscheinlich, dass mit immer mehr Übung und Vertrauen durchaus Gedanken, Gefühle und antrainierte Muster an die Oberfläche kommen, die Dich vielleicht traurig machen oder verunsichern. Aber dazu besteht überhaupt kein Grund. Du weckst keine Dämonen oder komplizierst Dir unnötig Dein Leben. *Alles, was eventuell an die Oberfläche Deines Bewusstseins gespült wird, wirkt sowieso in Deinem Leben.* Du holst es nicht in Dein Leben, es ist bereits da. Mit Hilfe dieser einfachen Übung schaffst Du es, dass Du Dir bewusstwirst, was in Dir und Deinem Leben los ist, mit dem großen Geschenk, dass Du es Dir nun anschauen kannst. Sprich, wenn möglich, laut aus, was Dich bewegt und wie es Dir geht. Durch das Hochkommen und Aussprechen Deiner wahren Gefühle ziehst Du sie aus dem Schleier der Unbewusstheit. Du nimmst ihnen die Macht, blockierend in Deinem Inneren zu wirken. Das ist wahrlich ein Geschenk, auch wenn Du es vielleicht nicht gleich so empfinden kannst.
Hab Vertrauen.

☞ **Übung:**

Nachdem Du Dir einen Moment und einen Ort gesucht hast, der Dein *Switch Home* ist, versuche immer mehr, nach innen zu schauen. Lass alle Deine Gedanken los und lass gleichzeitig alles zu, was in Dir passiert. Mach Dir keinen Druck, sondern lass einfach los. Wenn Du das Gefühl hast, dass Dein Geist sich etwas von dem alltäglichen Wahnsinn beruhigt hat, nimm die Arme hoch (und sei es auch nur in Gedanken) und nimm wahr, was Du fühlst. Wie gesagt, geht es nicht um Arbeit oder Analyse, sondern einfach nur um *das Zulassen*. Es geht auch nicht um die großen Erkenntnisse zur globalen Veränderung, sondern schlicht und einfach um Ehrlichkeit und Bewusstwerdung. Es kann sein, dass Du mit erhobenen Armen das verletzte innere Kind in Dir wahrnimmst und der ganze Schmerz Deiner Vergangenheit aus Dir herausbricht. Es kann auch sein, dass Du einfach nur registrierst, dass Du müde oder gutgelaunt bist. Nimm Dir einfach mal das Recht, Dich selbst zu beachten und zu erspüren, wie es Dir in Deinem Inneren wahrhaftig geht.

Wenn Du also mit erhobenen Armen und offenem Herzen beschreibst, wie es Dir wirklich geht, ohne Rücksicht auf andere Personen oder Deine aktuellen Lebensumstände, versuche Dir Deiner Gefühle, die mit Deinen Gedanken einhergehen, bewusst zu werden. Wenn Du Dich traurig fühlst, dann sei traurig. Wenn Du frustriert bist, dann gib diesem Gefühl Raum, ebenso der Wut, der Enttäuschung oder der Angst. Nimm Deine Gefühle wahr, aber bewerte sie nicht. Lass sie einfach an die Oberfläche kommen und versuche keinesfalls, die Hintergründe Deiner Emotionen zu ergründen. Es ist völlig kontraproduktiv, in diesem Moment *des Sich-selbst-fühlens* nach dem Wieso, Weshalb und Warum zu forschen, geschweige denn die Frage zu stellen, wer Schuld hat. Nimm einfach nur wahr. Die Frage nach dem *Warum* ist eine großartige Frage, um weiteren Gefühlen auf den Grund zu gehen, aber erst, wenn Du Deine Gefühle uneingeschränkt zugelassen hast. Dein analytischer Verstand wird an dieser Stelle jedoch versuchen, Alles, was den Weg von Deinem unbewussten Sein in Dein Bewusstsein schafft, in Dein normales, Bild von Dir und Deinem Leben zu pressen. Er will Dich wieder *auf Spur* bekommen. Unser Verstand ist unser großer Richter, der Angst vor Veränderung hat. Gib ihm eine Pause und lass Deine Seele sprechen. Höre mit dem Herzen. Wenn Du es mit etwas Übung immer mehr schaffst, Deine innere Stimme zu hören und das ewige ängstliche Geplapper Deines Verstandes ausblendest, wirst Du Deine wahren Gedanken und Gefühle erkennen und auch benennen können. Wenn Du Dir Deiner ehrlichen Gefühlslage bewusst bist und Deine Arme schwer werden, dann lasse sie sinken mit dem Gefühl, auch alle Emotionen loszulassen. Setze Dich hin, lege Dich nieder, springe herum... Mach das, was Dir guttut, um alle Gefühle wieder abzugeben, die Dich eben noch berührt haben. Du kannst auch folgenden Satz sagen oder Dir einen ähnlichen ausdenken:

„Liebe Gefühle, ich habe Euch gesehen und gefühlt. Ich danke Euch dafür. Ich bin mir Eurer bewusst. Ich nehme Euch in Liebe an...und entlasse Euch jetzt."

Falls es Dir schwerfällt, Deine Emotionen mit dem einfachen Senken Deiner Arme loszulassen, möchte ich Dir eine kleine Hilfestellung anbieten:

Packaging

Ich habe schon vorher betont, dass der *Switch Code* im Gegensatz zum positiven Denken oder der reinen Wunschanziehung auch die negativen Gedanken zulässt. Er gibt Ihnen bewusst Raum, um sie dauerhaft zu transformieren. Eine Möglichkeit, negative Gedanken und die damit verbundenen Emotionen loszuwerden, ist das Packaging. Ich habe diese kleine Methode entwickelt, damit sie Dir helfen kann, Dich gleich besser zu fühlen. Sie ist ebenfalls sehr effizient, wenn Du Dinge, die Dich belasten und die Du nicht so einfach loslassen kannst, verändern möchtest.

Wenn Du merkst, dass Du negative Gefühle hast, Deine Gedanken um ein Problem kreisen und Du Dich nicht gut fühlst, dann geh bewusst zu diesem Ort Deiner Emotionen. Manchmal klappt es nicht, den Geist vor der Haustür zu lassen. Wenn Du es also nicht schaffst, es Dir in Deinem *Switch Home* gemütlich zu machen, ist das Packaging eine einfache und effiziente Möglichkeit, Gefühl und Verstand konstruktiv zu vereinen. Es geht darum, eine Entlastung von negativen Gedanken und Emotionen zu erreichen. Das Packaging bündelt Deine Problemgedanken, schickt sie los und befreit Dich von Ihnen.

Packaging funktioniert folgendermaßen:
Wenn Du mit Emotionen, Personen oder Situationen kämpfst, versuche Dich nicht verrückt zu machen. Atme ein

122

paarmal ruhig ein und aus und höre Deinen Atem. Dein Atem ist das Einzige, das real im Hier und Jetzt geschieht. Alles, was Dich gerade bewegt und emotional aufwühlt, ist in Deiner Vorstellung und passiert in diesem Moment nur in der Interpretation Deiner Wirklichkeit, aber nicht *wirklich*.

Dies ist der erste Schritt:
Werde etwas ruhiger in Deinen Gedanken und Gefühlen. Konzentriere Dich auf Deine Atmung. Geh in das *Jetzt*.

Wenn Du Deine Gedanken nun etwas beruhigt hast, betrachte sie im zweiten Schritt:
Was ist es, was Du gerade fühlst? Ist es Traurigkeit, Wut, Stress oder Angst? Versuche einfach in Gedanken, das Gefühl zu benennen. Nicht mehr oder weniger. Nehmen wir zum Beispiel an, dass Du ein Gefühl der Traurigkeit fühlst. Dann denke einfach: „Oh, ich spüre Traurigkeit". Aha, wir haben also das Gefühl, nämlich Traurigkeit, identifiziert. Du kannst jetzt dieses Gefühl einpacken und wegschicken, oder auch versuchen, weitere Gefühle und Gedanken zu finden, die Dich gerade belasten oder blockieren. Das geht mit einer ganz einfachen Frage: der Frage nach dem Warum. Gerade die Frage nach dem *Warum* wird uns noch öfter begleiten, da sie immens wichtig ist, um tieferliegende Zusammenhänge oder Absichten zu ergründen. Mit der einfachen Frage nach dem „warum fühle ich diese Traurigkeit", also dem Grund Deines Gefühls, begibst Du Dich auf eine neue Reise zu Ursache und Wirkung. Da wir im Packaging den Geist mit einbeziehen, ohne ihm die Oberhand zu geben, ist in diesem Falle die Frage erlaubt. Versuche in diesem Frage-Antwort-Spiel spielerisch vorzugehen und sei einfach

gespannt, welche Antworten und Gefühle sich bei Dir zeigen. Sei offen und neugierig und bewerte nicht. Lass Deinen rationalen analytischen Verstand auf Sparflamme und gib Deiner intuitiven Wahrnehmung den Vorzug.

Das bedeutet in der Praxis, dass alles sein darf. Es geht nicht darum, sinnvolle Kausalketten zu ergründen. Spüre dem Gefühl nach, das Du identifiziert hast. Vielleicht bist Du traurig, da Du keine liebevolle Beziehung lebst, Streit mit jemanden hast, Dich in Deinem Körper oder in Deinem Job unwohl fühlst. Aber vielleicht liegt der Grund für Dein Gefühl der Traurigkeit auch gar nicht auf dieser realen Ebene, sondern Du bist einfach nur traurig, ohne zu wissen, wieso. Oder Dir fallen vielleicht Dinge und Situationen aus Deiner Kindheit ein, die in Dir diese Traurigkeit hervorrufen. Egal was es ist, lass es einfach an die Oberfläche Deiner Wahrnehmung kommen. Betrachte es, ohne zu werten oder zu analysieren. Es ist ein wenig so, als wenn Du der Fischer am See Deines Unbewussten bist und all die Dinge, die Du aus dem Wasser ziehst, erst einmal in Dein Boot schmeißt. Frage immer weiter nach dem Warum und folge der Richtung, die Deine Gedanken nehmen. Wenn Du das Gefühl hast, dass Du keine Antworten mehr bekommst (oder zumindest nicht für den Moment), dann schau Dir noch einmal an, was jetzt an Gedanken und Gefühlen vor Dir ausgebreitet liegt. Vielleicht liegt da ein Streit mit Onkel Peter oder Tante Waltraud, an den Du gar nicht mehr gedacht hattest, der aber auf einmal durch Deinen Kopf schoss. Vielleicht war da das Gefühl der Wut, weil Dein Chef Dich nicht genug würdigt, was Dich wiederum an die fehlende Anerkennung Deiner Eltern erinnert. Du kannst Dir ganz in Ruhe all die Dinge und Emotionen betrachten, die sich im Netz Deiner „Frage nach dem *Warum*" verfangen haben und nun aus den Tiefen Deines Unbewussten an die Oberfläche gekommen sind.

Da es beim Packaging darum geht, loszuwerden, was uns nicht guttut, nimmst Du jetzt alles Unangenehme und lässt es los. Dazu stellst Du Dir vor, dass Du ganz bewusst die Situation, das Gefühl oder auch den ganz konkreten Menschen in Gedanken in einen Karton packst. Im Anschluss bindest Du einen großen Ballon um die Kiste und lässt sie in den Himmel steigen. Das Negative, wie immer es auch geartet sein mag, steigt gut verpackt von Dir weg in den Himmel und wird immer kleiner.

Das Schöne bei dieser Methode ist es, dass Du Deinen Gedanken und Emotionen einfach freien Lauf lassen kannst. Du musst nichts bewerten, analysieren oder lösen. Lass einfach alles an die Oberfläche kommen, was nach oben steigt. Vielleicht werden auch Gefühle, die Du eigentlich nicht von Dir erwartest oder nicht in das eigentliche Problem interpretiert hättest, an die Oberfläche gespült. Das ist gut.

Ich hatte mich einmal beim Packaging sehr erschrocken, als auf einmal das Wort *Neid* durch meinen Kopf schoss. Normalerweise würde ich von mir behaupten, dass ich ein Mensch ohne große Neidgefühle bin. Aha, anscheinend doch nicht. Das ist auch völlig normal und bedarf keiner Selbstgeißelung. Im Packaging-Prozess lässt Du alles einfach aus Deinem Unbewussten in die bewusste Ebene fließen. Ohne Anstrengung und ohne Wertung. Das ist sehr befreiend, da die Gefühle ja ohnehin in Dir sind und rumoren, ob es Dir bewusst ist oder nicht.

Warum sie dann nicht mal genau anschauen und dann loswerden? Das ist keine schwere oder anstrengende Prozedur und kann sogar Spaß machen.

Während Du vor Deinem geistigen Auge das Verschwinden Deines Problems oder Deiner Belastung in den Weiten des Himmels verfolgst, versuche bewusst das Gefühl der Erleichterung in Dir zu erzeugen. Du hast den Mist entdeckt, verpackt und von Dir weggeschickt. Großartig! Wenn Du das Gefühl der Erleichterung spürst, egal wie klein es sein mag, hast Du schon viel geschafft.

Diese kleine Übung kannst Du immer machen, wenn Du etwas schnell loswerden willst oder aus einer Gedankenschleife aussteigen möchtest.

In wirklich schwierigen Situationen, in denen ich nicht mehr weiterwusste – und ja, davon gab es viele in meinem Leben – habe ich die Erfahrung gemacht, dass es mir hilft, wenn ich mir vorstelle, dass sich im Universum andere Kräfte an die Arbeit machen, meine Probleme zu lösen. Ich schicke dann sozusagen mein Päckchen an die kosmische Paketstation, versehen mit einer Anweisung, den problematischen Inhalt nicht nur zu entsorgen, sondern mit dem Arbeitsauftrag, eine Lösung zu meinem Besten und zum Besten Aller zu finden. Wenn mich etwas sehr belastet, und ich in diesem Moment nicht weiß, wie ich es ändern oder lösen soll, vertraue ich darauf, dass es eine Lösung gibt. Ich kann sie lediglich gerade nicht erkennen. Indem ich eine höhere Instanz bitte, die Dinge im Guten für mich zu regeln, ziehe ich mich zwar aus der belastenden Situation und einer destruktiven Grübel Falle zurück, aber nicht aus der Verantwortung. Meine Aufgabe ist es, das Problem wirklich *zu übergeben* und dem Wirken der höheren Kräfte *zu vertrauen*. Auch keine einfache Aufgabe, aber bei weitem leichter, als scheinbar unlösbare Probleme zu lösen oder schwierige Situationen allein zu verändern. Ich habe schon des Öfteren erleben dürfen, wie Dinge und Situationen, die für mich schier unüberwindbare Hindernisse darstellten, sich in wunderbarer Weise auflösten, ohne dass ich in Aktion getreten wäre. Das Leben ist so viel größer und voller Wunder.

Probiere diese Übung einmal aus und finde Deinen eigenen Weg, der Dir die meiste Erleichterung verschafft. Du kannst nichts falsch machen. Alles, was Dir hilft, Dich besser zu fühlen und den Fokus von einer belastenden Situation zu nehmen, wird sich in positiver Weise in Deinem Leben spiegeln. Du kannst nur gewinnen, wenn Du Dich auf dieses Gedankenexperiment einlässt. Nimm Deine Probleme wahr, packe sie ein und lasse sie los. Tritt aus der Situation heraus und vertraue darauf, dass sie zu Deinem Besten gelöst wird. Versuche, die Entlastung zu spüren und das Thema, so gut es geht, loszulassen. Du musst wahrhaftig das Gefühl haben, dass Dein Problem nicht mehr in Deinem Leben ist. Dann hast Du die Chance, nicht mehr problemorientiert zu denken. Indem wir uns mit unseren Nöten, Ängsten und Sorgen in ewigen Schleifen beschäftigen, senden wir negative Schwingungen aus, und die Probleme werden noch weiter in unserem Leben verstärkt. Wenn Du es schaffst, das, was Dich belastet, loszulassen und eine Erleichterung zu spüren, hast du alles getan, damit sich die Situation verändern kann.

Es ist für uns aktionsorientierte, menschliche Wiesel sehr schwierig, auf eine unsichtbare Kraft zu vertrauen, die in unserem Leben wirkt. Auch ich ertappe mich immer wieder dabei, dass ich auf der einen Seite um die wundervolle Wirkung des Packagings weiß, dann aber doch versuche, die

Dinge nebenbei selbst zu lösen. Und was soll ich Dir sagen: Es war immer kontraproduktiv.

Immer, wenn ich mir den Kopf zerbrochen habe, wie ich die Dinge und Probleme lösen könnte und in einen blinden Aktionismus verfallen bin, habe ich die Dinge verschlimmert. Je mehr Energie ich in die Klärung scheinbar unlösbarer Probleme steckte, desto mehr fokussierte ich mich darauf, und umso schlechter fühlte ich mich. Kein Wunder, da ich ja immer mehr Energie in die negative Situation steckte und sie damit unbewusst verstärkte. Verstehe mich nicht falsch, das ist jetzt nicht die Absolution, um sich einfach zurückzulehnen. Du sollst Dich nicht auf Deinem Sofa ausstrecken und darauf warten, dass der Postbote Dir Deine persönliche Wundertüte vorbeibringt und Dich in Dein imaginäres Schlaraffenland trägt. Das ist keine Option. Im Gegenteil. Ich betone an anderen Stellen des *Switch Codes* immer wieder, dass es wichtig ist, zu handeln. Du musst Deine eigenen kleinen Schritte in Richtung Ziellinie zu tun. Der Unterschied ist jedoch, dass es wichtig ist, diese Schrittchen auf dem Boden der Freude, der Inspiration und des Vertrauens in Richtung Deiner Träume zu machen, und nicht wie ein knurrendes kleines Hündchen seine Probleme in Dauerschleife anzubellen. Energie folgt immer unserer Aufmerksamkeit. Sie verstärkt das, worauf wir uns konzentrieren. Fokussiere Dich auf das, was gut in Deinem Leben läuft. Schau in die Richtung, in die Du willst, auch wenn Du gerade in keiner guten Ausgangssituation bist und den Wald vor lauter Bäumen nicht erkennen kannst. Nimm die Energie von Deinen Problemen.

Versuche es mit Packaging, bete, gehe hinaus in die Natur, schreibe einen Zettel und verbrenne ihn, schrei Deinen

Kummer heraus, oder triff dich mit Menschen, die Du magst. Hab Spaß. Mach, was immer Dir hilft, aus der Situation auszusteigen. Es geht darum, dass Du Deine Energie umlenkst. Zieh Deinen Fokus von Deinen Problemen ab, damit Du Dich auf das konzentrieren kannst, was Du Dir wünschst. Lösung kann nicht stattfinden, wenn wir uns auf das Problem fixieren, sondern nur, wenn wir uns für die Lösung öffnen. Wir müssen unseren Fokus verändern. Probiere es immer wieder aus und erlebe den Unterschied. Es geht dabei nicht um das Denken, sondern um das Loslassen. Ein Mechanismus, der in unserer Gesellschaft und in unserem Denken nicht sehr populär ist, aber wahrhaftig Wunder wirkt.

Selbstliebe

Anhand der Hebb'schen Regel konnten wir sehen, dass sich unser Geist davor scheut, gewohnte Muster abzulegen. Unterstützt wird dieser Widerwille gegen Veränderungen von den chemischen Prozessen in unseren Neuronen Verbindungen, was die ganze Sache auf der körperlichen Ebene noch erschwert. Unser Gehirn erzeugt aufgrund unserer Erfahrungen in der Außenwelt Gedanken und Muster, die immer mehr das, was wir als *unsere Persönlichkeit* bezeichnen, formen. Da unsere Gedanken und Gefühle unsere Realität erschaffen, bekommen wir genau die Lebensumstände, die diese Wertungen über uns selbst und die Welt wieder verstärken. Ein wirklich perfider Teufelskreis. Wir sind dann wie Junkies, die unruhig werden, wenn sie nicht in regelmäßigen Abständen und Dosierungen das Bild, was wir von uns und der Welt haben, bestätigt bekommen.

Es muss also darum gehen, die Identifizierung mit unserem *Ich* in Resonanz mit unseren Lebensumständen zu durchbrechen. Du bist nicht der Mensch, der frustriert auf dem Sofa sitzt und aus Langeweile Eis und Chips in sich reinstopft oder der an seiner Einsamkeit leidet, unzufrieden mit seinem Aussehen, seinem Job oder seinen Beziehungen ist. Du bist nicht der Versager, der Zweifler, der Verletze oder die sonst wie unzufriedene Person, die in einem Leben festhängt, das Dich nicht so glücklich macht, wie es sollte. Du reagierst auf Deine Lebensumstände, die in Dir bestimmte Gefühle auslösen. Diese Emotionen und Gedanken bestimmen wiederum Deine Lebenssituation.

Aber wie schaffen wir es, das Selbstbild, welches wir Jahre oder sogar Jahrzehnte selbst kreiert und gefüttert haben, so zu entblättern, dass wir wieder das göttliche, vollkommene Wesen entdecken, das wir von unserer Natur her sind?

Der erste und in meinen Augen wichtigste Schritt ist es, sich selbst zu lieben. Es wird viel über Selbstliebe geschrieben, philosophiert und doziert. Leider oftmals mit erhobenen Zeigefinger und für Dich scheinbar unerreichbar. Mir kommt es so vor, als ob die Selbstliebe zu einer weiteren Disziplin erhoben wird, die es, ähnlich einem Traumkörper oder beruflichem Erfolg, zu erreichen gilt. Ich möchte Dich an dieser Stelle ermutigen, den fundamentalen Schritt zur Selbstliebe nicht als Berg zu sehen, den Du erklimmen musst. Selbstliebe ist ein Dir innewohnendes Geschenk, das Du nur freudig auspacken sollst. Arbeite nicht an Deiner Selbstliebe, sondern hab Dich lieb!

Auch wenn Du Dich übergewichtig, schwach oder sogar hässlich fühlst, hab Dich lieb. Entdecke das vollkommene göttliche Wesen in Dir. Du bist nicht gefangen in Deiner jetzigen Situation oder in dem, was Du gerade glaubst zu sein. Es ist ein Trugschluss. Du bist nicht Dein Körper, Dein momentanes Empfinden oder Deine Lebensumstände. Du bist so viel mehr und unabhängig von Deinem aktuellen Zustand und der Art, wie Du gerade lebst. Spüre Deine Seele. Spüre Deine wahre Bedeutung und Schönheit, die unabhängig von Deiner physischen Gestalt, die Du gerade hast, in Dir wohnt. Hebe Dein Kinn nach oben, richte Dich auf, auch wenn es Dir nur innerlich möglich ist; Spüre Deine Verbindung zu der Erde, auf der Du stehst, auch wenn Du liegst oder auch nur hockst, und atme nach oben in den Himmel. Spüre Deine eigene Größe, auch wenn die Umstände, in denen Du gerade lebst, Dich klein machen wollen. Deine Seele ist stark und mächtig und wunderschön. Unabhängig davon, ob Du dick oder dünn bist, als erfolgreich angesehen wirst oder nicht weißt, woher Du das Geld für die nächste Miete nehmen sollst. Deine unsterbliche Seele hat ihr eigenes Wissen, unabhängig von Deiner physischen Gestalt, Deinen Lebensumständen oder Deines biologischen Alters. Sie ist einzigartig. Im wahrsten Sinne des Wortes. Es gibt keinen anderen Menschen auf der ganzen Welt, der so ist wie Du. Auch wenn es Millionen Menschen mit Deiner Haarfarbe, Milliarden mit vier Gliedmaßen, Deinem Job und Deinen Problemen gibt, so gibt es keinen anderen Menschen, der die Welt genauso sieht und empfindet wie Du. Keiner fühlt wie Du. Und nur Du kannst die Art, wie Du Dich und die Welt um Dich herum siehst und spürst, verändern. Deine Seele ist größer als die Probleme, die Du vielleicht gerade haben magst.

Versuche diese Worte zu spüren, sie Dir zu eigen zu machen. Du kannst auch gerne Deine persönlichen Formulierungen finden, Deine eigenen Gedanken. Es ist die Liebe von Dir für Dich.

Betrachte Dich wie Deinen besten Freund. Was würdest Du zu dem Menschen sagen, welcher der liebste Mensch auf der ganzen Welt für Dich wäre? Was würdest Du tun, wenn er Dir von seinen Gefühlen, Gedanken und Problemen erzählen würde? Ich bin davon überzeugt, dass Du ihm gut zureden würdest. Du würdest ihm aufzeigen, was er in seinem Leben bisher alles Gutes geleistet hat. Du würdest ihm sagen, dass Du froh bist, dass er in Deinem Leben ist, mit all seinen Schwächen. Du würdest ihm die Tränen trocknen und ihm erklären, dass alles gut wird und Du für ihn da bist, egal wie schwer der Weg vielleicht sein mag. Du würdest ihm sagen, dass Du ihn liebhast.

Nun ist es an Dir, genau dieser Freund für Dich selbst zu sein. Dir selbst all die Dinge zu sagen und Dir selbst die Hand zu reichen. Du bist nicht allein. Du hast Dich.

Hab Dich lieb.

Akzeptanz vs. Resignation

Ein erster Schritt zur Veränderung ist es, die Situation, in der Du Dich gerade befindest, zu akzeptieren. Der Moment, in dem Du jetzt bist, ist das *Jetzt* in dem Du Dein Morgen neugestalten kannst. Da alles, was Du denkst, tust und vor allem fühlst, Energie ist und Schwingungen aussendet, bestimmst Du, was sich morgen in Deinem Leben als Manifestation dieser Energie zeigt. Zugegeben mag das nach einer Mammutaufgabe klingen. Es ist schwer, immer genau darauf zu achten, welche Schwingungen Du aussendest. Mit der Zeit und mit ein wenig Übung wird es Dir aber immer mehr gelingen, bessere Gedanken zu wählen, die bessere Gefühle auslösen. Nach und nach werden sich dadurch Deine Muster und Denkgewohnheiten ändern. Es geht nicht um eine schwierige Disziplinaufgabe, sondern um Achtsamkeit und Selbstverantwortung, die Dein Leben in allen Bereichen Schritt für Schritt nach Deinen Wünschen transformiert. Sieh es nicht als Arbeit an, sondern als eine spannende Reise. Um das Leben Deiner Träume zu führen, musst Du einfach anfangen zu träumen. Das ist keine Aufgabe, die eine weitere Last in Deinem Leben darstellen soll. Ganz im Gegenteil. Diese Aufgabe ist ein Geschenk. Sie soll ein Lächeln auf Dein Gesicht zaubern und Dich von den Fesseln Deiner Ängste befreien. Es ist doch toll, in Deinen Gedanken so frei zu sein, dass Du alles sein und alles haben kannst. Du darfst Dich nach Deinen Wünschen neu erfinden. Es ist keine Aufgabe, sondern eine Chance.

Warum ist es dann aber so wichtig, dass wir unsere momentane Situation vorbehaltlos akzeptieren? Wieso müssen wir denn überhaupt erst einmal eine Bestandsaufnahme machen, wenn wir doch allein mit einer Veränderung unser Gedanken und Gefühle uns eine neue Zukunft gestalten können? Die Antwort darauf heißt: *Bewusstsein.*
Wir müssen uns von der Herrschaft unserer unbewussten Urteile über uns und die Welt befreien, um wahrhaftig die Dinge in unserem Leben zu ändern. Wir sind in einer Art

schizophrenem Zustand gefangen: Auf der einen Seite schwingt sich unser ängstlicher Verstand, einem veralteten Weltbild folgend, zum Richter und Lenker unseres Lebens auf. Er versucht uns in eine Realität zu pressen, die es gar nicht gibt. Auf der anderen Seite ist es wissenschaftlich bewiesen, dass nicht einmal 5% unserer Handlungen und Gedanken aus dem bewussten Teil unseres Selbst stammen. Das bedeutet, dass 95% von dem, was wir von uns denken und wie wir handeln, sich eigentlich unserer verstandesgemäßen Kontrolle entzieht. Kannst Du jetzt begreifen, wie verzerrend das Bild sein muss, das unser Verstand, der nur Zugriff auf einen verschwindend kleinen Teil unseres Selbst hat, Dir über Dich und die Welt vermittelt? Natürlich wird es kein Mensch zu dem jetzigen Zeitpunkt schaffen, die 95% unbewusster Anteile in uns an die Oberfläche zu holen. Wir würden vermutlich auch verrückt werden, da alles, was uns als Spezies Mensch ausmacht, völlig auf den Kopf gestellt würde. Darum geht es auch gar nicht. Es geht darum zu akzeptieren, dass es so ist. Wir müssen das Hamsterrad, in den uns unser Verstand gesetzt hat, anhalten. Es ist dazu nicht nötig, irgendein Prozent mehr aus den Tiefen unseres Unbewussten an die Oberfläche zu holen. Wir müssen einfach nur akzeptieren, dass wir selbst der Schöpfer unserer Realität sind. Wir bestimmen selbst unsere Rolle in diesem Spiel, das wir Leben nennen. Es geht um die Verantwortung uns selbst gegenüber und unsere Selbstermächtigung, unser Leben nach unseren Vorstellungen und Wünschen zu formen.

Es ist ein riesiges Geschenk, das wir Menschen in unseren Händen halten, auch wenn es Dir momentan vielleicht etwas verworren und deprimierend vorkommen mag. Akzeptiere, dass Du durch den Richter in Deinem Kopf in die Rolle gesetzt wurdest, die Du zurzeit verkörperst. An diesem Punkt bist Du auf dem besten Wege, Dir Deine eigene Rolle, die Du in der Arena Deines Lebens spielen möchtest, auszusuchen. Du bist der Star auf der Bühne Deines Lebens!

In der Übersetzung auf Deine momentane Situation bedeutet das:

Akzeptiere, was ist, aber finde Dich nicht damit ab!

Du bist – in Deiner göttlichen Vollkommenheit – nicht der Mensch, der Du momentan vielleicht zu sein glaubst. Vielleicht sind Deine Lebensumstände, Dein Körper, Deine Beziehungen gerade nicht besonders rosig, aber das bist nicht Du und nicht der Mensch, der Du sein kannst. Es ist die Anhaftung und Identifikation mit der Illusion einer scheinbaren Realität. Sie lässt Dich glauben, dass Du das bist, was Dein Leben Dir spiegelt. Finde Dich selbst, entdecke Deine Einzigartigkeit und Du wirst auch etwas anderes gespiegelt bekommen.

Ein guter Schritt in die richtige Richtung, um eine falsche Identifikation mit negativen Lebensumständen aufzuheben, ist es, von einem absoluten Denken in ein fließendes Selbstverständnis zu wechseln.

Ein Beispiel aus meinem eigenen Leben:

Als alleinerziehende Mutter, die keinerlei Unterhalt für die Kinder bekommt, ist die finanzielle Situation fast immer schwierig. Hinzu kommt, dass ich freischaffende Künstlerin bin, was ebenfalls eine unsichere und unstete Einnahmequelle ist. Es gab und gibt daher in meinem Leben immer wieder Phasen extremer Geldknappheit. Selbst wenn diese Durststrecken länger waren habe ich immer drauf geachtet, dass ich mich selbst nie als arm betrachtet habe. Auch in Gesprächen habe ich es immer bewusst vermieden, über meine Geldprobleme zu sprechen. Mir war schon früh bewusst, dass jammern mich nicht weiterbringt, sondern - im Gegenteil - mich runterzieht und von meiner Lebensfreude abschneidet. Ich habe viel über die Gesetzmäßigkeiten des Universums gelernt. Ich habe mich intuitiv auf das konzentriert, was gerade gut in meinem Leben läuft, und dem Ärger und den Ängsten so wenig Raum wie möglich gelassen.

Dabei ist es wichtig, auch in Deinen Worten den Fokus auf das Positive zu legen und nicht auf die schlechten Aspekte Deines momentanen Lebens.

In Bezug auf meine oft angespannte finanzielle Situation habe ich immer betont, dass ich nicht arm bin, sondern nur gerade kein Geld habe. Erkennst Du den Unterschied? Wenn ich sagen würde „ich bin arm", dann würde ich mich mit meiner finanziellen Lage identifizieren, sie nicht nur erleben, sondern sie *sein*. In dem Moment, in dem ich einfach akzeptiere, dass ich momentan kein Geld habe, identifiziere ich mich nicht mit meiner Geldknappheit, sondern akzeptiere lediglich die momentane monetäre Situation. Ich akzeptiere mich nicht als armen Menschen, sondern sehe die Situation so wie sie ist. Nicht mehr und nicht weniger.

Da der Unterschied so immens wichtig ist, möchte ich nochmal hervorheben, dass von sich selbst zu sagen, man sei arm, Dich zu einem armen Menschen macht. Sagst Du dagegen, dass Du momentan kein Geld hast, stellst Du nur Deine Ausgangslage fest. Von diesem Ausgangspunkt kannst Du im nächsten Moment starten, wieder Wohlstand in Dein Leben zu bringen. Im ersten Fall lässt Du eine Situation über Dich urteilen, im zweiten beurteilst Du lediglich eine Situation, die jederzeit änderbar ist.

Es ist ein bisschen so wie mit dem halbleeren und halbvollen Wasserglas. Es gibt eine Kategorie Mensch, bei der das Wasserglas immer halb voll ist. Es sind Menschen, die auch mit schwierigen Situationen und Rückschlägen positiv umgehen. Sie sind immer auf der Suche nach der Perle im Misthaufen. Auf der anderen Seite gibt es Menschen, für die das Wasserglas immer halb leer ist. Sie blockieren sich selbst. Diese Kategorie Mensch sieht ihr Leben nicht als ihren Verbündeten an, sondern als ihren Feind. Ich möchte an dieser Stelle noch eine dritte Kategorie Mensch hinzufügen, die ich für die am weitesten verbreitete und gefährlichste halte: den braven und angepassten Bürger. Weitverbreitet, da es in unserer Gesellschaft fast zum guten Ton gehört, sich über alles und jeden aufzuregen oder permanent zu jammern. Das kann der Partner sein, der Job, die Politik oder zur Not auch das Wetter. Gefährlich, da uns suggeriert wird, dass es normal sei, so zu denken. Uns wird so viel unbewusste Negativität, sei sie aus Angst, Langeweile, Frust, Gewohnheit oder aus allem zusammen geboren und genährt, vorgelebt, dass es uns als Normalität erscheint. Es ist gesellschaftlich völlig geachtet, sich allenthalben zu beschweren und die Welt und das Leben als großes Kümmernis zu sehen, an das man sich trotzdem verzweifelt klammert. Und wenn doch jemand kommt, der das Leben an sich und sein eigenes im Besonderen genießt und feiert, offen die Welt und die Menschen umarmt, viel gibt und viel möchte, dann wird er oftmals als verwirrter Idealist verurteilt. Er hat sich und die Welt nicht richtig begriffen. Zum Glück gab und gibt es immer wieder

Menschen, die sich aus diesem Gefängnis kollektiver Ängstlichkeit befreien und viel Wunderbares in ihrem Leben und unserer Welt bewirken. Befrei auch Du Dich. Es bedeutet nicht, dass auch Du zu einem Revolutionär, Mutter Theresa oder einem zweiten Gandhi werden sollst, sondern nur, dass Du Deine Dir innewohnende Schöpferkraft annimmst. Nutze sie zu Deinem Besten und dem Besten Aller. Ich möchte Dich einladen, Dein halbvolles Glas zu feiern und Dich auf ein volles zu freuen!

Die Kraft der Absicht

Ein anderer Gedanke, der uns in anderer Form ebenfalls noch des Öfteren beschäftigen wird, ist die Frage nach der Definition.
Wie definierst Du dick sein, unglücklich sein oder Reichtum? Was ist für Dich Glück? Was ist für Dich ein sorgenfreies Leben?
Viele Dinge, die wir als Negativum oder Mangel erleben, stehen in Relation zu einer Bewertung unserer Zeit oder unseres Umfeldes. Nehmen wir mal an, Du wünschst Dir ein anderes Aussehen. Du hältst dich für zu dick und findest Dich unattraktiv. Dein Selbstbewusstsein leidet unter dieser Selbsteinschätzung. Du glaubst, wegen Deines Gewichts nicht den richtigen Partner finden und keine liebevolle Beziehung führen zu können. Da Deine Gedanken sehr oft um Deine Figur und Deine Unzufriedenheit mit ihr kreisen, ziehen sie gleiche Gedanken an. Du wirst immer unglücklicher

und vermutlich auch dicker. Dein Gewicht bestimmt Deine Lebensfreude, Dein Selbstwertgefühl und Deine Zukunftsträume. Du erlebst eine endlose Spirale aus negativen Gedanken und Gefühlen, die dann tatsächlich zu negativen Manifestationen in Deinem Leben führen. Anstatt den Körper zu bekommen, den Du dir eigentlich wünschst, erhältst Du immer mehr von dem, was du eigentlich loswerden willst. Du hast Dich von so viel Freude und Neugier im Leben abgeschnitten und warum? Wegen ein paar Kilo zu viel.

Das Gemeine dabei ist, dass wir wieder dem Richter auf den Leim gegangen sind. Nicht nur unserem eigenen, sondern auch dem gesellschaftlichen. Es gab ganze Epochen, die Körperfülle zum Schönheitsideal erklärt hatten. Der große Maler Rubens verneigte sich vor den drallen Rundungen der Frauen und spiegelte damit nur das gängige Schönheitsideal der damaligen Zeit. Die Männer vergötterten die üppigen Formen der Rubensweiber. Unsere Top-Models der Gegenwart hätten zu jener Epoche nur den Blick der mitleidigen Verachtung in die Augen der damaligen Schönheitskenner gezaubert.

Ich will Dir damit sagen, dass es sich lohnt, einmal seine eigenen Definitionen zu hinterfragen. Ist mein Wunsch wirklich *mein Wunsch*, *mein Ziel* und *meine Definition* von Freude oder bin ich vielleicht doch in den unbewussten Graben zwischen gesellschaftlichem Denken und eigener Auffassung gefallen? Du bist ein freier Mensch. Zum Glück leben wir in einer Kultur und in einer Zeit, in der wir unsere Individualität erforschen und ausleben dürfen. Nimm dieses Geschenk an. Frage Dich ganz in Ruhe und mit aller Ehrlichkeit, die Du aufbringen kannst, was Du Dir wirklich wünschst. Sind es wirklich die paar Kilo weniger? Ist es vielmehr der Wunsch nach einem Partner oder nach Anerkennung, der sich dahinter verbirgt? Hast Du gerade kein Geld, weil Du wirklich keine Möglichkeit hast, Geld zu verdienen, oder steckt vielleicht auch dahinter Angst? Die Angst, mit der Verantwortung, die ein gewisser Reichtum mit sich bringen würde, nicht umgehen zu können? Oder das Gefühl, es nicht verdient zu haben?

Wenn Du die Gefühle und Glaubensmuster erkennst, die hinter Deinem vordergründigen Wunsch liegen, dann hast Du die Möglichkeit, Dir zielgenau das zu wünschen, was die eigentliche Triebfeder für die erwünschte Veränderung ist. Wenn sich unser inneres Kind immer noch nach Liebe sehnt, werden wir ihm diesen Wunsch nicht erfüllen, indem wir einfach nur ein paar Kilo abnehmen. Das ist zum Beispiel auch ein Grund, warum ein Großteil der Schönheitsoperationen die Menschen nicht in dem Maße glücklich machen, wie sie es erhofft haben. Es sind oft tiefer liegende Wünsche und die Angst vor Veränderung, die uns daran hindern, wirklich das zu erreichen, was wir uns sehnlichst wünschen.

Mach Dir bewusst, was Du bisher alles an tollen Dingen in Deinem Leben erreicht hast. Vielleicht mag Deine momentane Lebenssituation zu wünschen übriglassen, und um diese Wünsche werden wir uns noch kümmern. Nimm Dir in diesem Moment aber erst einmal selbst die Last von den Schultern, dass Du etwas falsch gemacht hättest. Es geht nicht um Schuld, sondern um Verantwortung. Beobachte, welche Gedankenmuster und Gefühle Dich in die Lebenswirklichkeit gebracht haben, die Du Tag für Tag erlebst.

Durch diesen Schritt machst Du Dich unabhängig von anderen Menschen, die Dein Leben bestimmen und vermeintlich Macht über Dich haben. Im Gegenteil: wenn Du verstehst, dass Du es bist, der Deine Wirklichkeit erschafft, dann ermächtigst Du Dich selbst, die Wirklichkeit nach Deinen Vorstellungen zu erschaffen. Es liegt allein an Dir zu überprüfen, welche Schwingungen Du aussendest. Es wird uns nicht gelingen, permanent positive Schwingungen zu erzeugen. Wir können uns jedoch darum bemühen, das Glas halbvoll und nicht halbleer zu sehen.

Dankbarkeit

Übernimm die Verantwortung für alles, was in Deinem Leben geschehen ist. Es ist alles gut. Du bist gut. Mach Dir bewusst, was Du bisher alles erreicht hast. Vielleicht sind Dinge nicht ganz so gelaufen, wie Du es Dir erhofft hast, aber es gibt immer etwas Positives im Leben zu entdecken. Erinnere Dich an die Momente, in denen Du glücklich warst und das Leben Dir wie ein großes Wunder vorkam – das es auch ist. Vielleicht denkst Du jetzt an den Moment, in dem Du Dich in Deinen Partner verliebt hast, das Wunder, als Du das erste Mal überhaupt Liebe zu einem anderen Menschen gefühlt hast, Dein Kind das erste Mal auf dem Arm hattest oder Deine erste eigene Wohnung. Vielleicht ist es auch ein Sommertag in Deiner Kindheit, an dem Du Dich glücklich fühltest, ein Urlaub oder der Moment, in dem Du beruflich gelobt wurdest. Versuche, Dich von Deinen aktuellen

Schwierigkeiten, wie real sie Dir auch vorkommen mögen, freizumachen. Schwelg in schönen Erinnerungen.

Vielleicht fragst Du Dich, was das helfen soll, Deine momentane Lage in eine bessere zu *switchen*. Warum sollst Du Dich mit der Vergangenheit beschäftigen, wobei doch nur das *Jetzt* zählt? Ganz einfach: Es geht darum, dass wir wieder lernen, uns gut zu fühlen. Indem wir in die Gefühle von schönen und glücklichen Momenten eintauchen, trainieren wir das Empfinden von Glück und Freude, welches uns im Hamsterrad des Alltages schnell einmal abhandenkommt. Weißt Du noch, wie sich die ungetrübte Freude eines Kindes anfühlt? Spürst Du noch das Glück, als Du das erste Mal im Meer gebadet hast? Das erste Verliebtsein? Wenn Du wieder lernst zu fühlen, wie sich Glück anfühlt, kannst Du diesem Gefühl wieder mehr Beachtung in Deinem Leben geben und dadurch Gutes in Dein Leben ziehen. Das ist das universelle Gesetz.

Ein anderer wichtiger Aspekt an diesem *Switch Point*, der Dein Leben zum Guten ändert, ist die Dankbarkeit. Dankbarkeit ist eines der mächtigsten und wirkungsvollsten Gefühle, die uns zum positiven *Switchen* unseres Lebens zur Verfügung stehen. Dankbarkeit achtet die Dinge, die wir bisher erreicht haben, die Menschen, die uns Gutes getan haben, die kleinen Momente und die großen Geschenke des Lebens. Völlig unabhängig von äußeren Dingen können wir dankbar sein, zum Beispiel dafür, dass wir leben, dass wir fühlende und liebende Wesen sind, das wir uns selbst bewusstwerden dürfen, dass die Sonne morgens aufgeht oder wir jetzt die Möglichkeit haben, unser Leben selber zu gestalten. Dankbarkeit ist immer positiv. Es verbindet auf einfache Weise unser Denken mit unserem Fühlen, was großartig für uns denkende und fühlende Menschen ist. Im Gefühl der Dankbarkeit gelingt es uns, unseren Richter im Zaum zu halten. Wir müssen nicht auf der Hut sein, von einem Wunschdenken in die Sehnsuchtsfalle zu tappen. Wir vermeiden ein Mangeldenken, das letztendlich nur noch mehr Mangel anzieht. Dankbarkeit funktioniert immer und überall. Es gibt in jeder Situation die Möglichkeit, für etwas dankbar zu sein.

Probiere es aus. Versuche, in den folgenden Tagen drei Dinge zu finden, für die Du dankbar bist. Du kannst Dich dazu gerne in Dein *Switch Home* zurückziehen, sie in ein Büchlein schreiben oder es einfach beim Zähneputzen tun. Wichtig ist, dass Du die Dankbarkeit wirklich spürst. Versuche, mit jeder Faser Deines Körpers Dankbarkeit zu fühlen. Wenn Dir das zu abstrakt erscheint, dann denke einfach so lange an die Dinge, für die Du dankbar bist, bist Du ein Lächeln bemerkst. Lachen und lächeln stehen für positive Empfindungen. Wir können nicht zwei Emotionen zur gleichen Zeit gleichwertig fühlen. Die Schwingung, die wir aussenden, ist entweder positiv oder negativ, außer wir schlafen, meditieren oder sind sonst wie in einem anderen Gehirnwellenbereich außerhalb der normalen Wahrnehmung. Falls Du ein sehr rationaler Mensch bist, dem es schwerfällt, am Denken vorbei bewusst in eine Emotion zu gehen, dann kannst Du diese Tatsache für Dich nutzen. Du kannst mit dem Lächeln anfangen und die Dankbarkeit folgen lassen. In dem Moment, wenn Du lächelst, sei es auch gezwungenermaßen, indem Du einfach Deine Mundwinkel nach oben ziehst, wird es Dir leichter fallen, positiv zu denken.

Das ist der erste Schritt in die richtige Richtung. Wenn Du Dich immer mehr auf Dein eigenes Lächeln einlässt, werden auch Deine Gedanken und Gefühle positiv beeinflusst. Unsere Synapsen und Nerven senden positive Signale an unser Gehirn. Das führt wiederum zu einer Ausschüttung von Hormonen, die in unserem Körper positiv wirken. Kurzum: Wenn Du Dich mit Deinem Lächeln verbindest und versuchst, es wirklich zu spüren und Dich nicht auf Deine vielleicht verkrampfte Gesichtsmuskulatur konzentrierst, dann werden auch die Gefühle kommen, die Dir ein wahres Lächeln auf Dein Gesicht zaubern. Wut, Angst und Sorge werden in den Hintergrund treten. Du kannst Dich fragen, wofür Du dankbar bist. Benutze dafür nicht Deinen analytischen Verstand, sondern lass einfach zu, was Dir in den Sinn kommt.

Es ist egal, wie Du das Gefühl der Dankbarkeit in Dir erzeugst. Du kannst konkret aufschreiben, für was Du in Deinem Leben dankbar bist oder einfach nur das Gefühl der Dankbarkeit in einem kleinen Moment fühlen. Dankbar zu sein ist ein großer Schritt, um Deine Lebenssituation ins Gute zu ändern. Dankbarkeit gibt uns die Möglichkeit, positive Aspekte in unserem Leben zu entdecken. *Dankbar zu sein, nimmt den Fokus von den Dingen, die uns fehlen und lenkt sie auf die, die wir haben.* Es erlöst uns von unserem Mangelbewusstsein. Es gibt uns das Gefühl der Hoffnung. Gerade, wenn wir uns frustriert, hoffnungslos, überfordert, gelangweilt oder unglücklich fühlen, ist das Gefühl der Dankbarkeit das Licht im Dunkeln. Es ist der Funken Hoffnung, der den Motor zu einer positiven Veränderung unseres gesamten Lebens zum Laufen bringt. Es geht immer darum, dass wir uns gut und nicht schlecht fühlen, um Gutes in unserem Leben zu manifestieren. Auch wenn Du nicht gleich die großen Veränderungen in Deinem Leben siehst, so finden sie doch statt. Wenn Du Dich bemühst, gute Schwingungen auszusenden, wird das Universum darauf mit positiven Resultaten reagieren. Und wenn wir den ganzen Tag Schwingungen aussenden, die unser Leben in die ein oder andere Richtung lenken, wäre es dann nicht ratsam, sich bewusst für die höchste Schwingung der Dankbarkeit zu entscheiden?

Dankbarkeit ist einer der mächtigsten Mitspieler, die wir zu uns bitten können, um das Spiel des Lebens zu unseren Gunsten zu ändern. Es ist das Gefühl, welches uns einen neuen Blick auf uns und unser Leben erlaubt, unabhängig von unserer momentanen Lebenssituation. In dem Moment, in dem wir das Gefühl der Dankbarkeit empfinden, nehmen wir den Fokus von negativen Gedanken und erleben ein gutes Gefühl. Dankbarkeit ist empathisch, leise und sanft. Es ist nicht das große Gefühl wie Wut, Liebe oder Leidenschaft und wird von daher leicht übergangen und unterschätzt. Wie wichtig und mächtig das Gefühl von Dankbarkeit ist – egal wofür – wirst Du in der Veränderung Deiner Lebensumstände erkennen, wenn Du es bewusst in Deinen Alltag integrierst. Nicht umsonst hat Rhonda Byrne, die Autorin des Welterfolges *The Secret*, der Macht der Dankbarkeit ein ganzes Buch gewidmet. In Ihrem Buch *The Magic* schreibt sie:

„Ganz gleich, wer und wo Sie sind, ganz gleich, in welchen Umständen Sie gerade leben, die Magie der Dankbarkeit wird Ihr ganzes Leben verändern!" (Rhonda Byrne: The Magic, 2012; S.17)

Probiere es aus und lade die Magie in Dein Leben ein.

Wir sollten also akzeptieren, was ist, dankbar sein und dann nach vorne schauen. Es geht um Bewegung und die Auflösung der Anhaftung an bestimmte Szenarien, die wir uns selbst in unserem Leben kreiert haben. Wir müssen uns bewusstwerden, wo wir uns gerade befinden, um zu erkennen, wo wir hinwollen.

Eine kleine Hilfestellung auf dem Weg vom Ausgangspunkt zum Zielpunkt ist das *„Ja, aber..."-Spiel*.
Normalerweise ist das „Ja, aber..." sehr negativ besetzt. Oftmals zu Recht, da unendliche Diskussionen und Rechtfertigungsschleifen genau mit diesem „Ja, aber..." befeuert werden. Wir alle kennen diese Situationen, wenn wir selbst in dem „Ja, aber..."-Karussell feststecken, und es sich immer schneller dreht, ohne zu irgendeinem Punkt zu kommen. Wenn wir schnell einem anderen in einer hitzigen Diskussion mit „ja" Recht geben, nur um im gleichen Moment ein „aber" hinterherzuschießen, geben wir meistens zu, dass wir dem anderen entweder gar nicht zugehört haben, nicht wirklich verstehen wollen, was er sagt oder es uns nur darum geht, unseren Punkt zu machen. Mit dem „Ja, aber..." setzen wir uns nicht mit dem Gesagten auseinander, sondern wedeln die Meinung des anderen elegant vom Tisch. Gerade in emotional aufgeheizten Gesprächen ist das „Ja, aber" eine Blendgranate, die viel Nebel und Unheil anrichten kann. Ich selbst muss mich oftmals sehr disziplinieren, nicht mit „Ja, aber..."-Formulierungen, über meinen Gesprächspartner hinwegzustürmen und zu allem Überfluss roten Nebel zu verbreiten. Wie Du siehst, bin ich also kein Freund von „Ja, aber..."-Formulierungen in Gesprächen.

Ganz anders sieht es jedoch in der inneren Zwiesprache aus, die ein wunderbares Element auf dem Weg zur Zielformulierung ist. Gerade im Rahmen der inneren Bestandsaufnahme kann Dir ein „Ja, aber" helfen, wieder in den Fluss, den wir *Leben* nennen, zu kommen und es Dir leichter machen, Dich von ungesunden und blockierenden Identifizierungen zu lösen.

Hierzu möchte ich Dir ein paar Beispiele beschreiben und Dich auffordern, Dir Deine eigenen Themen näher anzuschauen:
Du fühlst Dich zum Beispiel momentan in Deinem Körper nicht wohl. Die Waage zeigt Dir ein paar Kilo zu viel oder zu wenig, die Dich auch nach näherer Betrachtung der vielleicht dahinterliegenden Themen belasten. Jetzt könnte Dir „Ja, aber..." helfen, Deinen Schweinehund zu überwinden und Dir die Möglichkeit geben, die Veränderungen herbeizuführen, die Du Dir wünschst. Das *„Ja"* akzeptiert Deine gefühlte Realität und das *„Aber"* lässt die Veränderung der als negativ empfundenen Emotion zu. Wenn Du Dich zu dick fühlst, dann akzeptiere dieses Gefühl in dem Du Dir sagst: *„Ja*, ich fühle mich zu dick (Akzeptanz), *aber* mein Körper wird sich jetzt positiv verändern (Veränderung). Wichtig ist es dabei, dass Du versuchst, eine wirkliche Erleichterung und Zuversicht zu spüren. Du musst Dir in dem Moment keine Gedanken darüber machen, *wie* Du es in diesem Moment schaffst, Deine gewollten Veränderungen zu realisieren. Es geht darum, dass Du in den *Fluss der Möglichkeit* kommst. Das *Wie* wird sich finden. Das ist ja das Schöne am *Switch Code*: Wenn Du den Willen nach Veränderung formulierst und mit positiven Emotionen auflädst, wird das Resultat eintreten *müssen*. Es ist das universelle Gesetz,

welches dann anfängt, für Dich zu arbeiten und zu wirken.

Diese Gesetzmäßigkeit wirkt natürlich auch bei allen anderen Themen, die Du in eine positive Richtung *switchen* möchtest. Wenn Dich gerade Geldsorgen plagen, kannst Du selbstverständlich auch mit dem „Ja, aber" arbeiten. Zum Beispiel könntest Du folgendes zu Dir sagen:

„*Ja*, ich habe gerade kein Geld, *aber* jetzt fließt Reichtum in mein Leben"

oder

„*Ja*, ich verdiene nicht genug Geld, *aber* es kommt jetzt die ideale berufliche Veränderung, die mir das Leben finanziert, das ich mir wünsche".

Oder vielleicht bist Du gerade einsam und sehnst Dich nach einer befriedigenden Partnerschaft? Auch da kannst Du mit „Ja, aber" arbeiten:
„*Ja*, ich bin allein, *aber* ich weiß, dass mein idealer Partner auf mich wartet und jetzt in mein Leben tritt".

Ich glaube, Du weißt jetzt, was ich mit dem positiven „Ja, aber" meine. Wichtig hierbei ist, dass Du versuchst, ehrlich zu akzeptieren, wo Du in diesem Moment stehst, oder welches Deine ursächliche Problematik ist.

Du kannst Dir auch gerne für diesen Punkt mehr Zeit lassen. Beobachte bzw. *erfühle* die Emotion, die das Erkennen Deiner aktuellen Lage bei Dir hochspült, erst einmal ganz genau. Wenn Dir völlig bewusst ist, welche Gefühle Du in Dir *switchen* möchtest, Du Dein gegenwärtiges Empfinden in dem bestimmten Thema ganz gespürt hast, dann gib der Veränderung Raum. Formuliere die Richtung, in die Deine Reise in dem Thema gehen soll. Freu Dich auf das Abenteuer. Werde wieder der Kapitän Deines Lebens und schicke den Zweifler in Deinem Kopf zusammen mit Deinem Schweinehund von Bord. Wenn Du Dich von dem Ballast Deiner eigenen begrenzten Sichtweise auf Dich Selbst und Deinem Dasein befreit hast, kann wieder frischer Wind in Dein Leben kommen und die Fahrt in Richtung Deiner Träume beginnen.

TEIL III

ZIELPUNKT

*Eine mächtige Flamme entsteht aus
einem winzigen Funken.
(Dante Alighieri)*

Der Zielpunkt ist der Punkt, zu dem wir gelangen wollen. Nachdem wir eine Bestandsaufnahme unserer jetzigen Situation gemacht haben, müssen wir das Ziel für unsere Fahrt des Lebens eingeben. Der *Switch Code* versetzt Dich in die Lage, Dein Leben selbst zu gestalten und in die Richtung zu *switchen,* in die Du gehen möchtest. Also lauten nun die großen Fragen: *Wo möchtest Du hin? Was wünschst Du Dir? Wie schaffst Du es, aus Deinen Wünschen und Träumen ein eindeutiges Ziel zu formulieren?*

Diese Fragen behandelt der dritte Teil des Codes.

Viele Dinge, die Du nachfolgend liest, werden Dir in anderen Kapiteln schon begegnet sein oder in anderer Form erneut begegnen. Wir sind immer wieder aufgefordert, unsere tief verwurzelte Meinung über uns und unser Leben, neu zu überdenken. Die einzelnen Teile des *Switch Codes* greifen ineinander. Der Code bestärkt Dich immer wieder, Dir Deiner selbst und Deiner Verantwortung in der Fülle Deiner Schöpferkraft bewusst zu werden. Es ist vergleichbar mit einem Training, das zum Ziel hat, Dich zu stärken und immer neue Übungen für verschiedene Bereiche mit dem gleichen Ziel bereit hält. Wir müssen uns immer wieder einem neuen Denken stellen und es an verschiedenen Punkten unserer Transformation in unterschiedlichen Weisen wiederholen. Das ist wichtig, da wir uns immer wieder mit einer neuen Sichtweise auf die Mechanismen des Lebens auseinandersetzen, an die wir uns erstmal gewöhnen müssen. Wir müssen den Muskel unserer eigenen Schöpferkraft immer wieder trainieren, damit er uns sicher durch unser Leben unserem Ziel entgegentragen kann.

Wünsche und Ziele

Viele Menschen und Autoren, die sich mit Veränderungen von individuellen Lebensumständen auseinandersetzen, unterscheiden akribisch zwischen *Wunsch* und *Ziel*. Der Wunsch wird in der Literatur oftmals zur Tagträumerei, die nirgendwo hinführt, abgewertet. Demgegenüber wird das Ziel, zu dem der Mensch bzw. der Klient *hin gecoacht* werden kann, in den Vordergrund gerückt. Ich persönlich nehme diese strikte Unterscheidung nicht vor, da ich sie für unsinnig und hinderlich halte. Natürlich ist ein Wunsch kein Ziel. Wenn sich zum Beispiel ein übergewichtiger nordeuropäischer Mann in den Vierzigern auf seinem Sofa wünscht, eine kleine agile Flamencotänzerin zu sein, wird es vermutlich sehr schwer und schmerzhaft für ihn, dass sich dieser Wunsch erfüllt, wenn nicht sogar unmöglich. Auch ich würde in diesem Fall davon abraten, aus diesem Wunsch ein Ziel zu formulieren. Aber ich würde denjenigen ermuntern herauszufinden, was hinter diesem Wunsch steht. Wünsche sind der erste Schritt in die Veränderung. Mit unseren Träumen und Wünschen verlassen wir das Joch unserer vermeintlichen Realität und setzen den ersten Schritt in Richtung des erwünschten Zieles.

Per Definition ist der Wunsch ein Begehren einer Sache oder einer Fähigkeit bzw. das Streben nach dem Erreichen eines Ziels für sich selbst oder für einen anderen. Ich denke, dass dieser Satz viel von dem Verhältnis von Wunsch und Ziel ausdrückt. Der Wunsch ist dem Ziel nicht untergeordnet oder die spinnerte Variante einer gewünschten Veränderung, die es gilt, in konkrete Ziele zu verpacken. In meiner eigenen Definition ist Wunsch und Ziel unmittelbar miteinander verbunden. *Der Wunsch ist das Samenkorn eines Zieles und gleichzeitig auch seine höchste Ausrichtung.* Träume und Wünsche sind immer ein Ausdruck der Hoffnung. Ein Wunsch impliziert das Streben nach einer Veränderung der Realität oder zumindest ihrer Wahrnehmung, ohne die Glück nicht denkbar ist. Das formulierte Ziel ist dann Ausdruck dieses Wunsches oder einer seiner Facetten in der von Raum und Zeit definierten Welt. Ziele werden oft anhand von Fakten und realistischen Einschätzungen erstellt, während Wünsche sich nicht an die offensichtlichen Gegebenheiten halten. Das genau ist auch der große Vorteil, wenn das Ziel von der Wunschebene heraus startet und nicht aus reiner Notwendigkeit heraus. Es ist egal, wo Du gerade stehst und wie Deine Lebensumstände aussehen: *Du kannst träumen und Du darfst Wünsche haben.* Viele der größten Entdeckungen und Entwicklungen der Menschheitsgeschichte entsprangen den Träumen und Wunschvorstellungen ihrer Entdecker. Sie basierten nicht auf den harten Fakten der jeweiligen vorherrschenden Meinung, welche die Erde für eine Scheibe hielten oder andersartige Menschen minderwertigen Rassen zuordneten. Zum Glück!

Wir Menschen sind die einzigen Lebewesen der Welt, die die Fähigkeit zum Träumen und Wünschen haben. Das Gnu in der Savanne hat keine Träume und die Kuh auf der Weide wünscht sich auch nicht an einen anderen Ort. Nicht einmal unsere geliebten Haustiere, denen wir gerne Wünsche erfüllen würden, haben etwas anderes als Bedürfnisse oder Vorlieben. Ich hoffe, Du erkennst, dass es ein wundervolles Privileg ist, Wünsche und Träume haben zu dürfen, und wir sollten sie alle nutzen.

Es ist für Dich demnach nicht wichtig, zwischen Ziel und Wunsch präzise zu unterscheiden oder Dich zu fragen, was genau gemeint ist. Du liest dieses Buch, da es Dein Wunsch ist, Dinge in Deinem Leben zum Positiven zu verändern. Und genau dieses Ziel kannst Du mit dem *Switch Code* erreichen.

Das Endergebnis

Stell Dir vor, eine gute Fee kommt vorbei und fragt Dich, was Dein größter Wunsch ist. Endlich hast Du die Gelegenheit, sofort das zu bekommen, was Du Dir schon seit Ewigkeiten wünschst. Was würdest Du ihr antworten? Bist Du Dir bewusst, was Du Dir am meisten wünschst?

Eigentlich würde jeder Mensch davon ausgehen, dass er nach kurzem Nachdenken sofort weiß, was sein vorherrschender Wunsch und sein größtes Ziel ist. Leider leben wir in einer Gesellschaft, die das Träumen und das Erleben der eigenen Schöpferkraft nahezu aufgegeben hat. Wir identifizieren uns so sehr mit dem Erreichen eines Ziels, dass wir das Endergebnis selbst schnell aus den Augen verlieren

154

und uns im Hamsterrad leerlaufen. Eine Leistungsgesellschaft fordert permanente Bereitschaft, alles zu tun, was in Deinen Möglichkeiten steht, damit Du bestimmte Ziele erreichst. Wir sind so konditioniert, dass wir unsere Ziele, die wir im Leben erreichen *wollen*, nicht mehr über unsere tiefen Wünsche definieren, sondern darüber, was wir in dieser Gesellschaft erreichen *können*. Unser Weg ergibt das Ziel, statt dass ein gewünschtes Endergebnis uns den Weg weist. Wir verwechseln schließlich unsere eigentlichen Träume und Wünsche mit der Vorstellung, *wie* wir sie erreichen können. Wenn Du zum Beispiel Jura studiert hast, weil Dein Vater es so gerne wollte, ist es sehr wahrscheinlich, dass Du eine Karriere als Anwalt als Deinen Endpunkt definierst. Du hast einen bestimmten Weg eingeschlagen, der Dich in Deiner Vorstellung zu einem bestimmten Ziel bringt. Wenn Du dich dann wirklich traust zu träumen, verlagerst Du vielleicht den Endpunkt noch etwas nach oben, indem Du eine Anstellung in einer bestimmten Kanzlei anstrebst. Du gibst Dir Mühe im Studium, knüpfst die richtigen Verbindungen und legst Dich richtig ins Zeug, um Dein Ziel zu erreichen. Vielleicht klappt es wirklich mit der Anstellung in der gewünschten Firma oder in der angestrebten Position. Das ist schön und kann sehr befriedigend sein. Aber ist das wirklich genau das, was Du Dir immer erträumt hast? Indem du dieses Ziel eigegeben hast, sind andere Endergebnisse herausgefallen. Sehr wahrscheinlich wirst Du große gesellschaftliche Anerkennung erhalten und auch Dein Kontostand wird sich vermutlich stetig verbessern. Aber was ist mit Deiner Gesundheit, Deinem Wunsch nach einer liebevollen Beziehung, dem Gefühl, an dem Ort zu sein, an dem Du Dich auch seelisch gut aufgehoben fühlst? Es ist ohne Frage eine tolle Sache, beruflich erfolgreich zu sein und seine Ziele zu erreichen, und ich kann jeden nur dazu ermuntern, das Beste aus seinem Leben zu machen. Dabei ist es völlig egal, ob Du studiert hast, arbeitslos bist oder den Friseurbetrieb Deiner Mutter übernimmst. Ich will Dir mit diesem kleinen Beispiel nur verdeutlichen, dass die Frage *wie* wir ein bestimmtes Ziel in unserem Leben erreichen können, sich oftmals mit der Definition unseres Endergebnisses, das wir in das Navigationssystem unseres Lebens eingeben, vermischt.

Die einzelnen Elemente des *Switch Codes* greifen so ineinander, dass Du zu Deinem Ziel geführt wirst. Je nachdem, welches Endergebnis Du Dir wünschst, werden sich die Zahnräder jenseits all dessen, was wir für real halten, in Bewegung setzen und all die Dinge so arrangieren, dass Du Dein Ziel erreichst. Wie wir in den vorherigen Kapiteln des Buches bereits gesehen haben, ist es dabei nicht notwendig, Dir Gedanken zu machen, *wie* Du diesen Endpunkt erreichen könntest. Du musst ihn einfach nur benennen und - was noch wichtiger ist - darauf vertrauen, dass Du dort ankommst. Fragen nach dem *Wie* ist bei der Manifestation Deiner Träume nicht nur überflüssig, sondern hinderlich. Das Gesetz der Anziehung wird den besten Weg für Dich finden, Dein Ziel zu erreichen.

Je enger Du Dein Endergebnis fasst, desto größer ist die Gefahr, dass es Dir nicht das Gefühl gibt, was Du Dir eigentlich wünschst.
Es spricht überhaupt nichts dagegen, sich einen knallgelben Sportwagen zu wünschen. Wenn Du ihn Dir wünschst, dann denke an ihn, fahre ihn in Deiner Vorstellung, lächle bei dem Gedanken an die PS. Stell Dir lebendig vor, wie glücklich Du

Dich fühlen wirst, wenn Du ihn Dein Eigen nennst. Das funktioniert. Alles, was wir fokussieren und mit den entsprechenden positiven Gefühlen aufladen, muss sich früher oder später manifestieren. Das ist eine Gesetzmäßigkeit. Die Frage ist lediglich, ob dieser gelbe Flitzer wirklich das in Dein Leben bringt, was Du Dir erhoffst. Vielleicht bleibt das Gefühl, das Du mit dem gelben Rennflitzer verbindest, auch mit dem Auto in Deiner Garage unerfüllt. Ein Traumauto bedeutet nicht, dass Du wirklich reich bist, geschweige denn gesund und glücklich. Es ist für das Universum völlig unerheblich, ob Du Dir eine Packung Kaugummi oder eine teure Yacht wünschst. Wenn Du den Code richtig einsetzt, wird sich beides erfüllen *müssen*. Ohne Anstrengung, nur mit der Kraft Deiner Gedanken und Gefühle. Natürlich ist es für unseren Verstand schwieriger zu begreifen, dass wir beides mit der gleichen Leichtigkeit in unser Leben ziehen können. Die Chance, dass Du ein Kaugummi in Deinen Händen hältst, ist nur auf Grund dieser Tatsache wahrscheinlicher.

Es geht weiterhin bei der Zielformulierung nicht um die augenscheinlichen Dinge, die Du Dir wünschst, sondern um das Bestreben, was hinter Deinem Wunsch liegt. Du benennst Dein Ziel und das Universum wird es Dir liefern, sofern Du den Code beherrschst. Willst Du frischen Atem, wird es Dir das Kaugummi liefern, wünschst Du Dir materielle Fülle, kann es gut sein, dass Du auch eine Yacht Dein Eigen nennen kannst. Merkst Du den Unterschied? Es ist toll und richtig, sich materielle Werte oder kleine Dinge zu wünschen und Kraft in ihre Manifestation zu stecken, aber es gibt vielleicht übergeordnete Wünsche tief in Deinem Inneren, die es wert sind, von Dir entdeckt zu werden.

Wie das Beispiel mit dem Kaugummi vielleicht verdeutlicht hat, ist es für uns wesentlich leichter zu akzeptieren, dass wir uns einen Parkplatz oder das neue Designerstück wünschen können, als den großen Wunsch nach beruflichem Erfolg, finanzieller Veränderung oder einer tollen Partnerschaft. In materiellen Dingen wünschen wir uns, das Objekt der Begierde zu besitzen. In dem anderen Fall machen wir uns viele Gedanken über unseren eigenen Anteil am Erreichen des Ziels. Es gibt keinerlei Beschränkung in Deinen gewollten Endergebnissen. Der Mechanismus wirkt unabhängig von dem Gewünschten immer gleich. Er unterscheidet nicht nach großen oder kleinen Wünschen. Je enger Du also Dein Ziel fasst, umso mehr beschneidest Du das Universum, auf wundersame Weise in Deinem Leben für Dich zu wirken. Obwohl wir uns wortwörtlich den Himmel auf Erden erschaffen könnten, haben wir kaum Erfahrung darin, eigene Wünsche als Ziel in unserem Leben zu benennen, geschweige denn, sie zu verfolgen.

Woran liegt das?

Zum einen ist es die Weltsicht und die Erwartungen unseres Umfeldes, die uns gelehrt haben, dass es keine Wunder gibt. Es ist in unserem konventionellen Denken nicht verankert, dass *jeder seines Glückes Schmied* ist, es sei denn, er bewegt sich auf den ausgetretenen Trampelpfaden der gesellschaftlichen Norm. Aus diesem Grund ist es so wichtig, dass Du alle Punkte des *Switch Codes* wirklich verinnerlichst und Dich vom Joch der allgemeinen Vorstellungen befreist. Es ist der erste Schritt, sowohl im *Switch Code* als auch für Dich, Dein Weltbild zu erweitern und die Gesetze des Lebens zu verstehen. Nur wenn Du Dich für eine erweiterte Sicht auf die Gesetzmäßigkeiten der Welt und in Deinem Leben öffnest, gelangst Du in die Erkenntnis Deiner unbegrenzten Möglichkeiten. Indem Du den Kopf über den Rand des rationalen Weltbildes hebst, kannst Du all die Wunder, die Dich umgeben, erkennen.

Überdies besagt der zweite Punkt im *Switch Code*, dass wir unsere momentane Lebenssituation selbst erschaffen haben. Wir leben das Leben so, wie wir es denken. Unsere Gedanken erschaffen die Dinge, und wir müssen die Verantwortung für alles, was sich in unserem Leben zeigt, übernehmen. Das ist gerecht und fair. Deine aktuelle Lebenssituation ist die beste Ausgangslage, die Du haben kannst. Indem Du Dich jetzt mit dem Wunsch nach Veränderung beschäftigst, leitest Du bereits die Veränderung in Deinem Leben ein. Ein erweitertes Weltbild und die Bewusstwerdung Deiner eigenen Macht bei der Erschaffung Deiner Lebensumstände bilden die Startrampe für das Erreichen Deiner größten Träume.

Deine Aufgabe ist es, Dein Ziel zu benennen. Du hast die beiden vorherigen Punkte verinnerlicht und stehst nun in diesem wundervollen kosmischen Laden, in dem es alles gibt, was Du Dir je erträumt hast. Und hier kommt das Problem: Es existiert kein Land der Träume und der unbegrenzten Möglichkeiten außerhalb Deiner Vorstellungskraft. Du selbst bist der einzige Mensch, der die Auslage des kosmischen Ladens bestückt. Dein Geist erschafft die Auswahl an Wünschen, Zielen und Erdergebnissen. Vielleicht schlenderst Du an tollen Autos vorbei, einem besser bezahlten Job, attraktiven Partnern, die Dir zuzwinkern. Vielleicht ist es aber auch nur der attraktive verheiratete Nachbar oder die kleine Gehaltserhöhung. Du bestimmst, was Du in Deinem eigenen Wunschparadies vorfindest. Das Sortiment richtet sich einzig und allein nach den Vorstellungen der Möglichkeiten, die Du kreierst. Es liegt an Dir und Deinen Erwartungen, was Du Dir wünschst.

Die verheerende Wirkung unbewusster Glaubenssätze und Handlungsmuster haben wir bereits beleuchtet. Sie bestimmen Deine Startposition in dieses grandiose Abenteuer. Von klein auf haben wir uns an den Erwartungen unserer Eltern und unseres Umfeldes gemessen und unsere eigene Schöpferkraft verleugnet. Wie sieht es aber mit Deinen eigenen Erwartungen bezüglich Deiner Träume aus? Was wir selbst von uns und unserem Leben erwarten, zeigt sich sehr offensichtlich in all unseren Taten, Handlungen und Gedanken. Nach allem, was Du bisher gelesen hast, bist Du vielleicht mehreren Glaubensätzen, Gedanken und Handlungen auf die Spur gekommen. Sie haben Dein Leben bis zu diesem Zeitpunkt bestimmt und gelenkt. Wie sieht es jetzt aus? Analysiere einmal sehr genau, was Du bezüglich bestimmter Themen in Deinem Leben erwartest.

Vor gar nicht allzu langer Zeit wurde ich selber wieder mit dieser Thematik konfrontiert. Im Gegensatz zu vielen meiner Mitmenschen bin ich immer sehr positiv und optimistisch bezüglich meiner Finanzen eingestellt, obwohl ich eigentlich in den letzten Jahren nie wirklich Geld hatte. Mein Wahlspruch ist die Überzeugung, dass kontinuierlich für mich gesorgt werden wird. Damit meine ich keine staatliche Institution, sondern das Leben. Ich erhielt im richtigen Moment einen Job oder Auftrag, der das kenternde Schiff wieder auf Kurs brachte. Ich fühlte mich toll, weil sich meine Erwartung an das Leben, immer irgendwie erfüllte. Irgendwann fiel es mir wie Schuppen von den Augen. Es war genau diese Erwartung, die mich von der großen Fülle abschnitt. Ich hätte gerne mehr Geld und Wohlstand, aber ich erwartete, dass das Leben mich so gerade eben mit dem Nötigsten versorgen würde. Als Künstlerin ein bekannter und fast erwünschter Zustand. Ich fand ihn oftmals schrecklich und genoss es immer, wenn das Leben mal etwas mehr Geld in meine Kasse spülte. Da ich aber immer das sinkende Boot vor Augen hatte, war mein Hauptaugenmerk darauf gerichtet, meinen Glauben an die Grundversorgung aufrecht zu halten. Der Kahn sollte nicht sinken. Ich konzentrierte mich nicht auf den Mangel und beklagte mich so wenig wie möglich über meine Situation. Trotzdem hatte sich meine eigene Erwartung erfüllt und mich von dem finanziellen Erfolg abgeschirmt. Als mir das klar wurde, begriff ich, dass ich selber definierte, was ich von mir in meinem Leben in Bezug auf meine Finanzen erwartete. Genau das erfüllte sich. Da ich einem konservativen Elternhaus mit einer klaren Rollenverteilung aufgewachsen bin, war mein Frauenbild geprägt. Der Mann verdient das Geld und die Frau kümmert sich um Haus und Kinder. Dieses Rollenklischee bröckelt in meiner Generation an allen Ecken und Kanten. Ich war alleinerziehend mit den Kindern *und* der Ernährer der Familie. Eine neue Rolle, auf die ich nicht vorbereitet war. In dem was ich tat, wollte ich immer erfolgreich sein. Den finanziellen Aspekt hatte ich bis dato völlig vernachlässigt. Geld war für mich ein Geschenk, welches das Leben mir völlig willkürlich ab und zu schenkte. Meine Erwartungshaltung war, dass ich versorgt werden würde. Nicht unbedingt von einem Mann, aber vom Leben. Ich war schockiert, als ich begriff, dass ich immer nur das nötigste Geld bekam, da ich nicht mehr erwartete. Ich glaubte nicht, dass ich in meiner Rolle mehr finanzielle Mittel generieren könnte. Ich hatte mich durch meine Erwartung begrenzt und limitiert. Ich packte also im Anschluss ein richtig großes Packet mit all meinen begrenzenden Erwartungen bezüglich meiner selbsterschaffenen Fülle. Dann schickte ich es in den Himmel. Im Anschluss fasste ich den Entschluss, meine finanzielle Freiheit aus meiner eigenen Kraft und Persönlichkeit heraus zu erschaffen. Das war die Unabhängigkeit, die ich mir vorher nicht geben konnte. Unterschwellig hatte ich sie jedoch immer gesucht, was für viele Spannungen und Missverständnisse in meinem Leben gesorgt hat.

Wir alle haben Erwartungen an uns und unser Leben. Einige haben wir übernommen, andere haben wir selbst im Laufe unseres Lebens entwickelt. Ich habe Dir eben meine eher weibliche Erwartung geschildert, die mich persönlich von einem selbsterworbenen finanziellen Erfolg abgeschnitten hat. Wie ist es bei Dir? Gerade Männer kämpfen mit der gesellschaftlichen und persönlichen Erwartungshaltung. Sie haben Schwierigkeiten, sich zu fragen, welches Ziel sie ganz individuell für sich haben. In der klassischen Rollenverteilung sind sie die Ernährer und die Hauptgeldverdiener. Auch wenn im Laufe der gesellschaftlichen Umstrukturierung die Klischees aufgeweicht sind und sich auf der Realitätsebene vielleicht komplett anders darstellen, beherrschen sie immer noch ein Großteil unserer Selbstwahrnehmung. Deine Aufgabe in Bezug auf Deine Zieleingabe ist es herauszufinden, inwieweit Deine Erwartung konditioniert und limitiert ist.

Welche Annahmen begrenzen bei Dir Deinen materiellen Wohlstand, Deine Beziehungen oder Deinen Erfolg? Es ist ein wichtiger Schritt, sich seiner selbsterschaffenen Begrenzungen bewusst zu werden.

Du kannst Dir alles wünschen, was Du Dir erträumst, aber Du musst auch erwarten, es zu bekommen.

Die Frage nach dem Warum

In den vorangegangenen Kapiteln haben wir uns mit unseren primären und begrenzten Wünschen im Rahmen unserer Erwartungen beschäftigt. Befreie Dich von allen rationalen Überlegungen und der Frage, *wie* Du Deine Träume realisieren kannst. Stelle Dir im Anschluss die Frage, was Du Dir als Endergebnis wünschst. Nicht nur mit dem Kopf, sondern auch mit Deinem Herzen. Das Leben ist so viel größer als Du und ich. Ich vergleiche dabei unsere Gedanken als das Vehikel und unsere Gefühle als den Motor. Den Wagen brauchen wir, um uns bewusst auf die Reise zu machen, aber ohne Motor werden wir nirgendwo ankommen. Die Erwartung Deines Endergebnisses muss Dich begeistern, Dich inspirieren und Dich zum Lächeln bringen. Es soll Dich nicht nur rational befriedigen, sondern auch emotional. Es ist ein wenig so, als wenn wir die Frage nicht nach dem, *was* Du Dir wünschst, stellen, sondern nach dem *Warum*. Viele unserer Wünsche können wir spontan benennen. Da wäre der coole Sportwagen, das Segelboot, ein neues Haus oder auch nicht materielle Werte wie einen liebevollen Partner, gute Gesundheit oder Erfolg.

Machen wir eine kurze Übung dazu:

Wenn du kannst, dann gehe in Dein *Switch Home* oder nimm ein paar tiefe Atemzüge, um Dich zu entspannen. Befrei Deine Gedanken aus dem alltäglichen Wahnsinn.

☞ **Übung:**
Benenne nun in Deinem Geist Deine drei größten Wünsche ganz spontan. Du kannst Sie Dir auch gerne kurz notieren. Betrachte die Liste oder höre Deine ausgesprochenen Wünsche. Versuche, in Dich hinein zu spüren.

Wie fühlst Du Dich?

Nimm Dir jetzt im Anschluss einen Moment Zeit und frage Dich bei jedem einzelnen Wunsch, warum Du ihn Dir wünschst. Welche Gedanken kommen Dir da? Welche Gefühle? Sind es dieselben wie bei der spontanen Wunschäußerung? Bewegst Du Dich in Bezug auf Deinen Wunsch – in dem Fluss von Fragen und Antworten – vielleicht in eine andere Richtung? Sei einfach offen und nimm wahr, was Du denkst und fühlst. Alles ist richtig und alles ist erlaubt.
Auch hier kannst Du Dir gerne Notizen machen, wenn Du magst.

Warum ist mir die Frage nach dem *Warum* so wichtig?

Ganz einfach: Oftmals geht unser Denken in eine andere Richtung als unser Gefühl. Wir glauben, dass ein bestimmtes Objekt unsere Sehnsucht nach etwas befriedigt. Oft steht dabei der Wunsch nach einem bestimmten Gefühlszustand dahinter. Du kannst Dir zum Beispiel das neuste Porsche Modell wünschen. Es geht Dir aber im Grunde nicht um das Auto, sondern um das Statussymbol, das aller Welt Deinen Erfolg zeigen soll. In diesem Falle wäre es fahrlässig, dass Du Deine Schöpferkraft auf das Auto lenkst. Es erfüllt in keiner Weise das innere Gefühl der sozialen und finanziellen Anerkennung. Wenn Du genug Gedanken und Emotionen in die Anziehung des Porsches investierst, wird sich Dein Endergebnis zwar manifestieren müssen, aber das bedeutet nicht, dass Du auch den angestrebten Status oder die finanzielle Sicherheit bekommst, die Du fälschlicherweise mit dem Auto verbindest. Das Universum wird sicherlich einen Weg finden, dass Du genau das Modell erhältst, welches Du Dir als Endergebnis gewünscht hast. Vielleicht gewinnst Du es in einer Lotterie. In dem Falle hast Du zwar exakt das Endergebnis manifestiert, welches Du Dir gesetzt hast, aber das bedeutet weder finanzielle Sicherheit noch wirtschaftlichen Erfolg. Es kann sogar so weit kommen, dass genau dieser erfüllte Wunsch zu einer Belastung für Dich wird, da Du auf einmal ein Auto besitzt, das eigentlich viel zu teuer für Dich im Unterhalt ist. Natürlich kannst Du jetzt einwenden, dass ein Porsche an sich einen Wert hat, den Du bei Bedarf veräußern kannst. Du könntest ihn verkaufen, und somit zu Geld machen. Aber was ist dann mit Deinem Wunsch geschehen? Was ist aus Deinem angestrebten Endergebnis geworden?

Mir geht es mit diesem exemplarischen Beispiel nicht darum, Dir von materiellen Wünschen abzuraten. Ich möchte vielmehr Deine Aufmerksamkeit auf Deine Gefühle hinter Deinem Wunsch lenken.

Es geht um die Bewusstwerdung Deiner wirklichen Wünsche.

Was wünschst Du Dir aus der Tiefe Deines Herzens?

Was ist Dein Ziel?

Die großen Vier

Wenn ich die Wünsche und Träume der Menschen betrachte und welche tiefersitzenden Wünsche und Bedürfnisse dahinterliegen, dann kann man vier große Bereiche feststellen, in denen der Mensch Veränderung sucht:

1. Finanzen

2. Beziehungen

3. Körper

4. Aufgabe

Fast alle Wünsche, egal ob groß oder klein, realistisch oder träumerisch, materiell oder ideell, lassen sich einem dieser vier Bereiche zuordnen. Es sind sozusagen die Grundbedürfnisse des Menschen, die Spielwiesen, auf denen wir unser Glück suchen.

Vermutlich wünschst auch Du Dir Veränderungen in dem einen und/oder anderen Bereich dieser *„Big four"* der menschlichen Grundsehnsüchte. Oftmals laufen ein oder mehrere Bereiche in unserem Leben nicht rund, da wir im Laufe unseres Lebens bestimmte Glaubensätze entwickelt haben, die uns zwar nicht bewusst sind, aber durchaus real in unserem Leben wirken. Wir sind schon des Öfteren auf diese im Hintergrund ablaufenden Muster eingegangen. Das ist ein sehr wichtiges Thema, da wir oftmals gar nicht verstehen, *warum* wir in einigen Bereichen solche Schwierigkeiten haben. Wieso ist es so schwer für uns, die gewünschten Veränderungen zu erreichen?

Schau Dir Dein Leben an und Du weißt, was Du über das Leben denkst.

Diese Erkenntnis lässt sich auch auf alle Deine Lebensbereiche anwenden.

Aus diesem Blickwinkel heraus ist es angebracht, die einzelnen Bereiche einmal näher zu betrachten:

1. Finanzen

Für viele Menschen, meine eigene Person eingeschlossen, ist die finanzielle Situation ein ewiges Thema. Viele Menschen wünschen sich in diesem Bereich eine positive Veränderung. Dies gilt übrigens nicht nur für die unter uns, die in finanziellen Schwierigkeiten stecken und mit tagtäglicher Geldknappheit zu tun haben. Viele Menschen, die wirklich reich sind und keinerlei Geldsorgen haben, empfinden ihre finanzielle Situation ebenfalls als belastend. Das scheint auf den ersten Blick paradox. Wenn man jedoch genauer hinsieht und sich die dahinterliegenden Mechanismen anschaut, dann ist es durchaus nachvollziehbar: Unser Empfinden und die subjektive Bewertung einer Situation verläuft in einer Art Kettenreaktion (vgl. Modell Bewertungskette).

Diese Bewertungskette kann in einem oder mehreren Bereichen negativ wirken. Da sie unsere empfundene Realität erschafft, kann sie uns in einer angstbesetzten illusorischen Interpretation der Wirklichkeit gefangen halten. Die Fakten und tatsächlichen äußeren Umstände spielen dabei kaum eine Rolle.

Wenn wir zum Beispiel eine Verlustangst, die wir im frühen Kindesalter entwickelt haben, unbewusst mit dem Thema Geld in unserem Leben verquicken, dann kann es durchaus passieren, dass uns auch mit Millionen auf dem Konto die ständige Angst quält, unser Geld zu verlieren. Statt unseren Reichtum zu genießen, würden wir immer in dem Gefühl verhaftet sein, dass es irgendwie nicht reicht oder uns unser Geld abhandenkommen könnte. In einem anderen Fall denken wir, dass Geld all unsere Probleme aus der Welt schafft und gleichzeitig wirken die alten Glaubenssätze, die besagen, dass es schwer ist, Geld zu verdienen, oder dass es den Charakter verdirbt. Durch diese beiden unterschiedlichen Positionen in Bezug auf Geld, wirst Du unvermeidbar in ein großes Dilemma kommen. Auf der einen Seite hältst Du das Geld für den Dreh- und Angelpunkt Deiner Glückseligkeit. Auf der anderen Seite hast Du unbewusst eine negative Einstellung in Bezug auf Geld übernommen. Diese Glaubensmuster trennen Dich von dem Fluss materieller Fülle, oder des Genießens desselbigen. Wir könnten bestimmt noch viele solcher Beispiele finden, wie wir uns selber von der finanziellen Freiheit abschneiden. Die wichtigste Erkenntnis hinter allem ist die, dass Du selbst - durch Deine Gedanken - Deine Realitäten erschaffst, und zwar in allen Bereichen Deines Lebens. Die gute Nachricht daran ist, dass es demnach ebenfalls in Deiner Macht steht, die Dinge in Deinem Leben in Deinem Sinne zu verändern.

Um zu wissen, was in dem Bereich Deiner Finanzen schief-läuft, gilt es zu ergründen, welche Gefühle und Gedanken diesen Bereich blockieren. In diesem Zusammenhang ist es wichtig, dass wir versuchen, die Gedankenmuster, die hinter dem Schleier des Unbewussten in unserem Leben wirken, an die Oberfläche unseres Bewusstseins zu befördern. In dem Bereich der Finanzen und materieller Fülle geht es häu-fig um unser persönliches Verhältnis zur *Macht*. In unserer materiell ausgerichteten Welt ist Geld oftmals gleichbedeu-tend mit Einfluss, Autorität, Prestige und Stärke. Um unser Verhältnis zum Geld richtig einzuschätzen, ist es wichtig, diesen Aspekt zu berücksichtigen. Unser Verhältnis zum Geld spiegelt unser Verhältnis zu diesen Eckpfeilern der Macht wider. Wenn wir uns bei dem Gedanken an persönli-che Macht wohl fühlen, werden wir auch im Umgang mit Geld kaum Probleme haben. Menschen mit einem proble-matischen Verhältnis zur eigenen Befehlsgewalt werden so-mit auch eher unter finanziellen Problemen leiden oder ihren Reichtum nicht genießen können. Welchen Bezug wir zu Geld haben, geht also oftmals mit unserer Einstellung be-züglich unserer eigenen Macht und Stärke einher. Dies kann ganz unterschiedliche Ausprägungen und Ursachen haben. Wenn Du Dich insgeheim nach mehr Kraft und Autorität sehnst, kann es sein, dass Du dem Geld die Gabe zu-schreibst, Dir diese Macht zu verschaffen. Du glaubst, dass Dir die Leute zuhören, Dich besser behandeln oder Du die Menschen und Umstände anders beeinflussen kannst, wenn Du erst genug Geld angehäuft hast. Geld wird mit per-sönlicher Bedeutung gleichgesetzt. Hinter einem extremen Streben nach Macht und Geld steht jedoch oftmals ein tiefsitzendes Ohnmachtsgefühl, welches durch die extreme Fokussierung auf materiellen Erfolg kompensiert werden soll. Eigentlich stehen Gefühle wie Angst und Hilflosigkeit hinter dem extremen Streben nach Erfolg und Geld, die jedoch nie durch materielle Fülle geheilt werden können. Das ist auch der Grund, warum einige Menschen, die in unseren Augen alles erreicht haben, immer noch wie besessen dem Geld hinterherjagen. Sie könnten glücklich in den Sonnenuntergang tänzeln, sind aber nicht in der Lage, ihren Reichtum und noch weniger ihr Leben zu genießen. Die Gazetten sind voll mit Menschen, die reich, schön und erfolgreich sind. Aber nur die wenigsten von ihnen sind wirklich glücklich. Michael Jackson, Heath Ledger und Peaches Geldorf sind nur einige Beispiele...

Auf der anderen Seite gibt es viele Menschen, die gerade so über die Runden kommen. Selbst wenn der Erfolg zum Greifen nahe ist, passiert immer irgendetwas, das ihn verhindert. Hinter diesem Phänomen steckt oftmals die Angst, Macht zu bekommen. Wenn wir Geld und Erfolg haben, dann kann es sein, dass wir uns nicht länger in der Opferrolle verstecken können. Wie können und müssen Entscheidungen treffen, für uns und unser Leben. Hier wirkt wieder das kuriose Phänomen, dass es den meisten Menschen wesentlich schwerer fällt, im Glück zu schwelgen, als im Mittelmaß dahin zu trotten. Gerade bei Menschen, die als Kind um Liebe und Anerkennung kämpfen mussten, ist die Furcht vor finanzieller Unabhängigkeit weit verbreitet. Ein unbewusster Teil sehnt sich auch im Erwachsenenalter nach Fürsorge und Aufmerksamkeit. Unser inneres Kind, das im Allgemeinen von uns unbeachtet in unserem Unterbewusstsein wirkt, hat Angst, nie mehr die nötige Aufmerksamkeit und Fürsorge zu bekommen, wenn wir erst einmal erwachsen, unabhängig und erfolgreich sind. Wir sehnen uns insgeheim nach der nährenden Brust, die uns versorgt. Das kann soweit führen, dass dieses kindliche unbewusste Glaubensmuster unseren Erfolg boykottiert, obwohl wir uns auf der bewussten Ebene nichts sehnlicher wünschen.

Wenn Du Deine gewünschte Veränderung, das Ziel dieser Reise, im finanziellen Bereich siehst, dann schau Dir einmal ganz genau an, wo Deine Hindernisse liegen. Hinter Deinen Geldsorgen steht vielleicht, der Wunsch nach Fürsorge und Liebe und die Angst, sie nicht zu bekommen. Geld an sich hat keinerlei emotionale Funktion, sondern ist lediglich ein Tauschmittel. Wenn das Thema Geld bei Dir unangenehme Emotionen auslöst, dann ist es jetzt an der Zeit, sie Dir genauer anzuschauen. Es geht, wie fast immer, um *Bewusstheit*. Und genau das ist der Moment, in dem wir positiv auf unsere finanzielle Situation schauen können. Sie ist der ideale Spiegel, der unsere innere Einstellung in Bezug auf unsere persönliche Macht zeigt. Unsere Finanzen zeigen uns ziemlich genau, ob wir mehr an unserer Stärke arbeiten müssen oder es an der Zeit ist, uns unsere Verletzlichkeit einzugestehen und zu heilen. So oder so ist Geld ein hervorragender Lehrmeister, der uns viel über uns und unsere unbewussten Muster lehren kann. Es ist also ratsam, dass Du Dich fragst, welche vermeintlichen Risiken Du mit der Ausübung von Macht assoziierst und ihnen vielleicht unbewusst ausweichst.

In unseren Beziehungen geht es fast immer um *Vertrauen.* Damit meine ich nicht das Vertrauen in den Partner, welches auf seine Treue abzielt, sondern das *Ur-Vertrauen.* Es herrscht allgemeiner Konsens in der Entwicklungspsychologie darüber, dass in den ersten Lebensjahren die Weichen dafür gestellt werden, ob wir der Welt und den Menschen um uns herum tendenziell vertrauen oder nicht. Je mehr emotionale Sicherheit wir am Anfang unseres Lebens durch eine verlässliche, liebende und sorgende Zuwendung bekommen, desto größer und stärker ist unser Vertrauen in unsere Umgebung und unsere Beziehungen zu anderen Menschen. Das Ur-Vertrauen gibt uns also die Sicherheit, die uns im Laufe unseres Lebens dazu befähigt, uns möglichst frei von Angst mit der uns umgebenden sozialen Umwelt, aber auch mit uns selbst in der Welt, auseinanderzusetzen.

Das Ur-Vertrauen ist somit die Grundlage für das Vertrauen in verschiedene Bereiche unseres Lebens, die wiederum unsere Gefühlslage bestimmen:

a. für das Vertrauen in sich selbst, unsere Liebesfähigkeit, unser Selbstwertgefühl
   →   Gefühl der Geborgenheit
           „ich bin es wert, geliebt zu werden"

b. für das Vertrauen in andere Personen, in (Liebes-) Beziehungen, die Gemeinschaft
→ Gefühl des Sich-verstanden oder -angenommen-fühlens
   „ich vertraue Dir"
   „ich liebe und werde geliebt"

c. für das Vertrauen in das eigene Leben / das Leben allgemein, in die Welt
→ positives Lebensgefühl
   „es ist gut zu leben"

Unsere gesamten Beziehungen zu Menschen - sogar zu uns selbst - haben direkt oder indirekt mit unserem Vertrauen und der daraus resultierenden emotionalen Stabilität zu tun. Einiges haben wir schon an anderer Stelle und in zum Teil anderen Zusammenhängen erörtert. Gerade die Beziehung zu uns selbst überstrahlt so viele Bereiche unseres Lebens, dass sie uns immer wieder beschäftigen wird.

Da viele Menschen auf der Suche nach einer glücklichen Liebesbeziehung sind, wollen wir uns an dieser Stelle diesem weitverbreiteten Wunsch nach einer erfüllten Partnerschaft widmen.
Viele Probleme, die wir in Beziehungen haben, basieren auf einem Problem mit unserem Ur-Vertrauen. Das ist einer der Gründe, warum wir oftmals die gleichen Beziehungsmuster durchlaufen, auch wenn sie uns nicht glücklich machen. Wenn Du Dir eine glückliche Beziehung zum Ziel gesetzt hast, ist es demnach sinnvoll, dass Du Dir bewusst machst, wie es um Dein Ur-Vertrauen bestellt ist.

Wir alle haben unsere Verletzungen und Defizite. Es geht hier nicht um eine Bewertung, sondern um Bewusstwerdung. Es ist nicht schlimm, sich in dieser Welt unsicher zu fühlen oder sich einen anderen Menschen zu wünschen, der einem ein Gefühl der Sicherheit gibt. Es ist sogar sehr menschlich. Du solltest Dir bloß bewusst machen, welche vorherrschenden Emotionen und Gegebenheiten Dich zu dem Wunsch nach einer Beziehung bewegen. Bitte verstehe mich nicht falsch. Ich finde es völlig normal und richtig, dass wir uns selbst in einer liebevollen Partnerschaft wiederfinden möchten. Ich glaube nicht, dass der Mensch dafür gemacht ist, allein zu leben, auch wenn er es heutzutage gut kann. Ich möchte bloß darauf hinweisen, dass kein bestimmter Mensch die Aufgabe hat, Dich glücklich *zu machen*. Das Glück ist eine Lebenseinstellung. Es liegt in Deiner Verantwortung. Der Mensch, nach dem wir uns sehnen, kann und sollte uns glückliche Momente schenken, aber er kann uns kein Ur-Vertrauen geben. Er ist nicht befähigt, uns unsere Aufgabe und unseren Platz auf dieser Welt zu zeigen. Das ist Deine Aufgabe und Dein Geschenk. Es ist wichtig, dass Du im Bereich Beziehung überprüfst, welche Gedankenmuster und Glaubenssätze in Dir verankert sind. Wenn Du versuchst, durch eine Beziehung Deine eigenen Verletzungen oder Vertrauensdefizite zu kompensieren, ist die Gefahr sehr groß, dass Du unbewusst immer wieder in ähnlich unbefriedigende oder nicht funktionierende Beziehungen gerätst. Das soll Dich natürlich nicht davon abhalten, Dir einen Partner zu wünschen und eine erfüllende Beziehung als Ziel einzugeben, ganz im Gegenteil. Du solltest bloß keine zu engen Vorgaben machen. Der ideale Partner ist vielleicht genau das Gegenteil von dem, wovon Du denkst, dass es Dich glücklich macht. Eine Liebesbeziehung muss auch nicht immer einfach sein. Vielleicht wünschst Du Dir einen Menschen an Deiner Seite, der Dich auf Händen trägt, Dich verwöhnt und Dir jeden Wunsch von den Lippen abliest. Dein Innerstes hat aber eventuell ein ganz anderes Bedürfnis. Deine Seele möchte vielleicht heilen und wünscht sich insgeheim einen Partner, an dem sie wachsen kann.

Wenn Du Dir einen idealen Partner in Deinem Leben wünschst, dann solltest Du das erst einmal nicht enger definieren. Vertrau darauf, dass Du letztendlich wirklich diesen idealen Partner bekommst. Auch auf die Gefahr hin, dass er vielleicht ganz anders ist, als Du dachtest. Hier geht es im doppelten Sinne um Vertrauen: *Du musst Dein Vertrauen in das Vertrauen finden.* Obwohl ich weiß, dass ich mich wiederhole, betone ich an dieser Stelle noch einmal, dass es dieser Aussage widerspricht, wenn Du Dir einen ganz bestimmten Menschen wünschst. Die Vorstellung, dass nur ein ganz bestimmter Mensch Dich glücklich machen kann, ist Ausdruck Deines mangelnden Vertrauens in Dich und die Wunder des Lebens. Darüber hinaus ist es ohnehin unmöglich, Einfluss auf einen anderen Menschen zu nehmen, wenn er sich nicht aus seinem eigenen freien Willen zu uns hin bewegt. Der freie Wille jedes einzelnen Menschen ist unantastbar. Das gilt auch innerhalb von Beziehungen. Du kannst Deinen Partner nicht gegen seinen Willen ändern oder in eine Richtung ziehen, in die er nicht freiwillig gehen will. Du kannst durch Manipulation Deinen Partner eventuell auf Deinen Weg zwingen, aber er wird Dir niemals der treue und liebevolle Weggefährte sein, den Du Dir wünschst, wenn er die Richtung nicht selbst mitbestimmen durfte.

Falls du in einer bestehenden Partnerschaft bist, die aber nicht gut läuft, dann gilt hier dasselbe, was für alle Bereiche der *großen vier* und Dein gesamtes Leben gilt: *schau in*

Dankbarkeit auf das Gute, das Du in Deinem Leben bereits hast und überlege Dir, was Dein Ziel ist. In diesem Bereich bedeutet das in der Übersetzung, dass Du aufhören sollst, auf das zu fokussieren, was schwierig oder unangenehm an Deinem Partner oder Deiner Beziehung ist. Überlege Dir stattdessen, was Dir an Deiner Beziehung gefällt und warum Du sie aufrechterhalten willst. Du kannst den Anderen vielleicht nicht ändern, Deinen Blick auf die Beziehung aber schon. In dem Moment, wenn Du anfängst, Dich auf das zu konzentrieren, was gut und schön in Deiner Partnerschaft ist, werden genau diese Aspekte mit mehr Energie versorgt. Sie werden immer mehr Raum einnehmen. Vielleicht erst in Deinen Gedanken, aber mit der Zeit werden sich die Veränderungen Deiner Energie in Deiner Beziehung bemerkbar machen.

Auf keinem anderen Gebiet prallen so viele unbewusste Sehnsüchte, Verletzungen, Missverständnisse und magische Momente aufeinander wie in einer Liebesbeziehung. Die Liebe ist der Ort, an dem sich Seelen begegnen, aber auch Egos und verletzte innere Kinder miteinander kämpfen. Ich glaube nicht, dass es vielen Menschen möglich ist, die selbstlose ideelle Liebe, die keine Verletzungen, kein Wollen und keine Ansprüche beinhaltet, in einer Beziehung wirklich zu leben. Liebe und Beziehungen sind Prozesse. Sie entwickeln sich und zwar in die Richtung, in die sich unser Bewusstsein entwickelt. Wenn Du aufhörst, Dich mit den Wünschen, den Träumen und den unbewussten Mechanismen, die in Deinem Leben wirken, auseinanderzusetzen, dann hören auch Deine Beziehungen auf, sich zu verändern. Das ist Leblosigkeit und Stagnation, die auch die größte Liebe irgendwann in einer Art Monotonie erstickt und entzaubert. Viele Menschen merken gar nicht, wie wenig Emotionalität sie noch in ihrer Beziehung leben, und wie viel Negativität bei dem Partner abgeladen wird. Es liegt an Dir – *und erst einmal nur an Dir* –, Deine Partnerschaft in die Richtung zu lenken, in der Du mehr Glück, Leidenschaft und Liebe erwartest. Höre auf, das zu betrachten, was Dein Partner nicht gut macht, sondern konzentriere Dich auf den Kern Eurer Beziehung. Warum bist Du gerade mit diesem Menschen zusammen? Was liebst Du an ihm und an Eurem gemeinsamen Leben? Wenn Dir die Verliebtheit fehlt, dann suche sie nicht bei Deinem Partner, sondern zu aller erst in Dir selber. *Du* bist der Mensch, der die Schmetterlinge in *Deinem* Bauch spüren möchte. Es geht um Dich und Deine Einstellung zu Deiner Beziehung. Auch hier geht es wieder um Bewusstsein. Du hast eine Schöpferkraft. Erschaffe eine Vision von der Beziehung, die Du mit Deinem Partner führen möchtest auf Grundlage der schönen Momente, die Euch verbinden.

3. Körper

Der körperliche Bereich lässt sich in zwei verschiedene Gebiete untergliedern: die *Gesundheit* und unsere *physische Erscheinung*, also unsere Figur. Es geht demnach grob gesagt um das Innere unseres Körpers und um seine äußere Erscheinung. Wie so oft ist auch in diesem Bereich unsere Seele mit von der Partie, auch wenn Du Dir vielleicht nur einen flacheren Bauch oder mehr Haare wünschst.

Der österreichische Arzt und Psychotherapeut Alfred Adler, der sich als Weggefährte Sigmund Freuds intensiv mit der

Psyche des Menschen auseinandersetzte, postulierte das Zusammenspiel von Physis und Psyche. Im Rahmen seiner ärztlichen und psychotherapeutischen Tätigkeit entdeckte er, dass bei jeder Lebensäußerung des Menschen körperliche und seelische Vorgänge immer gemeinsam wirksam sind. Sie bilden eine unteilbare Einheit, das Individuum.

Alfred Adler (1870-1937)

Ähnlich wie im finanziellen Bereich geht es häufig um Kompensation, wenn wir in diesem Bereich Probleme haben. In unserer heutigen Zeit sind es Autoren wie Ruediger Dahlke, Thorwald Dethleffsen oder Louise L. Hay, die den direkten Zusammenhang zwischen Seele und Körper aufzeigen. Die ersten beiden Autoren sehen die *„Krankheit als Weg"* (so der gleichnamige Titel ihres Buches). Der Körper nimmt die Krankheit als Mittel, um auf einen seelischen Missstand hinzuweisen. Ihnen zufolge haben alle Symptome eine spezifische inhaltliche Bedeutung. Sie spiegeln ein seelisches Thema des Kranken wider. Louise L. Hay gilt als eine der bedeutendsten spirituellen Lehrerinnen unserer Zeit. Sie ist eine Pionierin in Bezug auf die Darstellung und Heilung von Krankheitsbildern in Zusammenhang mit dahinterliegenden seelischen Konflikten. Sie entwickelte in den achtziger Jahren das erste psychologische Programm zur Aktivierung der Selbstheilungskräfte bei Schwerstkranken. In der jahrtausendealten traditionellen chinesischen Medizin (TCM) ist die Umwandlung der Lebensenergie, des Qi, als treibende Kraft für alles verantwortlich, was in unserem Körper geschieht. Nach Auffassung der östlichen medizinischen Lehren ist jede Krankheit auf eine energetische Störung zurückzuführen. Auch hier ist Krankheit Ausdruck einer fehlenden Harmonie, die außerhalb des Körpers ihren Ursprung hat und sich erst bei fortlaufender Missachtung als Krankheit manifestiert.

Auch ich bin davon überzeugt, dass Krankheiten immer Hinweise dafür sind, dass wir in unserem Leben etwas verändern sollten. Falls Du Dir in Deinem körperlichen Bereich eine Veränderung zum Guten wünschst, solltest Du Dinge überdenken und neue Wege gehen. Aber keine Sorge: indem Du dieses Buch in der Hand hältst und bereits bis zu dieser Stelle gelesen hast, ist eine Veränderung zum Guten bereits in vollem Gange. Ich habe schon im ersten Teil des *Switch Codes* geschrieben, dass der Körper an sich nur eine Ansammlung von Zellen ist und innerhalb kürzester Zeit zu Staub zerfällt. Erst durch die Seele und den Geist, der den Körper bewohnt, wird der Mensch zum Leben erweckt. Der Körper ist ein wunderbares Konstrukt mit unfassbar wundervollen Abläufen. Es ist ein *Gesamtkunstwerk* in höchster Vollendung. Mir kommt es manchmal fast ein bisschen schizophren vor, dass auf der einen Seite fast alle Abläufe die im Inneren unseres Körpers stattfinden, die sich völlig unseres bewussten Eingreifens entziehen. Wir können z.B. die Zellteilung, die Verteilung der Nährstoffe, unseren Blutkreislauf, unsere Alterungsprozesse und selbst unsere Atmung nur sehr bedingt und kaum relevant beeinflussen, geschweige denn uns dem Tod entziehen. Auf der anderen Seite ist der Körper ohne unser Bewusstsein nur eine traurige leere Hülle. Allein aus dieser Tatsache ergibt sich die Ableitung, dass es auf jeden Fall ein Zusammenspiel zwischen Bewusstsein und Körper auch in Bezug auf Krankheiten geben muss. Dabei glaube ich, wie andere auch, dass das Wort *Krankheit* im üblichen Sinne als Abwesenheit von Gesundheit irreführend ist. Wir reden heutzutage völlig selbstverständlich von *Krankheiten*, obwohl das Wort Krankheit nur singulär verwendbar ist. Du sprichst doch auch nicht von *„Gesundheiten"*, oder? Krankheit und Gesundheit beziehen sich eigentlich auf den Zustand des Menschen und nicht, wie heute im allgemeinen Sprachgebrauch üblich, auf bestimmte Teile und Organe des Menschen. Dadurch wird das Gesamtbild verzerrt. Gerät ein Mensch in seinem Bewusstsein ins Ungleichgewicht, so wird dies in seinem Körper als Symptom sichtbar. Er ist krank. Das Symptom ist aber nicht die Krankheit, sondern nur sein Ausdruck. Die Krankheit findet auf der Bewusstseinsebene statt, während das Symptom auf der Körperebene angesiedelt ist. Wenn der Arzt, wie heute allgemein üblich und auch von vielen gewünscht, jetzt das Symptom mit der Krankheit gleichsetzt, kann wirkliche Heilung gar nicht stattfinden, da die Ursache, die ja auf der Bewusstseinsebene liegt, nicht geheilt wird. Im Gegenteil: Das Symptom leuchtet wie ein rotes Lämpchen und zieht unsere Aufmerksamkeit auf sich. Es stört uns und blinkt und tönt womöglich noch laut. Wir gehen also mit

Recht zum Arzt und wollen, dass es aufhört. Wir bekommen also Medizin und Therapie gegen das Symptom, aber überhören dabei völlig, was uns unserer Körper auf höherer Ebene mitteilen wollte. Dabei ist es ein bisschen vergleichbar mit der Kontrollleuchte im Auto. Wir sind irritiert über die blinkende Lampe und fahren in die Werkstatt. Dort wird das Lämpchen rausgedreht, so dass es uns nicht weiter irritieren kann und wir fahren fröhlich weiter, ohne zu wissen, was eigentlich kaputt ist. Wir wundern uns, dass wir in immer kürzeren Abständen und mit immer schwerwiegenderen Folgen liegen bleiben. Du sollst mich dabei bitte nicht falsch verstehen. Es geht mir nicht darum, eine bestehende Krankheit herunterzuspielen oder die Schulmedizin zu verteufeln. Ich sage nur, dass wir es hier mit verschiedenen Ebenen zu tun haben, die gerne miteinander vermischt werden. Medizin ist eine funktionale Maßnahme, die notwendig ist. Sie ist an sich nicht schlecht. Um zu verdeutlichen, was ich meine, nehmen wir einmal an, Du leidest an einer sich immer verschlimmernden chronischen Krankheit oder wiederkehrenden anderen körperlichen Problemen, wie auch Über- oder Untergewicht. Jetzt wäre es an der Zeit, dass du überlegst, welche Probleme auf der Bewusstseinsebene dahinterstehen könnten. Gerade Übergewicht ist ein Indiz für innere Konflikte. Selten hatte eine so große Anzahl der Weltbevölkerung, eine derart große Auswahl an verschiedenen Lebensmitteln zur Verfügung. In den Industrienationen kann fast jeder Mensch bestimmen, was und wieviel er essen mag. Leider führt die massive industrielle Verarbeitung unserer Lebensmittel und die enorme Auswahl an Produkten paradoxer Weise zu Fehl- und Mangelernährung. Zivilisationskrankheiten wie Diabetes, Übergewicht und Adipositas, Herz-Kreislauferkrankungen, Allergien und viele andere mehr, sind unter anderem auf falsche Ernährung zurückzuführen. Auf der anderen Seite war die Auswahl an gesunden, kalorienarmen und kontrollierten Lebensmitteln noch nie so groß wie heute. Wir können selbst bestimmen, was und wie wir essen. Unser Essen an sich macht weder dick noch krank. Es sind demzufolge die ungesunden Mechanismen, die hinter der Bühne unseres Verstandes ablaufen, die Dich übertrieben oft zum Sahnetörtchen greifen lassen.

Es geht mir an dieser Stelle darum, Dich zu ermuntern, den Vorhang zu lüften. Befreie Dich aus den negativen Mustern, die sich als Probleme in und um Deinen Körper zeigen können. Du musst nicht alles verstehen, was sich hinter den Schranken Deines Bewusstseins abspielt. Es reicht, wenn Du jetzt beschließt, den Fokus von dem, was in Deinem Körper nicht gut läuft, zu nehmen. Richte ihn stattdessen auf das, was Du Dir wünschst. Im Klartext heißt das, dass Du aufhören sollst, an Krankheit oder Deine körperlichen Makel zu denken. Konzentriere Dich stattdessen auf das Gegenteil, nämlich Gesundheit und Deine Einzigartigkeit, die immer faszinierend und schön ist! Dein Körper und Dein Geist sind in unendlicher Harmonie miteinander verbunden. Sie sind das Vehikel und der Motor für die Reise Deines Lebens. Es liegt jetzt an Dir, die Richtung und das Ziel zu bestimmen. Du hast bis bereits so viel über die Mechanismen des Lebens erfahren. Wende sie jetzt bei Dir an.

Jeder Mensch hat Gesundheit und Schönheit in sich. Das ist unsere Natur, unsere Grundeigenschaft. Unser Körper ist ein wunderbares Instrument und unsere Psyche gibt die Melodie vor, die es spielt. Wenn Dir nicht gefällt, was Du gerade hörst, dann ändere die Musik. Es liegt an Dir. Jeder Mensch kann schöne Merkmale seiner Einzigartigkeit bei sich entdecken. Dinge, die er mag und für die er Dankbarkeit empfinden kann. Finde diese Attribute und stelle sie in den Vordergrund. Denke immer und immer wieder an die positiven Aspekte Deines Körpers und bringe die ungesunden Stimmen zum Schweigen. Du wirst sehen, wie sich nach und nach alles verändert, und Du immer mehr Schönheit in Dir entdecken wirst. Selbst wenn Du gerade sehr krank sein solltest, versuche nicht zu zweifeln, sondern die kleinen Lichtblicke zu feiern. Denke nicht an Krankheit, sondern an Deine Gesundheit, an die Dinge, die Du machen, denken und sagen kannst. Male Dir aus, wie es sein wird, wenn Du wieder ganz gesund bist. Gib den Ängsten so wenig Raum wie möglich. Du bekommst immer mehr von dem, was Deine Energie bekommt. Auch hier geht es wieder um Vertrauen in das Leben und vor allem um die Liebe. Die Liebe zu Dir selbst und in das Leben. In unserem Körper können wir das Leben in jedem Augenblick spüren. Wir fühlen Kälte und Hitze, Liebe und Ablehnung, Schmerz und Freude. Es ist unser eigenes Universum, nur für uns gemacht, und gleichzeitig auch das Gefährt, welches uns durch unser Leben chauffiert. Es ist unser Körper, der uns einen Platz auf dieser Welt zwischen all den anderen Menschen einnehmen lässt. Wir kommunizieren mit Hilfe unserer Körperfunktionen und können mit ihm Liebe geben und empfangen. Unser Körper bedeutet Leben. Allein aus diesem Grund solltest Du einmal Dein Verhältnis zu Deinem Körper überdenken. Nimmst Du ihn wirklich als das wundervolle Gefäß Deiner Seele wahr, ohne das Du nicht auf dieser Welt sein würdest? Körper und Geist sind die perfekte Harmonie, um Dich in dieser Welt *sein* zu lassen.

Mit der Aufgabe ist der Bereich des Lebens gemeint, mit dem wir uns in dieser Welt hauptsächlich zeigen und beschäftigen. Für die meisten Menschen ist es ihre berufliche Tätigkeit, der sie die meisten Tage der Woche nachgehen, aber es kann auch ein anderes Tätigkeitsfeld sein, mit dem Du Deine Zeit verbringst. Laut Wikipedia ist ein Beruf *die im Rahmen einer arbeitsteiligen Wirtschaftsordnung aufgrund besonderer Eignung und Neigung systematisch erlernte, spezialisierte, meistens mit einem Qualifikationsnachweis versehene, dauerhaft und gegen Entgelt ausgeübte Betätigung eines Menschen.* Leider spiegelt diese Definition nicht den Arbeitsalltag vieler Menschen wider, da nicht jeder Mensch die Möglichkeit hat, seiner Eignung und seiner Neigung entsprechend arbeiten zu können. Unsere Arbeitswelt hat sich in den letzten Jahrzehnten dramatisch verändert. Das Rad dreht sich im Laufe des beruflichen Lebens immer schneller und viele fühlen sich in einer Art Hamsterrad gefangen. Der Job ernährt, aber er nährt nicht. Selbst wenn am Anfang des Berufslebens die Neigung und die Freude am beruflichen Aufstieg (zusammen mit der finanziellen Sicherheit) eine Art Befriedigung bietet, sehe ich doch bei vielen Menschen, die über Jahre im Berufsleben sind, große Ermüdungserscheinungen. Im Vergleich zu früheren Generationen, haben wir heutzutage viel mehr berufliche Möglichkeiten. Trotzdem gibt es nur Wenige, die wirklich glücklich in ihrem Berufsleben sind. Als Konsequenz sind viele Arbeitnehmer von einer latenten Zukunftsangst, Überforderung und Langeweile in ihrem tagtäglichen beruflichen Kampf geplagt. Diejenigen, die keine feste Arbeit haben, rennen zwar nicht in dem Rad der Leistungsgesellschaft, müssen jedoch mit Gefühlen der Minderwertigkeit, finanziellen Sorgen und gesellschaftlicher Ausgrenzung kämpfen. Obwohl wir in Zeiten sozialer Absicherung leben, gibt es nur Wenige, die wirklich ihrer Berufung folgen können. Nur wenige Menschen unserer westlichen Arbeitsgesellschaft haben das Privileg, in ihrer hauptsächlichen Tätigkeit aufzugehen und sich selbst als individuellen Menschen beruflich zu verwirklichen.

In diesem Bereich der *Big 4* ist es egal, zu welcher Gruppe Du in diesem Moment Deines Lebens gehörst. Es geht nicht darum, ob Du eine lukrative Arbeit hast oder ob Du arbeitslos, Rentner oder Hausfrau bist. Es geht darum, dass Du Dir auch in diesem Bereich bewusstwirst, wie es Dir mit dem, was Du tust bzw. nicht tust, geht. Bist Du glücklich mit Deiner Tätigkeit, Deiner täglichen Aufgabe für Dich und die Gesellschaft? Wenn Du es nicht bist, dann gilt es auch in diesem Bereich herauszufinden, welche Muster im Hintergrund Deiner Unzufriedenheit in Bezug zu Deiner Aufgabe ablaufen. Was fehlt Dir, wenn Du auf Dich und Deine täglichen Aufgaben schaust? Ist es die finanzielle Anerkennung? Ist es die Freude? Ist es die Arbeit an sich oder das Arbeitsumfeld? Zeiten befristeter Verträge und Schließung ganzer Geschäftszweige schaffen neue Ängste. Sie sind durchaus berechtigt, und deshalb gestatten wir es uns kaum, ehrlich zu hinterfragen, wie wir uns mit unserer Aufgabe fühlen. Aber damit wir ein Ziel benennen können, das wir in diesem Bereich erreichen wollen, ist es wichtig, dass wir uns genau diese Fragen stellen und sie ehrlich beantworten. Ist die Identifikation mit unserem Beruf, unserem Unternehmen oder auch mit unserer Rolle jenseits des Arbeitsmarktes sehr stark, fällt es uns sehr schwer, frei zu formulieren, was wir am liebsten machen würden, wenn wir uneingeschränkt die

Möglichkeit dazu hätten. Aber genau das ist der Punkt. Es gilt herauszufinden, welche Aufgabe Du für Dich in Deinem Leben spürst. Wenn wir rein funktional und rational unser tägliches Tun beurteilen, fallen unsere individuellen Wünsche und Ziele sehr schnell dem gesellschaftlichen Druck zum Opfer. Wir werden zu Marionetten einer vermeintlichen Arbeitsrealität, die tagtäglich ein wenig an unserer Seele nagt. Wir geben unser Selbst auf, indem wir uns mit unserer beruflichen Position identifizieren oder uns einem Arbeitsalltag verschließen. Beides hat weitreichende Konsequenzen, sowohl für uns als auch für unser Umfeld.

Es bleibt also die Frage, wie wir unser ganz individuelles Selbst nicht vernachlässigen und in unserem Leben Ausdruck verleihen können, ohne uns vor den Anforderungen unserer materiell ausgerichteten Welt und der Gesellschaft zu verstecken. Das ist in der Tat eine schwierige Aufgabe und als Frage nicht ganz leicht zu beantworten. Jeder Mensch ist verschieden. Wir Alle haben ganz unterschiedliche Bedürfnisse in Bezug auf Sicherheit und Wohlstand. Ich rate demzufolge niemanden dazu, seinen sicheren Job zu kündigen und nackt um ein Feuer zu tanzen. Ich fordere Dich hingegen auf, Dich zu fragen, wie es mit der Freude in Deinem täglichen Dasein bestellt ist. Bist Du zufrieden mit dem, was du täglich tust? Du musst nicht Dein Leben komplett umkrempeln, um dem Ruf Deiner Bestimmung zu folgen. Aber es ist schon lohnenswert, dass Du Dein Ohr auf die Frequenz ausrichtest, auf der Du diesen Ruf überhaupt empfangen kannst. Das bedeutet, dass Du Dich ehrlich fragst, ob es Dir Freude macht, wie Du Dein tägliches Leben gestaltest. Oder gibt es vielleicht Dinge in Deinem Leben, die Du gerne machen würdest, Dir aber aus rationalen Gründen nicht gestattest?

Nehmen wir zum Beispiel an, dass Du gerne eine Karriere auf der großen Leinwand gehabt hättest, aber Dein Leben in eine andere Richtung verlaufen ist. Du übst nun einen eher unglamourösen langweiligen Beruf aus, der Dich nicht befriedigt. Du musst an dieser Stelle nicht Deinen Job kündigen und den Hafen Deiner finanziellen Sicherheit verlassen. Du kannst Dich aber fragen, ob es nicht vielleicht an der Zeit ist, dass Du nebenberuflich Theater spielst oder Dich einer Laienspielgruppe in Deiner Stadt anschließt. Oder vielleicht bist Du auch seit längerer Zeit auf der Suche nach einem Job. Dann solltest Du Dich an dieser Stelle von den Ängsten und dem Gefühl des Nicht-gewollt-seins befreien. Nutze die Zeit, um Dir darüber klar zu werden, wie Deine ideale Tätigkeit aussehen könnte. Geh auf Entdeckungsreise zu Deiner wahren Bestimmung, anstatt Dich im Karussell eines sich immer schneller drehenden Arbeitsmarktes aufzugeben. Wenn Du eine Aufgabe nur wegen der finanziellen Sicherheit ausübst, obwohl sie Dich auf menschlicher und seelischer Ebene nicht befriedigt, dann wirst Du dafür irgendwann einen Preis zahlen. Unter Umständen ist dieser vielleicht viel höher als aller materielle Wohlstand. Aber Vorsicht! Nichts tun ist keine Alternative. Wenn Du aufgibst und Dich lethargisch auf dem Sofa liegend Deinem Schicksal ergibst, dann wird das Dich nicht in den Hafen der Glückseligkeit führen. Das sind vielleicht harte Worte und Du magst Dich an dieser Stelle fragen, was denn die Wahlmöglichkeiten sein mögen, aber ich sage Dir, dass es darum nicht geht. Es ist an dieser Stelle wichtig, dass Du Dir bewusstwirst, wer Du bist und wo Du in Deinem

Leben hinmöchtest. Ich sage Dir nicht, dass Du irgendetwas falsch gemacht hast und Du morgen Dein Leben komplett auf den Kopf stellen sollst. Mache Dir lediglich bewusst, ob Du das, was Du machst, gerne tust. Frage Dich, ob Du bei Deiner täglichen Aufgabe, wie immer sie auch aussehen mag, dieses Fünkchen Genugtuung oder Freude verspürst.

Ein erster Schritt in die Veränderung ist es, dass Du die Verantwortung für Deine momentane Lage übernimmst. Du hast die Situation, in der Du Dich gerade befindest, selbst erschaffen. Und Du kannst sie auch verändern. Ein erster Schritt ist es, dass Du Deine Situation akzeptierst und den Widerstand aufgibst. Auch wenn Du Deinen Job vielleicht momentan nicht besonders magst, dann versuche trotzdem, Dich nicht über ihn zu beklagen. Bemühe Dich vielmehr, positive Aspekte zu finden und sei es nur die materielle Sicherheit, die er dir bietet, die eine nette Kollegin oder Dein Lieblingsnachtisch in der Kantine. Je mehr Achtung Du Deiner momentanen Aufgabe entgegenbringst, desto mehr Achtung zollst du dementsprechend Dir selber. Außerdem wird eine positive Ausrichtung auf Deine momentane berufliche Situation eine Veränderung in eine bessere und individuellere Aufgabe erleichtern, da mehr positive Energie in diesen Bereich fließt. Das Gleiche gilt natürlich, wenn Du momentan nicht aktiv am Berufsleben teilnimmst und unzufrieden mit Deiner momentanen Situation bist. Versuche, Dich wieder auf das Leben und seine Möglichkeiten einzulassen. Wir alle sind wertvolle Wesen. Du bist bereits Teil dieser Welt, auch wenn Du Dich vielleicht gerade vom Leben abgeschnitten fühlst. Gerade wenn es momentan nicht besonders lustig in Deinem Leben zugeht und Du Dich nach einer Aufgabe sehnst, die es Dir erlaubt, Dich auszuleben, liegt es in Deiner Verantwortung, einen Schritt auf das Leben zuzumachen. Ich verspreche Dir, es wird Dich mit offenen Armen empfangen.

In der Ausgleichstabelle der 4 Hauptbereiche auf der folgenden Seite habe ich Dir die Big 4 noch einmal in einer Übersicht zusammengestellt. Ihnen sind ihre Hauptmerkmale und die widersprüchlichen Emotionen zugeordnet, die zu einem eigenen Spannungsbereich führen. Aus ihnen ergeben sich mögliche Zielvorgaben, die wiederum das Endziel definieren.

Wenn wir uns unserer inneren Muster gewahr werden, dann ist Heilung möglich. Indem wir uns die Bereiche genauer ansehen, in denen wir unsere Schwierigkeiten haben, sind wir schon auf dem besten Wege, sie zu verändern. Du bist nur noch ein Augenzwinkern davon entfernt, Deine eigene Schöpferkraft zu erleben und Dein Leben in den Bereichen zu verändern, in denen Du Dir Veränderung wünschst.

Übersicht: Ausgleichstabelle der 4 Hauptbereiche

Bereich	Hauptmerkmal	Spannungsbereich	Zielvorgabe	Endziel
Finanzen	Macht	Stärke Machtmissbrauch ↕ Verletzlichkeit	Finanzielle Sicherheit Finanzielle Freiheit Erfolg	Fülle Glück
Bezie- hungen	Vertrauen	Angst vor Bindung ↕ Symbiose	Liebe Geborgenheit Emotionale Stabilität Emotionales Wachstum	Liebe Glück
Körper	Harmonie	Physis ↕ Psyche	Gesundheit Aktivität	Selbstliebe Glück
Aufgabe	Ausdruck	Selbstaufgabe ↕ Verweigerung	Anerkennung Freude Einzigartigkeit	Kreativität Glück

Es ist immer wieder ein wichtiger und fundamentaler Schritt, dass Du Dir Dein Leben genau anschaust. Wir haben gesehen, dass sich in einem Bereich Schwierigkeiten zeigen können, obwohl es sich nur um eine Symptomatik handelt. Darunter sind ganz andere Mechanismen und Denkmuster für die Probleme verantwortlich. Meistens wirken ähnliche Glaubensmuster in mehreren Bereichen oder ziehen sich als sogenannter *Roter Faden* durch Dein Leben. Betrachte und überprüfe an dieser Stelle alle Bereiche in Deinem Leben. Sei dabei so bewusst und ehrlich, wie es Dir möglich ist. Es kann sein, dass Du dann feststellst, dass Du ganz allgemein Dein Leben verändern möchtest. Dann ist es eine gute Alternative zu den Big 4, Dich gleich auf das Größte und Beste überhaupt zu konzentrieren: *Das Glück!* Glück gehört in jedem der Bereiche zu dem Endziel eines jeden Aspekts Deines Lebens.

Wenn Du *Glück* als Endergebnis Deiner Reise eingibst, dann sind viele Dinge, die Dich glücklich machen, automatisch impliziert. Wenn Du *Glück* als Ziel wählst, werden sich viele positive Veränderungen in Deinem Leben ergeben *müssen*. Materielle Wünsche, gute Beziehungen, Gesundheit und Freude werden als Konsequenzen Deines gewählten Endergebnisses in Dein Leben treten, ohne dass Du sie Dir konkret zum Ziel gesetzt hast. Wenn Du Dein Herz ehrlich öffnest, Dir Deiner eigenen Begrenzungen bewusst bist und sie überwindest, wird das Universum dafür sorgen, dass Du glücklich bist. So will es das Gesetz.

Leider gibt es aber auch hierbei eine Klippe, die es zu umschiffen gilt. Viele Menschen sprechen, wenn Sie vom Glück
reden, von ihren Sehnsüchten. Also von ihrem *Sehnen* und
ihren *Süchten*. Beides ist nicht die Definition von Glück! E-
her das Gegenteil. Wenn wir von unseren Sehnsüchten
sprechen und uns in sie hineinfühlen, konzentrieren wir uns
auf das, was wir im Leben *nicht* haben. Wir sehnen uns nach
dem idealen Partner, nach unserer Villa am Meer, unserem
Wunschkörper oder beruflicher Anerkennung. Kurzum, wir
fokussieren uns auf alles das, was wir gerade schmerzlich
in unserem Leben vermissen oder ändern wollen. Wenn wir
uns auf unsere Sehnsucht konzentrieren, dann laden wir
diesen Mangel mit Energie auf und nicht die Fülle. Und was
passiert dann? Genau. Wir bekommen noch mehr von dem,
was wir eigentlich nicht wollen: Mangel!

Anders verhält es sich, wenn Du an Dein Glück denkst und
nicht an die Abwesenheit von bestimmten Dingen. Es ist
nicht leicht, aber Du kannst Dich jetzt schon glücklich und
reich fühlen, auch wenn es dafür noch keinen bestimmten
Grund gibt. Dieses Gefühl des Glücklichseins ist eine komplett andere Energie als die traurige Melancholie der Sehnsucht. Probiere es ruhig mal aus:

☞ **Übung 1:**

Suche Dir einen ruhigen Ort, an dem Du für einige Augen-
blicke völlig ungestört sein kannst oder besuche Dein
Switch Home. Denke dann an Deine Sehnsüchte. Denke
an alles das, was Du in Deinem Leben vermisst und was
Du gerne hättest.

Ich bin davon überzeugt, dass Du Dich nicht besonders gut
fühlen wirst. Die Sehnsucht wird nicht weniger werden, da
Du das, nach dem Du Dich sehnst, nur noch schmerzlicher
vermissen wirst. Du wirst Dich vermutlich klein und traurig
fühlen, da Dir bewusstwird, was in Deinem Leben fehlt.

Dann atme ein paar Mal kräftig aus und denke dabei, dass
Du mit jedem Ausatmen Deine Traurigkeit und Dein *Nicht
Haben* loslässt. Wenn Du dann das Gefühl hast, dass Du
Deine Sehnsüchte wieder losgelassen hast, kannst Du mit
der zweiten Übung weitermachen, ansonsten lass Dir Zeit
und mache sie zu einem anderen Zeitpunkt.

☞ **Übung 2:**

Geh wieder zu dem Ort, an dem Du Dich wohlfühlst und an dem Du ungestört bist. Mach es Dir bequem und stell Dir Dich in einem glücklichen Leben vor. Was machst Du? Wie lebst Du? Mit wem und wie verbringst Du Deine Zeit? Wie siehst Du aus? Versuche, das Glück zu fühlen. Kreiere in Deiner Vorstellung ein perfektes Szenario in dem Dein Glück uneingeschränkt im Vordergrund steht. In dieser Gedankenwelt gibt es keinen Mangel. Du kannst alles sein und alles haben. Vermutlich wirst Du feststellen, dass Du viel weniger zum Glücklichsein brauchst, als Du gedacht hast. Vielleicht erkennst Du mit etwas Übung, dass es vielleicht ganz andere Dinge, Orte und Menschen sind, die Dich glücklich machen, als Du am Anfang rein rational gedacht hast. Träume und male Dir Dein glückliches Leben in schillernden Farben aus. Wichtig dabei ist Dein *Gefühl* von Glück. Versuche, die Freude zu spüren, die Du fühlst, wenn Du glücklich bist. Bemerkst Du, wie Du beginnst zu lächeln? Dieses Lächeln und diese Freude sind der Motor für Deine Reise ins Glück!

Es geht immer darum, sich gut zu fühlen. Natürlich gibt es viele Momente und Situationen im Leben, in denen wir uns nicht glücklich fühlen, nicht einmal zufrieden, sondern unglücklich und verlassen. Das bestreite ich gar nicht. Aber ich möchte betonen, dass der Weg zu einem glücklicheren Leben in der Entscheidung für das persönliche Glück liegt. Und diese Entscheidung liegt ganz allein bei Dir. In jedem Augenblick kannst Du Dich entscheiden, ob Du Dich in unglücklichen Gedanken und melancholischen Sehnsuchtsgefühlen verlieren willst, oder ob Du einfach mal loslässt und

Deinem Gefühl von Freude und Glück den Vortritt vor Deiner Ratio gibst. Es geht schlichtweg darum, dass Du den Fokus verlagerst und versuchst, Dich ein klein wenig besser zu fühlen. Betrachte nicht das, was ist, sondern fühle Dich in das hinein, was Du Dir wünschst. Was würdest Du Dir wünschen, wenn Du keinerlei Beschränkungen hättest? Was macht Dich glücklich?

Glücklich sein beinhaltet alles, was Du Dir wünschst. Du denkst nicht an Glück, wenn Du Dich krank, arm, einsam und hoffnungslos fühlst. Wenn Du an Dich und Dein Glück denkst, dann geht es Dir gut. Du hast Freude und Fülle aller Art in Deinem Leben. Du hast Freude an dem, was Du tust, fühlst Dich wohl, wo Du bist, hast keine Angst vor dem, was kommt. Du bist einfach glücklich. Du lebst im Augenblick und genießt das Leben. Alle anderen Wünsche, sei es der Sportwagen oder der ideale Partner, sind nur die einzelnen Puzzleteile von dem Bild, das wir von einem glücklichen Leben haben. Warum willst Du Teil für Teil in Deinem Leben manifestieren, wenn Du gleich das Ganze haben kannst? Glück und der Zustand des Glücklichseins beinhalteten alles, was Du brauchst, um wahrhaftig glücklich zu sein.

Glück ist also der Zustand, auf den Du Dich fokussieren sollst. Zu weit hergeholt? Zu übertrieben? Nein! Es ist unser aller Recht, glücklich zu sein. Es ist sogar noch mehr: Es ist unsere Bestimmung! Kein Mensch ist dazu auserwählt worden, unglücklich zu sein. Leider ist unser globales und kollektives Denken immer noch so archaisch und negativ, dass es leider viele Menschen gibt, die ganz andere Sorgen und Nöte haben, als sich mit der Manifestation ihres Glückes zu beschäftigen. Es gibt ganze Landstriche, die von Krieg, Gewalt und Hunger gezeichnet sind. Aber alle Menschen haben ein Recht, in den Wandel zum Glück und der Freude mit einbezogen zu werden. Es ist kein Egoismus, wenn Du Dir hier und jetzt ein glückliches und reiches Leben erschaffst. Im Gegenteil. Ich denke dabei an die Instruktionen der Flugbegleiter bei Antritt des Fluges. Wenn Du schon einmal geflogen bist, dann kennst Du die Stelle, an dem der Gebrauch der Sauerstoffmasken demonstriert wird. Das Flugpersonal zeigt den Fluggästen die Sauerstoffmaske, die im Falle eines Druckverlustes aus der oberen Verblendung fällt. Es demonstriert ihre Anwendung mit den mahnenden Worten, zunächst sich selbst die Maske aufzusetzen. Erst im erst Anschluss, wenn wir selber gut versorgt sind, werden wir aufgefordert, unseren Mitreisenden zu helfen. Ich finde, dies ist ein schönes Beispiel, das zeigt, dass es niemandem etwas nutzt, wenn beide - um Atem ringend - handlungsunfähig in der Ecke liegen. Erst durch die Eigenverantwortung kommen wir in die Lage, Verantwortung nach außen zu zeigen. Der Frieden und das Glück des Einzelnen bestimmt das Glück aller. Indem wir Begünstigten der westlichen Industrienationen uns auf den Weg zu unserer eigenen freudvollen Bestimmung machen, verändern wir die Welt. Du kannst nicht die absolute Schöpferkraft und Göttlichkeit in Dir entdecken, ohne sie auch in jedem anderen Menschen zu erkennen. So wie sich Dein Selbstbild und Weltsicht verändert, so verändert sich dann auch die Welt.

Zielformulierung

Wir haben gesehen, dass es besser ist, das Endergebnis eher offen zu halten. Je konkreter Du Dein Ziel formulierst, desto mehr beschneidest Du das Universum, bestmöglich in Deinem Leben zu wirken. Wenn Du Dir einen liebevollen Partner wünschst, dann wünsche Dir einen liebevollen Partner, aber verzichte darauf, eine bestimmte Person haben zu wollen. Das funktioniert nicht, da wir zwar alle die Möglichkeit haben, unsere eigenen Wünsche in unserem Leben mit Hilfe des *Switch Codes* zu verwirklichen, aber wir haben keine Macht über andere Menschen. Du musst dem Universum und den Gesetzen des Lebens Raum geben, damit sie ihre Wunder in Deinem Leben vollbringen zu können. Je größer die Varianz Deiner Zielvorgabe, desto wundersamer wird Deine Reise. Versprochen!

Egal, ob Du nun Glück als Endergebnis anstrebst oder lieber Einzelbereiche separat in Deinem Leben *switchen* möchtest, Du musst Dein Ziel klar formulieren:

Gegenwartsform

Da wir in der Gegenwart, als einzige Zeit, die uns zur Verfügung steht, unsere Zukunft bestimmen, wird das erwünschte Ziel immer in der Gegenwartsform formuliert. Indem Du die Schritte des *Switch Codes* befolgst und Dein Endergebnis mit aller Macht in die Welt schießt, wird sich Deine Zukunft verändern. Es ist unausweichlich, da sich alle Mechanismen des Lebens in Bewegung setzen. Es werden die Dinge in

Dein Leben gezogen, die zur Erfüllung des Endzieles führen.

Benutze nicht die Formulierungen *„ich wünsche mir..."* oder *„es wäre schön..."*, da Du damit das Endergebnis als noch nicht existent beschreibst. Du verlagerst das Ziel in die Zukunft und die Manifestationsregeln können nicht greifen. Das Universum würde darauf in etwa so reagieren:

„Klar wäre es schön, wenn xy passiert" oder „Es ist ja prima, dass Du Dir xyz wünschst. Träum ruhig weiter. Du kannst mir ja Bescheid sagen, wenn Du mal einen Auftrag für mich hast..."

Du musst Deine Zielaussage so formulieren, als sei sie bereits eingetroffen oder Dein erwünschtes Endergebnis zumindest unaufhaltsam auf dem Weg zu Dir.

Ich-Form

Du es bist, der Deine Zielaussage trifft und es geht um Dein Leben. Daher empfehle ich Dir, Dein Endergebnis in der Ich-Form zu formulieren. Du hast die Absicht, bestimmte Bereiche Deines Lebens jetzt zu ändern. Es ist allein Deine Entscheidung, wo Dich die kosmischen Gesetze hinführen sollen. Ich denke, dass aufgrund dieses Hintergrundes die Ich-Form die meiste Kraft und Macht hat. Falls Du Dich jedoch mit dem „Ich" in Deiner Zielformulierung unwohl fühlen solltest, probiere ruhig andere Worte aus. Wichtig ist hierbei, dass Du Dir im Vorfeld bewusstmachst, warum Du die Ich-Form austauschen möchtest. Ist es einfach, dass Dir die Formulierung nicht gefällt, dann ist alles gut. Du kannst in dem Fall gerne Deinen Vornamen oder *Hasimausi* einsetzen. Oftmals ist es aber so, dass wir aus anderen Gründen eine klare Ich-Botschaft scheuen. Es wird als eine Art egoistischer Akt gedeutet, sich an die erste Stelle zu setzen. Wenn es Dir unangenehm ist, Aussagen aus der Ich-Perspektive zu treffen, rate ich Dir, nochmals zu analysieren, welche begrenzenden Muster in Dir wirken. Manchmal halten uns alte Glaubensmuster davon ab, unsere Absichten mit göttlicher Selbstsicherheit der Welt und dem Universum kundzutun. Du bist ein so mächtiges Geschöpf Gottes, ausgestattet mit Bewusstsein und Gefühl, dass Du Dein Leben komplett aus den Angeln heben könntest. Recke die Arme in den Himmel, schlag Dir mit den Fäusten auf Dein Herz und sage mit lauter Stimme, wie Du Dein Leben erfahren möchtest.

Positive Formulierung

Deine Zielaussage soll positive Veränderungen in Dein Leben bringen. Deshalb ist es notwendig, dass wir positiv formulieren. Manchmal denken wir, dass wir aussagen, was wir uns wünschen, bringen jedoch in unserer Formulierung lediglich unser Mangelbewusstsein zum Ausdruck. Vermeide jetzt und auch später die Worte „kein" und „nicht". Beide Worte bringen zum Ausdruck, was wir *nicht* wollen. Es sind Wörter, die in unserem Mangelbewusstsein verankert sind und keinerlei schöpferische Kraft besitzen.

Im Gegenteil: Wenn Du die Worte *„kein"* und *„nicht"* gebrauchst, bekommst Du nur noch mehr von dem, was Du loswerden bzw. *nicht* haben willst. Versuche für negative Dinge, die Du nicht mehr in Deinem Leben haben möchtest, die positiven Entsprechungen zu finden.

Ein schönes Beispiel für diesen oft feinen Unterschied ist die Haltung von Mutter Theresa:
Da sie auf eine vollkommen selbstlose und friedliche Weise so viel Gutes getan hatte, wurde sie zu einer Anti-Kriegs-Demonstration eingeladen. Sie sagte ab mit der Begründung, dass sie niemals auf eine Anti-Demonstration gehen würde. Die Organisatoren dürften jedoch gerne wieder anfragen, falls es eine Friedensdemonstration geben würde. *Gegen* etwas zu sein ist schwingungsmäßig etwas ganz anderes als in Freude *für* eine Sache zu sein. Ich hoffe, dass ich mit diesem Beispiel verdeutlichen konnte, wie ähnlich die Dinge oftmals scheinen, dabei aber eine völlig unterschiedliche Fokussierung haben. Dieser kleine Unterschied wird zwangsläufig zu anderen Ergebnissen im Leben führen.

Beispiele:

Negativ	Positiv
Geldknappheit	Reichtum
Einsamkeit	Erfüllende Beziehung(en)
Abwertung	Wertschätzung
Kampf	Friede
Egoismus	Achtsamkeit
Krankheit	Gesundheit
Heteronomie	Autonomie
Misstrauen	Vertrauen
Selbsthass	Selbstliebe
Angst	Sicherheit
Entwertung	Annahme
Minderwertigkeitsgefühl	Selbstwertgefühl

Leider sind wir es gewohnt, uns in unserem Selbstmitleid zu suhlen. Wir stürzen uns lieber kopfüber von den Klippen unserer Negativität in diverse Jammertäler, anstatt uns auf das Gute und Positive in Gedanken und Worten zu konzentrieren.

Dein Endergebnis soll positive Gefühle bei Dir wecken. Unsere Emotionen, als Motor der Manifestation, sind entscheidend bei der Erreichung unserer Ziele. Dein formuliertes Endergebnis soll Begeisterung bei Dir auslösen. Vorfreude und Neugierde solltest Du fühlen, auf dem Weg zu Deinem gewählten Ziel. All diese Emotionen sind kraftvolle Verstärker in Deinem Manifestationsprozess.

Fühle Dich so, als ob Du Dein Ziel bereits erreicht hast. Spüre die Erwartung und die Freude. Wenn Du Dir Deine Zielaussage laut vorliest oder vorsagst, muss es ein Lächeln auf Dein Gesicht zaubern. Spüre die Kraft der Transformation, die Deinen Worten innewohnt. Spiele ruhig mit den Worten und Formulierungen und beobachte, wie Du Dich fühlst bzw. welche Emotionen Deine Zielaussage in Dir weckt. Manchmal glauben wir, dass wir etwas sehr Positives aussagen, aber in Wahrheit liegt der Fokus doch eher auf dem Mangel als auf dem Vertrauen in die Veränderung.

Folgende Beispiele sollen verdeutlichen, was ich meine:

Zielaussage:

Ich wünsche mir den perfekten Partner.
Ich wünsche mir mehr Geld.

Jede Aussage ist korrekt formuliert. Sie ist in der Gegenwartsform und in der ICH-Form geschrieben. Die Worte *kein* und *nicht* kommen nicht vor. So weit, so gut. Die Betonung der Aussage liegt jedoch bei dem *Wunsch* nach dem perfekten Begleiter Deines Lebens bzw. mehr Geld. Bei den

Fragen nach dem *Warum* wird es jetzt spannend: Es kann leicht passieren, dass Du Dich auf all die Dinge konzentrierst, die Du gerade alleine erlebst, da dieser perfekte Partner *nicht* in Deinem Leben ist, oder auf die Sachen, die Du Dir gerade *nicht* leisten kannst. Dein Fokus liegt in diesem Fall auf dem *Fehlen* des Partners und des Geldes, also auf dem Mangel. Und was passiert dann? Richtig, Du bekommst mehr von dem Mangel und bestimmt nicht den perfekten Partner oder ein dickeres Bankkonto.

Besser:

Ich freue mich auf meinen Mann bzw. meine Frau.
Ich bin begeistert von dem Reichtum, der in mein Leben strömt.

Zwei kurze, simple Aussagen, die aber ganz konkret auf die Freude ausgerichtet sind. Du kannst in freudiger Erwartung auf Deinen perfekten Partner schwelgen, Dir vorstellen, wie sich Dein Leben in finanzieller Fülle verändert, ohne Dich auf Deine momentane Situation zu fokussieren.

Unterstützende Formulierungen

In dem Moment, in dem Du Dein Ziel klar formulierst, musst Du das Gefühl haben, dass Du es bereits erreicht hast. Dein klarer Gedanke hat bereits alles Notwendige in die Wege geleitet. Gehe davon aus, dass sich genau das Endergebnis in Deinem Leben zeigt, welches Du Dir explizit gewünscht hast. Deine Aufgabe ist es, Dich entsprechend der neuen Lebensumstände zu verhalten.

Du hast Dich bereits im Vorfeld gefragt, wie Du Dich fühlen möchtest, wenn sich Dein Wunsch erfüllt. Du bist gedanklich an den Punkt hinter der Ziellinie gegangen. Du weißt was du willst, und wie sich die Dinge dementsprechend verändern werden.

Du hast Dein Ziel jetzt bereits erreicht und solltest Dich, zumindest in Gedanken, auch dementsprechend verhalten. Dieses *so tun als ob* wird Dir vielleicht schwerfallen und Dich verunsichern. Wir sind es nicht gewohnt, Dinge, die wir in unserer Vorstellung erschaffen, als real existent zu betrachten. Es braucht eine wenig Zeit, Übung und Vertrauen, bis wir es schaffen, uns so zu fühlen und zu verhalten, als wenn das Gewünschte bereits eingetroffen ist. Es ist vollkommen nachvollziehbar, dass Dein Verstand sich daran stört, dass Du etwas als existent in Deinem Leben beschreibst, das für ihn ja noch gar nicht eingetroffen ist. Im schlimmsten Fall wird Dein innerer Richter alles aufbieten was er kann, um Dich als vermeintlichen Träumer geknickt vom Spielfeld zu schicken. Um Dir diesen schweren, aber wichtigen Schritt zu erleichtern, kannst Du Hilfsformulierungen verwenden. Diese Einschübe versetzen Dich sofort in die Position, Deine Zielformulierung als wahr zu betrachten.

Beispiel:

„ich bin auf dem besten Wege…"
„Von jetzt an…"
„ich habe beschlossen…"
„ich freue mich, dass… jetzt in mein Leben kommt"

Da Dankbarkeit ein so machtvolles Gefühl ist und immer positiv wirkt, möchte ich Dich ermuntern, das Gefühl der Dankbarkeit mit einzubauen. Es ist ein bisschen so wie *das Amen in der Kirche*. Das hebräische Wort *Amen* stammt aus der jüdischen Bibel. Es drückt unsere Zustimmung zum Gebet oder dem Segen anderer aus. Wir übersetzen es korrekterweise mit *"sich fest machen in, sich verankern in, sich ausrichten auf Gott"*. So, wie fast alle Religionen ihre Gebete und Segnungen mit einem Amen oder einer anderen Schlussformel der Bekräftigung abschließen, finde ich persönlich die Erwähnung der Dankbarkeit als Abschluss sehr kraftvoll. Indem wir unsere Dankbarkeit ausdrücken und formulieren, richten wir uns auf den Manifestationsprozess aus. Wir danken für die Erfüllung unseres Wunsches und verankern uns somit in dem Prozess seiner Sichtbarwerdung. Es ist ein wenig so, als würden wir dem Gefährt, das uns zu unserem Ziel befördern soll einen kräftigen Schub geben.

So, wie Du Dir Deine Zielaussage in Deinem Geiste – einem Mantra gleich – immer wieder aufsagen kannst, ist es Dir natürlich freigestellt, das Gefühl der Dankbarkeit rein innerlich zu erzeugen. Ansonsten kannst Du dir auch selber eine Dankesformel ausdenken, die Du unter alle Deine Zielformulierungen setzt.

Beispiel:

Ich danke (meinem höheren Ich/ dem Universum/ Gott/ dem Leben oder was immer für Dich passend ist), dass jetzt alles in meinem Leben so arrangiert wird, dass sich mein Wunsch im besten Sinne und zum perfekten Zeitpunkt erfüllt.

oder

Ich fühle große Dankbarkeit für die Manifestation meines Zieles.

oder

DANKE ☺!

Indem Du in voller Absicht zum Guten Dein Ziel formulierst, spürst Du, wie die Veränderung in Deinem Leben bereits stattfindet. Du musst nicht wissen, *wie* sie geschieht.
Das ist toll. Das ist großartig…und das hast *Du* geschaffen. Du hast Deine Schöpferkraft angenommen und setzt sie nun machtvoll ein, um Dein Leben zu wandeln. Spüre Deine Kraft, Deine Macht und die kribbelnde Vorfreude der positiven Verwandlung, die nun unsichtbar hinter dem Vorhang von Zeit und Raum stattfindet. Sei stolz auf Dich. Du hast jetzt schon Dein Leben verändert.

Es ist jetzt an der Zeit, dass Du Deine eigenen Zielaussagen formulierst. Verbalisiere im Geiste Dein gewünschtes Endergebnis. Du kannst Dich dazu zurückziehen. Ich rate Dir, sowohl Deine erwünschten Endergebnisse als auch einen abschließenden Dank aufzuschreiben. Es ist schwierig, dieselbe Formulierung im Geiste mehrmals und über eine längere Zeit parat zu haben. Es ist wesentlich einfacher, Dein Endergebnis auf Papier, in der für Dich passenden Form, aufzuschreiben. So dient es Dir als geistige Stütze und Du hast es immer zur Hand. Außerdem sehe ich in dem Akt des Aufschreibens bereits die erste Sichtbarwerdung Deines Zieles. Du hast es erdacht, erfühlt und nun in Schriftform in die Welt gebracht. Es ist ein bisschen wie die Quittung mit Poststempel. Vielleicht nimmst Du Dir dafür sogar ein besonderes Blatt Papier oder ein schönes Büchlein, das Du auch für weitere Aufzeichnungen im Prozess der Manifestation verwenden kannst. Egal, wie Du Dich entscheidest: Versuche, die vorherigen Punkte bei der Formulierung Deines angestrebten Endergebnisses zu beachten. Wichtiger als die formalen Kriterien Deiner Zielformulierung ist jedoch das Gefühl, welches Dein Endergebnis und seine Formulierung bei Dir auslöst. Nimm Dir Zeit und höre in Dich hinein. Achte auf Deine Mundwinkel und das Schlagen Deines Herzens. Es ist Zeit, dass Du das Leben umarmst. Es wartet nur auf Dich.

Zweifel

Der illusionäre Glaube an eine absolute Realität, in die Du Dich zu fügen hast, hat Dein Selbstbild, Deine Weltsicht und Dein Denken mitbestimmt. Die Wirklichkeit konnte Dir nur das spiegeln, was Du von ihr erwartet hast. Nicht das Leben, sondern das, was Du für das Leben hältst, zeigt sich in Deinen Lebensumständen. Damit der *Switch Code* Dir nun das schenkt, was Du Dir zum Ziel gesetzt hast, musst Du bereit sein zu empfangen. Glaube fest daran, dass jetzt, in diesem Moment, alles genau so arrangiert wird, dass sich Deine Wünsche in der besten Form und zum perfekten Zeitpunkt erfüllen. Vergleiche, Bewertungen, alte Wertvorstellungen und Glaubensmuster sind dabei die Klippen, die es zu umschiffen gilt.

Im Hinterkopf denkst Du vielleicht doch, dass Du zu alt, zu dick, zu ungebildet, zu arm oder zu sonst etwas bist, um Dein Ziel zu erreichen. Wie Sirenen locken Dich die Zweifel, den Fluss des Lebens wieder zu verlassen, um Deine Träume an ihrem vermeintlich sicheren Ufer zerschellen zu lassen. Zweifel verlangsamen die Manifestation Deiner Wünsche und können sie sogar ganz verhindern. Versuche deshalb, dem Leben und seinen eigenen Gesetzen zu vertrauen. Lasse Deine alten Wertungen von Dir und Deinem Dasein los. Entdecke Dich und das Leben immer wieder neu. Wenn Du die Brille der verstaubten Denkmuster ablegst, wirst Du erkennen, wie ungeheuer machtvoll Du bist. Alles ist möglich, zu jeder Zeit.

Auch ich muss immer wieder in diesen Prozess einsteigen und bin davon überzeugt, dass er das ganze Leben lang anhält. Mit jedem neuen Wunsch werden wir aufgefordert, dem Leben und dem Universum vorbehaltlos zu vertrauen und an die Manifestationsgesetze zu glauben. Während ich dieses Kapitel für Dich schreibe, kann ich mich ebenfalls in diesem Vertrauen üben: Als ich den Entschluss fasste, dieses Buch zu schreiben, hatte das dementsprechend für mich persönlich Konsequenzen, die mich dazu zwangen, mich wieder ganz dem Fluss des Lebens zu überantworten. Ich kündigte meinen Nebenjob, den ich angefangen hatte, da der Vater meiner Kinder keinen Cent Unterhalt zahlt. Ich hielt es für notwendig, zumindest die fehlende Unterhaltssumme durch eine regelmäßige Arbeit sicher auf mein Konto einzahlen zu können. Allein für die Alimente, die der Kindsvater nicht überwies, musste ich mich dreißig Stunde um andere Menschen und Ihre Bedürfnisse kümmern. Mir blieb kaum Zeit, mich um meine eigenen Projekte zu kümmern. Ich war im Hamsterrad gefangen. Ich war immer schon besser darin gewesen, andere Menschen positiv auf ihrem Weg zu begleiten, statt mich selbst an die erste Stelle zu setzen. Ich musste umdenken. *Practice what you preach!* Mir waren die kosmischen Gesetze vertraut und vollkommen klar, wie das Leben funktioniert. Trotzdem hatte immer noch keine Fülle in vielen Bereichen meines Lebens. Irgendetwas lief schief. Was ich zu dem Zeitpunkt noch nicht wusste, war, dass ich mich in den Widerhaken meiner eigenen Zweifel verfangen hatte. Nach und nach merkte ich, dass ich mich aus Angst an der Böschung festkrallte, statt mich vertrauensvoll meinem Ziel entgegentreiben zu lassen. Ich kämpfte ohne Erfolg. Anstelle der erhofften finanziellen Sicherheit wurde ich immer ausgelaugter und mein Kontostand immer niedriger. Je mehr ich versuchte, alles richtig zu machen und wie ein Kaninchen vor der Schlange bewegungslos verharrte, desto mehr entfernte ich mich von der Erfüllung meines Wunsches. Obwohl ich schon sehr früh und sehr genau wusste, wie das Leben und seine Gesetze funktionieren, kämpfte ich in regelmäßigen Abständen mit festverankerten Glaubensätzen, den Erwartungen meiner Familie und der Gesellschaft sowie meinen eigenen Zweifeln.

Wir werden immer wieder aufgefordert, die Gesetzmäßigkeiten des Lebens zu verinnerlichen und unser Denken und Handeln nach Ihnen auszurichten. Sobald wir uns wieder dem alten Paradigma mit seinen Ansichten und Postulaten unterordnen, verlassen wir unseren Weg. Wir verlieren uns im Dickicht alter Glaubensmuster und überholter Denkweisen. Wir können unsere Ziele nicht mehr erreichen, da wir schnurstracks in die Sackgasse des normalen Wahnsinns laufen und unsere Kräfte im Elend eines immerwährenden Kampfes schwinden. Aber das ist nicht schlimm. Es ist gerade am Anfang der Entdeckung unserer eigenen Schöpferkraft völlig normal. Wenn Du merkst, dass Dir die Dinge, die Du in Deinem Leben vorfindest, nicht gefallen, kannst Du jederzeit eine Kurskorrektur vornehmen. Es ist nie zu spät, wieder auf den Pfad zur Erfüllung Deiner Träume, zurückzukehren. Wenn Du mit den immer gleichen negativen Umständen in Deinem Leben konfrontiert wirst, dann sei nicht wütend, resigniert oder zergehe in Selbstvorwürfen oder Selbstmitleid. Es zeigt Dir lediglich, dass Du Deine Gedanken und Deine Gefühle neu ausrichten solltest. Und das ist die gute Nachricht. Du musst nicht Deine Lebensumstände verändern und all die notwendigen *Wies* in einer Herkulesaufgabe abarbeiten. Es ist lediglich Deine Aufgabe zu erkennen, welche Gedanken und Gefühle Dich daran hindern, dass Du das in Dein Leben ziehst, was Du Dir wünschst. Um alles andere kümmert sich das Universum. Du hast die eindeutig leichtere Aufgabe. In meinem Fall war ich also aufgefordert, meine Einstellung und meine Glaubensätze in Bezug auf materielle Werte zu überdenken. Ich entlarvte tiefsitzende Muster, die mir verrieten, dass ich mich selber nicht für wertvoll genug hielt, Fülle zu empfangen. Aus diesem Glaubenssatz heraus sah ich mich nicht in der Lage, aus eigener Kraft mit Leichtigkeit und Freude dauerhaft Geld zu beziehen. Das Gefühl, es nicht verdient zu haben und deshalb im realen Leben immer nur wenig zu verdienen, saß tief. Aber das Gute ist, dass ein Glaubensmuster bzw. eine Wahrheit, auf die wir stoßen - und sei sie auch noch so schmerzhaft - in dem Augenblick, wo wir uns ihrer bewusstwerden, nicht mehr unbewusst in unserem Leben negativ wirken kann. Bereits in dem Moment des Gewahrwerdens, haben wir uns vom Joch der unbewussten Überzeugungen, die uns daran hindern, in den Hafen der Glückseligkeit einzulaufen, befreit. Wir können nun selbst entscheiden, ob wir die Denkmuster und Glaubenssätze einfach über Bord werfen oder an ihnen arbeiten. Versuche, auch in dieser Entscheidung Deinem Gefühl zu folgen. Manche Sätze, die in uns wirken, sind bei einer bewussten Betrachtung so lächerlich, dass wir sie einfach mit einem Schulterzucken aus unserem Leben verbannen können. Andere Glaubensmuster haben wir so verinnerlicht, dass wir uns mit Ihnen identifiziert haben. Wir halten uns in der Konsequenz wirklich für wertlos, faul, undiszipliniert, durchgeknallt oder sonst was. Aber auch diese unbewusst destruktiv wirkenden Muster verlieren ihren Schrecken, wenn wir sie an die Oberfläche unseres Bewusstseins holen. Wie ein riesiger Eisblock in der Sonne schmilzt, so verliert jede negative Aussage in der Leuchtkraft unseres Bewusstseins an Macht. Sei dankbar für den Moment, in dem Du mit hemmenden Aussagen in Bezug auf Dich und Dein Leben konfrontiert wirst. Sie sind die Bremsklötze, die bisher die Fahrt Deines Lebens behindert haben. Deine Aufgabe ist es lediglich sie zu erkennen und zu entfernen. Wenn das geschieht, bist Du nicht mehr der Lastesel, der im Schweiße seines Angesichts mühselig den Karren seines Lebens über ausgetretene Pfade zieht.

Du hast vielmehr die Möglichkeit, in genau dem Tempo bequem zu dem Ziel reisen, das Du in das Navigationssystem Deines Lebens eingeben hast. Du kannst jedes Glaubensmuster auflösen und jeden Glaubenssatz umformulieren. Im Anschluss kannst Du bei Bedarf neue Zielaussagen machen, falls Du, auf der Überholspur Deines neuen Lebens, zu noch entlegeneren Zielorten weiterreisen möchtest.

In meinem Fall wurde mir klar, dass ich in Zukunft nicht mehr nur finanziell überleben wollte. Das hätte meinem alten Glaubenssatz entsprochen. Mein bisheriges Denkmuster in Bezug auf Geld konnte ich mir ganz genau anschauen, mir bewusstmachen und jetzt ersetzen. Ich war zwar die meiste Zeit meines Lebens Selbstständig, habe aber mein Selbst und meine Persönlichkeit nicht genügend geschätzt. Das spiegelte sich in meinem Verdienst wider. Mein neues Ziel war es, mit Leichtigkeit und Freude gut zu verdienen. Nicht, weil ich auf einmal ein Faible für teure Handtaschen oder sonstige luxuriöse Dinge entdeckt hätte, sondern weil ich es, entgegen meiner bisherigen unbewussten Überzeugung, *verdient* habe. Jeder Mensch hat es verdient, glücklich, gesund, geliebt und umsorgt zu sein. Unsere Bestimmung ist es, Freude und Wachstum zu erleben. Dafür sind wir geboren.

Ich löste im Anschluss an die Bewusstwerdung meines tiefverankerten miesen Selbstwertgefühles den mich beschränkenden Glaubenssatz auf. Mit Hilfe des *Packaging* Verfahrens schickte ich alle damit verbundenen Gefühle, Erinnerungen und Selbstvorwürfe in den Himmel und verabschiedete sie aus meinem Leben. Mit dem neu gewonnenen Selbstbewusstsein überdachte ich einige weitere Zielaussagen und gab ihnen zum Teil eine andere Richtung. Ich konnte jetzt Dinge für mich selbst einfordern, Ziele setzen und wünschen. Das eröffnete mir die Möglichkeit, die ein oder andere Neuausrichtung meiner gewünschten Endergebnisse vorzunehmen.

Nachdem ich meine Absichten nochmals für mich formuliert und ausgesprochen hatte, kündigte ich. Das Universum reagierte prompt. Ich wurde für ein großes Festival zur Headliner Betreuung gebucht und verdiente dort an einem Tag so viel wie in zwei Wochen ermüdender Arbeit in meinem alten Job. Der Veranstalter erinnerte sich, dass ich einen der Künstler auf einem früheren Festival portraitiert hatte und sprach mich an. Er saß zufällig allein in seinem Büro und wollte mit mir ausführlich und in Ruhe über mein Bild reden. Allein diese Tatsache grenzt an ein Wunder. Als Veranstalter einer der weltgrößten Open-Air-Veranstaltungen, war er an dem Abschlusstag des Festivals sowohl von den Medien als auch von den Subunternehmern mit Sicherheit einer der gefragtesten Menschen Deutschlands. Er kaufte mir das Bild zu einem Preis ab, der es mir ermöglichte, für Monate finanziell unabhängig zu sein. Vertrieben waren alle Zweifel an der Richtigkeit meiner Entscheidung und der wundersamen Kraft des Lebens. Ich war wieder im Spiel! Danach verkaufte ich noch zwei Bilder, und nun schreibe ich dieses Buch.

Hätte ich auf die gängigen Vorstellungen meines Umfeldes gehört, hätte ich nie meinen Job in Zeiten finanzieller Unsicherheit gekündigt, und Du würdest jetzt nicht diese Zeilen lesen.

Ich möchte Dich an dieser Stelle nicht dazu auffordern, Deinen sicheren Job hinzuschmeißen und jegliche finanzielle Sicherheit aufzugeben. Ich möchte Dich dazu ermutigen zu überprüfen, ob das, was Du gerade tust und vor allem das, was Du dabei fühlst, im Einklang mit Deinem Ziel steht. Du musst nicht im Äußeren radikale Schritte unternehmen, sondern versuche, Deine innere Haltung in Richtung Deiner Wunscherfüllung zu verändern. Überprüfe, was sich in Deinem Leben immer wieder als Muster wiederholt. Wenn Du immer wieder in unglückliche Partnerschaften gerätst, kann es ein Hinweis darauf sein, dass Du Dich im Grunde selber nicht für liebenswert hältst. Wenn Du schnell ausgenutzt wirst, ist vielleicht ein Glaubenssatz mit der Aussage, dass Du Dich anstrengen musst, um geliebt zu werden, die Ursache. Falls Deine Gesundheit Dir immer wieder zu schaffen macht, dann können dahinter lebensverneinende Glaubenssätze stecken. Ich möchte Dich jetzt um Gottes Willen *nicht* dazu bringen, Dich selbst tiefenpsychologisch zu sezieren, sondern einfach nur dafür sensibilisieren, dass uns im Laufe des *Switch Codes* gerade die Dinge immer wieder präsentiert werden, die wir transformieren können und sollen. Aber lass Dir Eines gesagt sein: Der Prozess, in den Du jetzt einsteigst, ist keine harte Arbeit, sondern eine spannende Reise!

Visualisierung

Ein wichtiger Bestandteil der Wunscherfüllung ist die *Visualisierung*. Diese geistige Projektion bildet die Brücke zwischen dem Formulieren Deines Wunsches und seiner Manifestation in Deinem Leben. Indem Du Dir jeden Tag einmal kurz erlaubst, Dir bildhaft und lebendig vorzustellen, wie

Dein Leben aussieht, wenn sich Dein Traum verwirklicht hat, ziehst Du ihn immer mehr in Dein Leben. Wenn Du gedanklich bereits Deinen Platz in Deinem neuen Leben eingenommen hast, dann hält Dir das Leben diesen frei. Du nimmst Deinen Erfolg bereits als gegeben hin und überbrückst die Kluft zwischen Traum und Wirklichkeit. Indem Du spürst und visualisierst, dass Du Dein Endergebnis bereits erreicht hast, schließt Du den Graben zwischen sehnsüchtigem Hoffen auf eine Dir fast unmöglich erscheinende Veränderung in Deinem Leben und dem Prozess der Manifestation Deines Zieles. Der sehnsuchtsvoll Wartende wird nun zum Hauptakteur seines Lebens.

Es mag sich für Dich etwas weit hergeholt anhören und vielleicht erkennst Du den eklatanten Unterschied nicht auf den ersten Blick, aber er ist fundamental. Während Du bei der ersten Variante sehnsüchtig von außen aus der Perspektive des Mangels auf Dein ersehntes Leben blickst, bist Du in der Visualisierung, also indem Du gedanklich in Dein neues Leben eintauchst, bereits in ihm angekommen. Es geht um einen Perspektivwechsel. Ein Umdenken, das im Außen erst einmal nichts zu bewirken scheint, aber Dein Fühlen, Deine Gedanken, dann Dein Handeln und schließlich den Lauf Deines Lebens verändern wird und *muss*. Du arbeitest intensiv an der Verwirklichung Deiner Träume, anstatt weiter in der Ecke des Lebens Dein Schicksal zu bejammern und Dich vom Glück vergessen zu fühlen.

Der Augenblick, in dem Du gedanklich in das von Dir gewünschte Endergebnis eintauchst und gefühlsmäßig bereits in Deiner neuen Zukunft lebst, ist ebenfalls der Moment, in dem die Details und die Begleiterscheinungen sichtbar werden, die unsere neue Lebensvision enthält. Das ist der

Punkt, an dem Du in den kleinen und großen Einzelheiten Deiner Wunschvorstellung nach Herzenslust schwelgen darfst und sollst. Je detaillierter Du Dir das Bild Deiner besseren Zukunft ausmalst, desto mehr Schub bekommt die Verwirklichungskraft Deiner Wünsche. Mit jedem Blick auf Dein gewünschtes Leben schaust Du hinter den Vorhang Deiner vermeintlichen Realität. Du betrittst immer ein Schrittchen mehr die Bühne Deines eigentlichen Lebens, in dem Du genau der bist, der Du sein möchtest und genau das bekommst, was Du Dir wünschst.

Viele Autoren, die sich mit der Kraft der Visualisierung auseinandersetzen, betonen die Notwendigkeit der Details. Das bedeutet in unserem Zusammenhang, dass Du Dir möglichst viele Einzelheiten Deiner neuen Lebenswirklichkeit intensiv und bildhaft ausmalen sollst. Wenn Dein Wunsch zum Beispiel ein bestimmtes Auto ist, dann ist es Deine Aufgabe, Dir vorzustellen, wie Du es voller Stolz in Deiner Garage stehen siehst. Höre das Geräusch des Motors und sehe, wie sich Deine Hände um das Lenkrad legen. Genieße die Fahrt in Deinem Wunschauto und nimm dabei möglichst viele Details wahr. So oder so ähnlich sind fast alle Visualisierungsbeispiele in der gängigen Literatur. Ich denke es ist gut, jedwede Energie in die Verwirklichung seines Zieles zu geben und sich möglichst viele Facetten vorzustellen. Jeder Gedanke, der genügend energetisch aufgeladen ist, *muss* sich in dieser Welt manifestieren. Soweit so gut. Leider gehöre ich zu den Menschen, die zwar gut in Bildern denken können, denen diese Art der Visualisierung jedoch schwerfällt. Anstatt in freudigen Bildern meines Traumhauses oder der erträumten Fernreise zu schwelgen, setze ich mich unter Druck, ja die richtigen Bilder vor meinem geistigen Auge hochzufahren. Die Devise ist es, bloß keine Fehler zu machen. Aber keine Sorge, es gibt keine Fehler, die Du beim Visualisieren machen kannst. Sich gedanklich mit seinen Traumvorstellungen zu befassen, ist eine schöne Erfahrung. Sie sollte Dir auf jeden Fall Freude bereiten. Mein Problem ist es, dass ich vielleicht durch meine Profession als Künstlerin einen immanent kritischen Bezug zu Bildern habe, gerade wenn ich sie kreiere. Aber auch andere Menschen haben Probleme mit der bildhaften Vorstellung. Aber auch das ist kein Problem. Es geht nur darum, Deine Vision, Deine Wünsche, energetisch aufzuladen, sodass sie ihren Weg in diese Welt und zu Dir finden. Als Wesen mit einer angeborenen Schöpferkraft liegt es in unserer Verantwortung zu wählen, was wir uns für uns und unser Leben wünschen und an unsere Ziele zu glauben. Diesen Glauben verankern wir, indem wir uns gedanklich vom Joch unserer momentanen Situation befreien und unseren Schöpfergeist in Richtung unseres gewünschten Endergebnisses wirken lassen.

Wenn es Dir – so wie mir – nicht gut gelingt, Dich selbst in Bildern Deiner rosigen Zukunft zu sehen, dann gehe auf Deine Emotionen. Ich persönlich halte unsere Gefühle im Übrigen für die stärkeren Kräfte in der gedanklichen Herbeiführung unserer Wünsche als jeden anderen unserer Sinne. Wenn Du Dir Liebe in Deinem Leben wünschst, dann geh in Dein *Switch Home* oder schließe einfach die Augen und versuche, Liebe zu *fühlen*. Spüre dieses leichte freudige Vibrieren in Deinem Bauch und das Lächeln, das Deine Mundwinkel nach oben zieht. Wenn Du erfolgreich sein möchtest, dann empfange das Gefühl des Erfolges. Spüre die Emotionen, wenn Du Deinen Erfolg feierst und Andere Dir gratulieren. Fühle den Stolz, den Du dabei empfindest.

So wie ich jeden Abend versuche, in das Gefühl der Dankbarkeit einzutauchen, so ist es mein Bestreben, mich möglichst oft in die positiven Emotionen hinein zu fühlen, die mir die Gedanken an die Erfüllung meiner Wünsche schenken. Diese Gefühle machen mich froh, auch wenn die reale Verwirklichung des Zieles in meinem Leben noch weit entfernt zu sein scheint. Jeder Gedanke und jede Emotion löst etwas in unserem Leben aus. Sie senden Schwingungen aus, die Gleiches in unser Leben ziehen.

In jeder Sekunde unseres wachen Daseins senden wir Schwingungen aus, auf die das Universum und das Leben reagieren. Wir bekommen immer mehr von dem, mit dem wir uns gedanklich und gefühlsmäßig beschäftigen. Das ist ein Naturgesetz und wirkt immer und zu jeder Zeit, ob wir nun daran glauben oder nicht. Wieviel sinnvoller ist es dementsprechend, sich auf schöne, ideelle und gewünschte Gedanken und Gefühle zu konzentrieren? Auch wenn Du an der Kraft der Visualisierung zweifelst ist es einen Versuch wert. Es kann Dir nichts Negatives passieren. Aber es könnten Deine Wünsche wahr werden. Ich finde, das ist Grund genug, dass Du es an dieser Stelle ausprobieren solltest. Sieh es als Experiment, in dem Du nicht verlieren, sondern nur gewinnen kannst. Bleibe dran und versuche, Dich in Deiner Vorstellungskraft zu üben.

Wir sind die einzigen Geschöpfe auf dieser Erde, die ihre Vorstellungskraft bewusst nutzen können. Also mach es und probiere Dich aus. Egal für welche Methode Du Dich entscheidest, wichtig ist nur, dass Du versuchst, Dich in Deinen Wunsch fallen zu lassen. Hör auf, daran zu denken, wie weit Du momentan von Deinem Ziel entfernt bist. Zerbrich Dir nicht den Kopf darüber, *wie* Du Dein Ziel erreichen könntest.

Das bringt nichts und ist sogar kontraproduktiv. Du hast die schöne und freudvolle Aufgabe, in der Vorstellung der Erfüllung Deines Wunsches zu schwelgen. Du kannst Dich gedanklich hinter Deine Ziellinie katapultieren. Überlasse die Details der Manifestation Deines Wunsches dem Universum und den Mechanismen des Lebens.

Details

Wenn wir uns emotional in unser Wunschszenario hineinfühlen, haben wir weniger Details zur Verfügung, als wenn wir bildlich visualisieren. Das hat seine Vorzüge, aber auch seine Nachteile. Ein Beispiel: Wir haben eine Vorstellung von den Veränderungen, die in unserem Leben stattfinden werden, nachdem wir unser Ziel erreicht haben. Diese Ideen und Bilder lassen wir wie einen Film vor unserem geistigen Auge ablaufen. Im Zuge dieser Visualisierung, können wir viele Details unserer neuen Lebensumstände wahrnehmen, d.h. für *wahr nehmen* und ausschmücken. Wenn Du zum Beispiel Wohlstand als Endergebnis anstrebst, dann kannst Du Dich in einem schönen Haus sehen und dieses detailverliebt bis in jede Kleinigkeit ausschmücken. Du kannst den Lauf Deines Lebens komplett neugestalten und in den schillerndsten Farben und Szenen ausmalen. Du bist der Architekt Deiner Zukunft, die Du gedanklich gestaltest. Bei einem eher emotional ausgerichteten Fokus ist dieses schwieriger. Du visualisierst nicht, Du *emotionalisierst.* Wenn Du also (so wie ich) eher über die Emotionen gestaltest, sind die Details beschränkt. Es gibt nicht so fürchterlich viele Arten, sich wohlhabend zu *fühlen*. Das Gleiche gilt für das Endergebnis

Glück. Wenn Du Glück emotionalisierst, damit es in Dein Leben kommt, liegt der Fokus auf dem Glücksgefühl. Es schließt bestimmt ein schönes Zuhause, gute Gesundheit, Wohlstand und harmonische Beziehungen mit ein, aber Deine Vorstellung mündet in dem *Gefühl* des Glücks und nicht in spezifischen Bildern.

Viele Menschen benutzen eine Mischkalkulation aus beiden Varianten: Sie erzeugen erst Bilder, die schließlich in dem entsprechenden Gefühl münden. Das ist vielleicht die einfachste und schnellste Art, das Drehbuch Deines Lebens neu zu schreiben. Probiere einfach für Dich aus, was Dir am leichtesten fällt und womit Du Dich am wohlsten fühlst. Es geht darum, dass Du Deinen Wunsch mit Energie auflädst, indem Du in ihm schwelgst. Schenke Deinem erwünschten Endergebnis die größtmögliche Beachtung. In dem Du Dir Deine Zukunft schon jetzt vorstellst oder *vorfühlst*, nimmst Du sie vorweg, und sie muss sich in Deinem Leben manifestieren. Dabei musst Du nicht konkret denken, um Konkretes zu erleben. Es gibt kein Richtig und kein Falsch. Es soll Spaß machen und Dir ein Lächeln ins Gesicht zaubern. Die positiven Emotionen, die Du in Bezug auf Dein Endergebnis hast, sind die Kurbel, die Ereignisse, Begegnungen und Gelegenheiten in Dein Leben zieht. Mit ihnen werden sich Deine Träume erfüllen.

Details sind gut. Sie helfen Dir, bei der Visualisierung ein konkreteres, bunteres und spannenderes Bild Deines angestrebten Ziels vor Deinem geistigen Auge zu zeichnen. Außerdem haben Details den positiven Nebeneffekt, dass sie unser großes Endziel in mehrere Häppchen unterteilen. Sie liefern uns darüber hinaus Zwischenziele, die uns helfen können, das große Ganze zu erreichen. Es ist zum Beispiel schwierig, sich für ein so unbestimmtes Ziel wie Wohlstand oder Zufriedenheit mit dem eigenen Körper zu begeistern. Wenn ich mich jedoch selbst in meinem Strandhaus auf der Veranda mit meiner Familie oder Freunden sitzen sehe, denen ich gerade von meinen letzten großen Erfolgen und spannenden Reisen erzähle, vor Glück nur so strahle, während meine Lieblingsmusik läuft und der Sonnenuntergang den Himmel rosa färbt, wird es mir schon leichter fallen. Falls ich mir dann auch noch den entsprechenden Wagen, den ich immer schon haben wollte, die richtigen Kleider, Hobbys und Zeitvertreibe dazu denke, dann kann durchaus so etwas wie Begeisterung aufkommen und der Turbo der Wunscherfüllung wird angeworfen.

Begeisterung und Freude sind die Leitlinien, die eine Visualisierung oder Emotionalisierung erfolgreich machen. Deine eigene Vorstellung soll Dich berühren. Sie soll Dich freudig auf Deinen neuen Lebenslauf einstimmen und ihn damit in Dein Leben ziehen. Details sind Nebenprodukte Deines eigentlichen Endergebnisses. Nimm sie mit Begeisterung und Freude wahr. Solange Du Dich nicht in den Einzelheiten verlierst oder sie selber zu neuen Endergebnissen machst, sind sie tolle Helfer auf dem Weg zu der Verwirklichung Deiner

Wünsche. Sie sind die kleinen Etappenziele auf Deiner Reise ins Glück und können auch als solche angestrebt werden.

Besonders visuelle Menschen können sich mit Wunschbüchern oder Collagen mit Fotos der Dinge, die sie sich als Details Ihres Endergebnisses wünschen, bei der Fokussierung auf Ihr Ziel unterstützen. Sei kreativ und probiere es einfach aus. Wichtig ist es hierbei lediglich, dass die abgebildeten Dinge, Dich an Dein Ziel erinnern, Dich inspirieren und positive Gefühle in Dir auslösen.

Es gibt viele Wege und Du solltest für Dich ausprobieren, welcher für Dich der richtige ist. Wichtig ist es, dass Freude und Begeisterung im Vordergrund stehen und Du es nicht als Art Pflichtaufgabe empfindest. Indem Du Dich emotional und rational auf Dein erwünschtes Endergebnis einstimmst, bringst Du Dich selbst in die Position des Empfängers. Das Leben wird Dich auf seine Weise bei der Erreichung Deines Zieles unterstützen, indem es alles so arrangiert, dass der von Dir erdachte Zustand und die notwendigen Begebenheiten in Dein Leben Einzug halten.

Praxis

Vermutlich ist das jetzt der Punkt, an dem Du Dich fragst, wie das nun alles in der Praxis aussehen soll. Auch hier musst Du auf Dich schauen, was Dir die meiste Freude und Aufregung im positiven Sinne verschafft. Es gibt nur eine Regel, die besagt, dass das, wo Du Energie und Fokus hineinbringst, in Dein Leben kommt. Aber um Dir vielleicht einen kleinen Rahmen an die Hand zu geben, der Dich erst einmal leiten kann, hier ein paar Ratschläge:

Visualisiere kurz, aber regelmäßig:
Wie mit allem, was neu in unser Leben kommt, brauchen wir ein bisschen Routine, damit das neu Erlernte sich bei uns verankert. Wir sind mit einem völlig neuen Denken und Handeln bzw. *Nicht-Handeln* konfrontiert und müssen erst einmal lernen, dieses *Neue* in unseren Alltag zu integrieren. Menschen, die regelmäßig meditieren, werden damit keine größeren Schwierigkeiten haben, da sie den Teil einfach an ihre tägliche Meditationspraxis anhängen oder voranstellen können. Solltest Du aber zu den Kandidaten gehören, denen es schwerfällt, sich einfach nur auf ein Kissen zu setzen und den Dingen ihren Lauf zu lassen, dann solltest Du Dir bewusst ein paar Minuten am Tag nehmen, um Dir Dein erwünschtes Endergebnis in möglichst vielen Einzelheiten und mit den dazugehörigen Gefühlen vorzustellen. Das müssen nur ein paar Minuten sein. Es ist auch egal, ob Du nebenbei Dir die Zähne putzt oder Dein Mittagessen kochst. Versuche, nicht zu streng mit Dir zu sein, und setze Dich vor allem nicht unnötig unter Druck. Es braucht Zeit, bis sich unsere Gehirnverknüpfungen neu verschalten bzw. alte Denkmuster, die von Sorge und Ängstlichkeit geprägt sind, ausgeschaltet werden. Versuche, Dich einfach jeden Tag ein wenig mehr für dieses neue Projekt in Deinem Leben zu begeistern. Es ist nicht wichtig, ob Du ein Detail Deiner Vision Deines Lebens vergisst oder sich die Art und Weise der Konzentration auf das Endergebnis vielleicht im Laufe der Praxis ändert.

Wichtig ist nur, dass Du die Freude und Begeisterung darüber fühlst, dass Du es bist, der jetzt Dein neues Leben entwirft.

Spüre die Emotionen:
Versuche, in den kurzen Visualisierungseinheiten Deine Bilder emotional aufzuladen. Gefühle sind der Turbo bei der Veränderung Deiner Lebensumstände. Hinzu kommt, dass es uns nicht möglich ist, mehrere Dinge gleichzeitig zu empfinden. Wir können gedankliche Widersprüche haben, aber wir können nicht im gleichen Moment Wut und Freude oder Trauer und Lust empfinden. Emotionen können sich zwar schnell abwechseln, aber nicht nebeneinander bestehen. Wenn Du die Gedanken an eine gute veränderte Zukunft mit positiven Emotionen, wie etwa Vorfreude, Begeisterung und Aufregung auflädst, hat das dadurch den tollen Nebeneffekt, dass Du eventuell konkurrierende Gedanken, veraltete Denkmuster oder widersprüchliche Gefühle damit ausschaltest. Wenn Du Schwierigkeiten bei der visuellen Gestaltung Deiner Zielvision hast, dann konzentriere Dich einfach auf die Gefühle, die Du mit dem Erreichen der gewünschten Wirklichkeit verbindest. Wenn Du Dir die große Liebe in Deinem Leben wünschst, dann spüre dieses Liebe. Sei verliebt. Wenn Du Dir mehr Gesundheit wünschst, dann versuche jetzt die Freiheit und das Glück zu empfinden, wenn Du diese Gesundheit hast. Emotionalisiere Deine Gedanken an Dein erwünschtes Endergebnis und Du hast die Ziellinie bereits durchlaufen.

Es geht um Dich:
Egal ob Du nun *emotionalisierst* oder visualisierst, es geht

einzig und allein um Dich. Du bist der Schöpfer Deiner Zukunft. Versuche, in den paar Minuten, die Du täglich in Deine Träume und Deine Zukunft investierst, nur auf Dich zu schauen. Es geht um *Dein* Glück und nicht um das Glück Deiner Kinder, Deiner Nachbarn oder von wem auch immer. Wenn es Dir gut geht, dann ist es für alle gut. Nimm Dir die Freiheit, Dich in diesen kostbaren Momenten, in denen Du Deine Zukunft erschaffst, von allen Verstrickungen zu befreien, die Dich in Deinem alten Leben halten wollen. Dein Geist und Dein Herz gehören nur Dir. Du schickst sie voran in Deine Zukunft und wirst Ihnen folgen. Glaube der Magie des Lebens. Vertraue, dass Du nichts verlieren wirst, sondern nur gewinnen kannst. Versuche, Dich selbst in Deiner Vorstellung einer besseren Zukunft zu sehen. Entwirf eine Vision Deines Selbst, das alles bereits hat, was Du Dir für Dich erträumst. Wenn Du einen Partner wünschst, dann spüre Deine Liebe und die Liebe dieses Partners für Dich. Wenn Du Dir ein Strandhaus wünschst, dann sieh Dich selber auf der Terrasse stehen und spüre den Wind in Deinen Haaren. Es geht nicht darum, dass Du es schaffst, Dir das ideale Haus oder den perfekten Partner vorzustellen. Ziel ist es, dass die Dinge, die Du Dir wünschst, Zugang in Deine Gedanken und in Dein Herz finden, damit sie schließlich in Deinem Leben sichtbar werden können.

Geh aufs Ganze:
Wenn Du visualisierst, dann gehe immer gleich zu Deinem erwünschten Endergebnis. Die Details folgen dem großen Ganzen. Sie sind sozusagen die schönen Folgen, die sich in Deinem Leben durch die Zieleingabe ergeben. Schwelge in dem Zustand, dass Du jetzt schon genau dort bist, wo Du hinwolltest und zerbrich Dir um Himmels Willen nicht den

Kopf, wie Du dahin kommen sollst. Die Einzelheiten und vor allem den Weg zu Deinem Ziel überlasse den höheren Kräften. Deine Aufgabe ist es lediglich, Dich am Ziel Deiner Träume zu sehen und entsprechend zu empfinden. Lasse dem Leben so viel Spielraum wie möglich, Dir Deine Träume zu verwirklichen. Du musst nicht selbst den Weg von der Zielgerade zurücklaufen, um zu sehen, wie alles zu Deinem Endergebnis geführt hat. Das ist unmöglich und auch nicht Deine Aufgabe. Deine schöne Pflicht ist es, Dir zu überlegen, wo Du hinmöchtest und Dir auszumalen, wie Dein Leben in all seinen schönsten Facetten ist, wenn Du Dein Ziel erreicht hast. Du musst in den Minuten, während Du visualisierst, aufs Ganze gehen. Halte Dich nicht mit Fragen oder Widersprüchen auf, sondern sprinte gedanklich gleich zu Deinem gewünschten Endergebnis. Habe Spaß mit dem, was, wo und wie Du bist. Du musst nicht sinnvolle Schritte vollbringen, keine zielorientierten Handlungen vollziehen, nicht mal an etwas Konkretes denken, um etwas Konkretes zu erschaffen und zu erleben.

Sei gnädig:
Eigentlich ist nun alles zu dem Thema der Visualisierung als Werkzeug Deiner Wunscherfüllung gesagt. Mir ist nur noch wichtig, dass Du verinnerlichst, dass es kein Falsch und kein Richtig gibt. Auch die Vorgabe der täglichen paar Minuten ist nur ein Vorschlag, den ich für sinnvoll halte, aber der vielleicht für Dich nicht passt. Finde Deinen eigenen Weg! Sei gnädig mit Dir. Du kannst nichts falsch machen und Du kannst nicht versagen. Der *Switch Code* wirkt bereits und Du wirst Veränderungen in Deinem Leben feststellen, auch wenn Du gar nichts machst.

Ansonsten bleibt mir an dieser Stelle, noch einmal die Tatsache zu erwähnen, dass die Mechanismen des Lebens zu jeder Zeit und bei jedem Menschen wirken. Ob es Dir bewusst ist oder nicht. Das Gesetz der Anziehung wirkt in jeder Sekunde Deines Lebens, reagiert auf jeden Deiner Gedanken und sendet Dir das in Dein Leben, was Du schwingungsmäßig aussendest. Selbst wenn Du Dich nur sporadisch an das Werkzeug der Visualisierung bei der Realisierung Deiner Träume erinnerst, wirst Du jeder Zeit Dein Schwingungskonto zu Deinen Gunsten und zu Deinem Vorteil erhöhen können. Geh mit Leichtigkeit und Freude an die Sache. Es gibt nichts zu verlieren, sondern nur zu gewinnen.

TEIL IV

PROZESS

Nur wer sein Ziel kennt, findet den Weg.
(Laozi)

Mit der Erweiterung unseres Weltbildes, dem Akzeptieren und Loslassen unserer momentanen Lebenssituation und der Formulierung unseres Endziels und seiner Visualisierung haben wir alles getan, um eine Veränderung unseres Lebens in die gewünschte Richtung zu erreichen. Wir haben unsere Aufgabe erfüllt. Trotzdem fehlt noch der letzte Schritt im *Switch Code,* um die Schatztruhe eines glücklichen Lebens zu öffnen. Wir haben durch die vorherigen Schritte alles auf den Weg gebracht, um unser Leben zum Guten zu *switchen.* Den Rest erledigt der Manifestationsprozess für uns. Obwohl die Gesetzmäßigkeit der universellen Kräfte von nun an alles so arrangieren wird, damit wir unser gewünschtes Ziel erreichen, müssen wir den Prozess der Manifestation aktiv begleiten, damit der *Switch Code* die Tür zu einem wundervollen Leben öffnet. Keine Sorge, den schwersten Teil übernimmt dabei das Universum für uns, indem es Personen, Begegnungen, Situationen etc. genauso arrangiert, dass Du auf dem leichtesten Wege und zu dem perfekten Zeitpunkt Dein Ziel erreichst. Deine Aufgabe ist es, Deinen Weg zu gehen und diesem Prozess zu vertrauen. Wir sind noch blutige Anfänger im Nutzen der universellen Gesetze und unserer Schöpferkraft. Das bedeutet in der Praxis, dass Du das Vertrauen in Dich, das Gesetz der Anziehung, Deine eigene Schöpferkraft und Deine erweiterte Sicht auf die Prinzipien des Lebens trainieren musst. Erst wenn Zweifel und alte Muster besiegt sind, ist der *Switch Code* komplett. Trainieren heißt wiederholtes Üben. Aus diesem Grunde werden Dir in diesem Kapitel viele Dinge nochmal begegnen, die wir an anderer Stelle schon einmal angesprochen haben. Das ist gewollt und wichtig. In einer Welt, die auf einer illusionären Realität aufgebaut ist, in der Ängste und Mangeldenken regieren, ist die Entdeckung und Umsetzung Deiner eigenen Wünsche keine Selbstverständlichkeit.

Das Universum kann seinen Teil nur so gut erfüllen, wie wir es zulassen. Aus diesem Grund bedarf der Prozess, obwohl wir nicht für ihn zuständig sind, genauso viel Aufmerksamkeit wie die anderen Punkte des *Switch Codes*.

Selbstboykott

Vielen Menschen macht Veränderung Angst. Zumindest verspüren sie bei der Aussicht, dass sich Ihr gewohntes Leben komplett verändern könnte, keine Freude. Aus dieser ängstlichen Haltung heraus wird der Verstand Träume und Wünsche, die zu einer Veränderung unserer jetzigen Situation führen würden, gerne boykottieren. Dabei kann es völlig unerheblich sein, dass sich unser Leben zum Guten verändern würde.

Nehmen wir mal an, Du wünschst Dir schon von klein auf zu schauspielern. Vielleicht hast Du sogar von einer Karriere als Moderator oder Schauspieler geträumt und gestehst Dir jetzt diesen Wunsch ein. Nach dem erweiterten Weltbild muss sich dieser Traum verwirklichen, wenn du nur genug an ihn glaubst und mit Energie auflädst. So weit, so gut. Aber was macht nun unser Gehirn? Unser Richter im Kopf signalisiert Gefahr. Er wird erst einmal danach streben, eine

Veränderung zu vermeiden. Unser Verstand wird versuchen, uns mit Zweifeln, Ausreden, Versagens- und Existenzängsten und anderen erdachten Szenarien davon abzuhalten, aus unserem gewohnten Einerlei auszubrechen. Es ist wirklich paradox. Auf der einen Seite sehnen wir uns nach bestimmten Dingen und Lebensumständen, auf der anderen Seite sind aber genau wir Diejenigen, die sie nicht zulassen. Ein klassischer Fall von Selbstboykott. Wir sagen, dass wir Geld haben wollen, nicht mehr krank sein möchten oder dünner werden wollen. Unsere Aussagen sind aber so ängstlich und zweifelnd, so dass wir uns in Wirklichkeit auf den Mangel in unserem Leben konzentrieren, anstatt auf das, was wir uns wünschen. Da wir immer das in unser Leben ziehen, auf das wir uns (vor allem gefühlsmäßig) konzentrieren, werden wir damit nur mehr Mangel anziehen und unsere Träume nicht verwirklichen. Unser Verstand reibt sich derweil die Hände, weil er wieder die komplette Kontrolle über uns und unsere Lebensumstände erreicht hat. Er wird uns immer mehr einflüstern, dass es eh nicht klappen wird, da wir zu alt, zu arm, zu dick oder was auch immer sind. Das Geld wächst dann wieder nicht auf Bäumen und der Schuster soll lieber bei seinen Leisten bleiben. Wir alle kennen dutzender solcher Sprüche und Weisheiten, die Veränderung nicht zulassen, und die uns klein und grau unserem Schicksal überlassen. Für die Erfüllung unserer Wünsche ist es wichtig, die alten Verstandesmuster aufzulösen. Es ist an der Zeit, dass wir uns von dem Joch unseres Richters in unserem Gehirn befreien. Wir müssen gedanklich neue Schritte gehen und andere Sichtweisen auf unser Leben in dieser Welt zulassen. Geh neugierig an die Sache heran und versuche, die Dinge einmal aus diesem erweiterten Weltbild heraus zu betrachten. Nimm Dir Zeit, neue Gedanken zu denken. Lass Deinen Geist spazieren gehen. Unser Kopf möchte gerne die Kontrolle behalten und Du solltest ihn wie ein leicht bockiges Pferd erst einmal an der langen Leine lassen. Gewöhne ihn langsam an den Sattel dieser neuen Lebenseinstellung. Wir sind so verstrickt in unserem Denken an all das, was schiefläuft, was uns fehlt und was wir nicht haben wollen. Es ist für uns völlig ungewohnt, mit Freude an die Erfüllung unserer Wünsche und ein anderes freudvolles Leben nur zu denken.

Wenn Du Dich nach einem anderen Job sehnst, dann nimm Dir die Freiheit, ihn in allen Details zu erträumen. Lebe in dem Vertrauen, dass alles so arrangiert wird, dass sich dieses neue Gefühl, das Du mit Deiner neuen Aufgabe verbindest, in Deiner Realität manifestieren wird. Du musst dazu nicht Deine jetzige Arbeitsstelle aufgeben. Wenn Du Dich beruflich gerade nicht wohl fühlst und eine Veränderung zu Deinem Ziel formuliert hast, dann glaube an seine Manifestation. Vertraue darauf, dass das Universum alles so arrangieren wird, dass Du die richtigen Leute triffst, die Dich beruflich weiterbringen. Du wirst Gelegenheiten bekommen, eine neue Aufgabe zu finden, die Dich erfüllt. Deine Aufgabe ist es lediglich, Deine Zweifel auszuschalten, zu vertrauen und während der Zeit bis zur Erfüllung nicht zu hadern. Wenn Du Deinen momentanen Job nicht magst, dann versuche trotzdem, nicht in den Widerstand zu gehen. Statt Dich zu beklagen, versuche die Dinge hervorzuheben, die Du an Deiner jetzigen Aufgabe magst. Das bringt Dich in den Fluss und in die Veränderung. Wenn Du im Widerstand bist, kannst Du nicht empfangen. Du sendest zwar die Schwingungen Deines Zieles aus, aber wenn Du Dich auf der anderen Seite über Deine momentane Situation beklagst und sie als schlecht bewertest, dann sind das Störwellen, die den Empfang Deines Wunsches stören. Mach alles was Du tust, mit einer neuen Zuversicht. Vertraue darauf, dass alles was Du Dir gewünscht hast, auf dem Weg zu Dir ist. Es wird so kommen. Das ist das Gesetz.

Viele weise Menschen haben gesagt, dass der Mensch sich nicht vor seinem Schatten fürchtet, sondern vor seinem Licht. Ich glaube, dass dies leider stimmt. Aber keine Sorge. Ich verspreche Dir nicht vollmundig, dass Du auf eine leichte und bereichernde Weise jeden Bereich Deines Lebens verbessern kannst, nur um dann zu sagen, dass es nicht klappen wird, weil unser Verstand uns aushebelt. Ich weise nur darauf hin, dass wir so sehr darauf konditioniert sind, aus Angst und Mangel heraus zu denken und zu handeln, dass es für uns Normalität ist. Wir bemerken das meistens nicht einmal mehr. Selbst wenn wir glauben, uns auf unseren Wunsch zu konzentrieren, fokussieren wir oftmals unbewusst auf den Mangel, den wir damit verstärken.

Ein gutes Kriterium um zu überprüfen, ob Du den Prozess der Manifestation Deines gewünschten Endergebnisses unterstützt oder blockierst, ist es, darauf zu achten, was Du sagst. Wenn Du Dir zum Beispiel mehr Geld wünschst, dann achte darauf, dass Du nicht über Geldsorgen oder Deine Ausgaben jammerst. Wenn Du Dir eine liebevollere Partnerschaft wünschst, dann rede nicht abfällig über Deinen Partner oder über die Beziehungen anderer Paare. Mit der Gesundheit verhält es sich genauso. Du kannst nicht von Arzt zu Arzt laufen und in allen möglichen Situationen über Deine

Krankheiten oder Ängste bezüglich Deiner Gesundheit reden, und Dir gleichzeitig Deinen Körper als Kraftquelle und Wunderwerk der Selbstheilung vorstellen.

Nicht nur inhaltlich, sondern auch in Bezug auf Deine Wortwahl solltest Du darauf achten, was Du denkst und sagst. Bestimmte Terminologien senden negative Schwingungen aus. Sie führen dazu, dass sich unsere Wünsche langsam oder gar nicht erfüllen. Auch mit unserer Sprache haben wir die Macht, uns selbst zu boykottieren. Nehmen wir zur Veranschaulichung das Beispiel des Wortes „*nicht*": Wenn Du mit der Absicht Gewicht zu verlieren, gut in Richtung Wunschgewicht gestartet bist, werden Aussagen wie: „ich habe schon xy Kilo abgenommen, aber ich schaffe die letzten yz Kilo *nicht*" dazu führen, dass Du es wirklich *nicht* schaffst. Versuche immer, das Glas halbvoll und nicht halbleer zu sehen. Freu Dich über die abgenommenen Kilos. Lege Deinen Fokus auf das, was gut gelaufen ist. Beachte, was schön ist in Deinem Leben, und nimm jeden Fokus von negativen Gedanken und Formulierungen.

In diesem Zusammenhang erinnere ich nochmal an Mutter Theresa. Sie hatte mit der Absage der Teilnahme an einer *Anti*-Kriegs-Demo genau diesen feinen, aber wichtigen Unterschied verdeutlicht. Mit ihrer gleichzeitigen Befürwortung einer Einladung zu einer Friedensdemonstration hat sie die Gegensätzlichkeit der Energie vermeintlich gleicher Ergebnisse auf den Punkt gebracht.

Wir müssen erst wieder lernen, wirklich positiv ausgerichtet zu denken, zu sprechen und vor allem zu fühlen.

Neben dem, was wir denken und sagen, sollten wir ebenfalls in dem Prozess der Manifestation unserer Wünsche unsere Aufmerksamkeit auf unser Handeln legen. Du solltest Dein Handeln ab jetzt auf Dein Ziel ausrichten. Das mag sich im ersten Moment für dich wie ein Widerspruch anhören, da ich ja bereits mehrfach betont habe, dass es äußerst schädlich ist, den Prozess Deiner Wunscherfüllung durch ein Herumwursteln mit der Frage: *wie es gehen könnte* zu behindern. Ich rede hier von einer anderen Art des Handelns. Es geht weniger um den Plan, *wie* Du Dein Ziel erreichen kannst, sondern vielmehr um die Bekundung Deiner Absicht und Deines Vertrauens, dass Du Dein Ziel erreichen wirst und dass sich Dein Wunsch erfüllt. Dein Handeln bringt Dich sozusagen in den Empfangsmodus, der Dich erst in die Lage versetzt, das Geschenk, das auf dich wartet, auch zu bekommen. Wenn Du Dein Ziel formuliert hast, reicht es eben nicht, alles wie gewohnt laufen zu lassen. Es ist falsch zu hoffen, dass das Schicksal als süßes Einhorn verkleidet an Deiner Tür klingelt und Dich in Sternenstaub gehüllt in ein neues Leben entführt. Das wäre auch schade, da Du ja die ganze spannende Reise zu Deinem Zielpunkt verpassen würdest. Du hast das Endergebnis in die Konzeption Deines Lebens eingegeben. Jetzt ist es Deine Aufgabe, Dir die Wanderschuhe für den Weg zu Deinem Ziel anzuziehen und die Tür zu öffnen, damit die Reise losgehen kann.

Erkennst Du den Unterschied? Es geht nicht darum, dass Du weißt, *wie* Du zum Ziel kommst, sondern dass Du Dich auf den Weg machst. Es ist vergleichbar mit einer Reise zu einem Freund, der an einen Ort umgezogen ist, den Du noch nie besucht hast. Du bist entzückt von der Vorstellung, ihn zu sehen. Du packst in Vorfreude ein paar Sachen für Deinen Besuch zusammen und vielleicht sogar ein kleines Geschenk, weil Du Dich wirklich auf das Wiedersehen freust. Du hast beschlossen, mit Deinem Auto zu ihm zu fahren und machst es startklar. Nun gibst Du die Adresse Deines Freundes in das Navigationssystem Deines Autos ein. An diesem Punkt bist Du auf dem Weg zu Deinem erwünschten Endergebnis. Du hast Dein Ziel für die kommende Fahrt Deines Lebens eingeben, veraltete Glaubenssätze entfernt und bist mit Deinem erweiterten Weltbild und neuer Selbsterkenntnis gut für die Fahrt gerüstet. Damit die Fahrt nun wirklich losgehen kann, ist es Deine Aufgabe, Dich in Dein Auto zu setzen, den Schlüssel umzudrehen und den Motor zu starten. Auch das hast Du bereits getan, indem Du die Absicht, Dein Leben zu verändern, mit dem Lesen dieses Buches zum Ausdruck bringst und Dein gewünschtes Ziel formuliert hast. Jetzt musst Du nur noch einen Gang einlegen, damit Du losfahren kannst. Und genau darum geht es. Es hat keinerlei Bedeutung, ob Du genau weißt, welchen Weg Du fahren sollst. Dafür hast Du Dein Navigationsgerät. Es geht darum, abfahrbereit zu sein. Du musst nicht wissen, wo es genau langgeht und wie Du Dein Ziel erreichst. Schließlich diskutierst Du ja auch nicht mit der netten Stimme des Navigationssystems Deines Autos, wenn sie Dir den Weg zu Deinem Zielort weist. Du vertraust darauf, dass sie Dich auf dem besten Weg dorthin führt. Du musst den Weg nicht kennen, sondern lediglich darauf vertrauen, dass Du ankommst. Und zumindest den ersten Gang einlegen.

Wenn Du dich auf eine lange, unbekannte Reise begibst, kommst Du durch verschiedene Orte, die Du vielleicht nicht kennst und hast Begegnungen, die Du vorher vielleicht nicht so geplant hattest. So ist es auch auf der Reise, die Du jetzt antrittst. So wie Du bei Deinem neuen Lebenslauf und im Rahmen Deiner neuen Version Deines Lebens neue Details entdeckt hast, so wirst Du auch jetzt neue Handlungsmuster und Begebenheiten entdecken. Dabei geht es nicht darum, dass Du zielorientiert handelst, sondern darum, dass Du Dich auf die Reise begibst. Steig ein in den Prozess, der jetzt in Deinem Leben zu wirken beginnt. Keine Sorge, Du musst Dein Leben nicht komplett umkrempeln oder all Deine Handlungen hinterfragen, sondern einfach offen sein für die Veränderungen und Zeichen, die in Dein Leben kommen. Das bedeutet *handeln* im Sinne des *Switch Codes*.

Mit der Deiner Zielformulierung hast Du Deinen Wunsch ausgesendet. Jetzt ist es an der Zeit, dass Du auf *Empfänger* umschaltest, damit sich Dein Wunsch erfüllen kann. Konkret bedeutet das: *Halte an Deinem Ziel fest und vertraue darauf, dass Du auf dem richtigen Weg bist.* Schreibe das Drehbuch Deines Lebens neu. Indem Du Deine Gedanken in die Richtung lenkst, die Du vorgegeben hast, und Deine Worte dementsprechend wählst, wirst Du Dich verändern. Du wirst eine größere Intuition erfahren, vielleicht andere Entscheidungen treffen und Deine Prioritäten neu ordnen. Du erhältst eine andere Sichtweise auf Dich und Dein Leben. Ein neues Handeln folgt dann automatisch. Indem Du Dein Verhalten, soweit es Dir möglich ist, auf Deine Träume ausrichtest statt ausschließlich auf Deine momentanen Lebensumstände, hast Du den ersten Gang eingelegt. Du hast Dich auf den Weg gemacht. Der *Switch Point* ist erreicht. Dein Navigationssystem übernimmt nun die Führung. Du bist ab jetzt Reisender auf der Wunschroute Deiner Träume, auch wenn sich im Außen noch nicht viel zeigt.

Natürlich musst du den Weg nicht ruckelig im ersten Gang zurücklegen. Du kannst auch einen Gang höher schalten, um ein wenig schneller und komfortabler an Dein Ziel zu gelangen. Bei Deinem zielorientierten Handeln ist die Frage nach dem *Wie* Du Dein Endziel erreichst, hinderlich, da Du durch diese Fragestellung dem Kompass Deines Lebens in die Parade fährst. Du entziehst Deinem Navigationssystem das Vertrauen. Es ist also nicht die Frage nach dem *Wie*, sondern nach dem *Was*, die Dich auf Deinem Weg zu dem von Dir gewünschten Endergebnis einen Gang höher schalten lässt.

Wie schnell der Turbo sich einschaltet, habe ich selbst erfahren, als in mir der Wunsch aufkeimte, die Kleinstadt, die es nicht gerade gut mit meinen Lebensträumen meinte, zu verlassen. Mein Ziel war es, in die Großstadt Hamburg zu ziehen. Ich wusste, dass ich eine Veränderung meines Umfeldes brauchte, um meine Träume zu verwirklichen. Zu dem Zeitpunkt, hatte ich jedoch keine Ahnung, *wie* ich dieses Ziel erreichen sollte. Hinzu kam ein zeitlicher Druck, da ich nur die Sommerferien als Zeitfenster für einen Umzug hatte. Ich wollte den ohnehin anstehenden Schulwechsel der Kinder für diesen Ortswechsel nutzen. Ich hatte also mehrere Faktoren, die eigentlich darauf hinwiesen, dass es wohl sinnvoller wäre, einfach die Füße still zu halten und sich den Umständen zu beugen. Aber ich hatte mich bereits auf den Weg gemacht. Die Absicht, mein Leben zum Guten zu *switchen,* war fest in mir verankert. Ich erinnere mich nicht noch genau an den Unterschied zwischen dem Gejammer über die trübseligen Aussichten in meinem sehr bescheidenen Leben und dem Moment, in dem ich mein Ziel für mich definiert hatte und der Motor ansprang. Ich saß also bereit zur Abfahrt in mein neues Leben in meinem alten. Gleichzeitig hatte ich das Gefühl, nur den Motor gestartet zu haben, aber ohne einen Tropfen Benzin im Tank. Und dann kam der entscheidende Tag. Es war ein Montagmorgen. Das werde ich nie vergessen, da ich bis heute immer wieder darüber erstaunt bin, wie schnell wir Hilfe und Unterstützung bekommen, wenn wir auf *Empfänger* umschalten. Es war also der besagte Montagmorgen und ich beschloss, mit all der Zuversicht und Erkenntnis, die ich bereits über die Gesetzmäßigkeiten des Lebens hatte, dass es nun an der Zeit wäre zu handeln und meinen Lebensmittelpunkt zu verändern. Da ein Umzug Geld kostet, benötigte ich für dieses Vorhaben auf jeden Fall eine Extraportion Geld. Aber ich brauchte auch eine Wohnung, was als selbständige, alleinerziehende Mutter in einer boomenden Großstadt so gut wie aussichtslos ist, zumindest wenn man seine Kinder ohne Schlagring und Messer zur Schule schicken möchte. Ich saß also an meinem Küchentisch und hatte keine Ahnung, wie ich die Dinge regeln könnte, aber ich wusste, was ich benötigen würde. Ich schlug mit der Hand auf den Tisch und sagte, dass ich jetzt bereit sei und nun das Geld und die Wohnung brauche. Und dann begann das Universum zu rotieren. Ich bekomme immer noch eine Gänsehaut, wenn ich an den Anruf denke, den ich noch am selben Nachmittag bekam. Völlig unerwartet rief mich ein Bankmitarbeiter an. Er sagte mir, dass er zwei Sparbücher der Kinder, die meine Mutter damals für sie angelegt hatte, vor sich liegen habe und er wissen wolle, wie mit dem Geld verfahren werden sollte. Ich war sprachlos. Es gab keinen ersichtlichen Grund, warum ausgerechnet zu diesem Zeitpunkt diese Gelder zur Auszahlung bereitlagen. Keines meiner Kinder war volljährig, noch gab es im Vorfeld irgendeinen Hinweis auf diesen kommenden Geldsegen. Etwa zeitgleich telefonierte ich mit einem Bekannten aus Hamburg und plauderte über dies und jenes. Ich wusste zwar, dass seine Familie einige Immobilien in Hamburg hatte, aber das war bisher nie Thema gewesen. Als ich nun nebenbei erzählte, dass sich mein Wunsch verstärkte, nach Hamburg zu ziehen, bot er mir sofort eine perfekte, bezahlbare Wohnung in einer tollen Lage an. Es war einfach unglaublich. Am Mittwoch derselben Woche hatte ich sowohl das Geld als auch die Wohnung. Es waren genau die Dinge geregelt, die ich brauchte, um mich wieder einen Schritt weiter zu meinem Ziel hin zu bewegen. Dein kritischer Geist mag nun zu Recht einwerfen, warum ich denn nun immer noch in derselben kleinen Wohnung am Küchentisch dieses Buch schreibe, statt mich in der Karibik sorgenfrei in der Hängematte zu bräunen, wenn sich doch alles so schnell manifestieren lässt, was man sich wünscht. Die Antwort darauf ist vielschichtig. Ja, ich gebe Dir Recht, dass ich bestimmt, gerade in Bezug auf die materielle Fülle, noch den ein oder anderen beschränkenden Glaubenssatz habe, der mich davon abhält, eine Millionensumme auf meinem Konto zu verbuchen. Gleichzeitig bin ich davon überzeugt, dass es Teil des großen Plans ist, dass immer für mich gesorgt wird, ich aber gleichzeitig die finanzielle Notwendigkeit habe, etwas machen zu *müssen.* Mein Ziel ist es ja nicht, in der Karibik Cocktails zu schlürfen, sondern mit meiner Persönlichkeit und meiner Kombination aus Geist, Herz und Seele etwas in dieser Welt zu erschaffen und mein Wissen über die Gesetzmäßigkeiten des Lebens mit anderen Menschen zu teilen. Ich habe bei mir also stark die Befürchtung, dass ein Wonneleben in der Karibik mich momentan von meinem Ziel eher abbringen als ihm näherbringen würde. Hinzu kommt, dass das neue Paradigma, also die grundsätzliche neue Denkweise, gerade erst anfängt, in unsere Welt und unser Denken Einzug zu halten. Wir, und da nehme ich mich nicht aus, sind sowohl im Individuellen als auch im Kollektiv von der jahrhundertelangen Unterdrückung der Seele und des Geistes durch die Mechanismen der Angst und des Mangels geprägt. Es ist quasi unmöglich, in unserer Gesellschaft komplett nach der neuen Weltsicht zu leben. Aber ich bin auf dem Weg und ein gutes Beispiel dafür, wie präzise die Gesetze des neuen Paradigmas wirken. Hinzu kommt, dass es gar nicht gut wäre, wenn unsere Wünsche sich unmittelbar erfüllen würden. So wie sich die Details im Erschaffen Deiner neuen Lebensvision ergeben, so ergibt sich auch ein neues Selbst auf dem Weg zu Deinem Zielpunkt. Das ist das Wichtige in dem Prozess. Du bist nicht mehr länger der Ackergaul, der in den eingestampften Pfaden mühselig seine Furchen zieht, sondern das verspielte Fohlen, das sich und das Leben neu entdeckt. Dieses Geschenk würden wir uns selber nehmen, wenn wir uns mit einem Fingerschnippen von unserem jetzigen Punkt zu einem anderen *beamen* könnten. Wir würden uns selbst der Magie des Lebens berauben. Der Schritt in die Veränderung Deiner Persönlichkeit und die Entdeckung Deiner eigenen Schöpferkraft ist der Anfang eines spannenden Abenteuers... und wer weiß? Vielleicht ist Dein eingegebenes Ziel auch nicht der Endpunkt, sondern nur ein Zwischenstopp auf der Reise Deines Lebens.

Deine vorherrschende Aufgabe ist es, achtsam zu sein während das Leben sich von sich aus in die Richtung ändert, die Du vorgegeben hast. Achtsamkeit bedeutet in diesem Zusammenhang nicht, dass Du Dich verbissen konzentrieren musst oder im anderen Extrem (wie in der buddhistischen Lehre) das Weltliche überwinden sollst, sondern dass Du ganz einfach Deine Aufmerksamkeit von dem Negativen auf das Positive lenkst. Dass Du versuchst, das *Jetzt* zu erleben. Da Achtsamkeit ein so wichtiges Element ist und gleichzeitig so oft missverstanden wird, möchte ich an dieser Stelle auf die hier gemeinte Definition des Wortes eingehen:

Eine der in der Forschungsliteratur am häufigsten zitierten Definitionen von Achtsamkeit stammt von *Jon Kabat-Zinn* (*1944). Demnach ist Achtsamkeit eine bestimmte Form der Aufmerksamkeit, die

- absichtsvoll ist,
- sich auf den gegenwärtigen Moment bezieht (statt auf die Vergangenheit oder die Zukunft),
- nicht wertend ist.

Im Gegensatz zu der buddhistischen Interpretation von Achtsamkeit, die in ihren Grundzügen eine Überwindung des Leidens und Stress durch Meditation und eine Art Abkehr von der Welt, wie wir sie erleben, zum Ziel hat, beinhaltet diese Art der Definition eine weltzugewandte Komponente, die ich gut finde. Ich glaube nicht, dass es uns und unserer Welt zugutekommt, wenn wir uns in endlosen Meditationen immer weiter vom Leben entfernen. Damit will ich nicht sagen, dass es nicht richtig ist, zu meditieren. Ich habe betont, dass der Rückzug in Dein *Switch Home*, den Ort, in dem Du in Ruhe Deine Gedanken und Gefühle ordnen, fühlen und verändern kannst, sehr gut über Meditation erfolgen kann. Auch ist die Meditation ein wundervolles Element, um sich dem Stress der illusionären Welt zu entziehen und wirklich bei sich anzukommen. Ein altes Sprichwort sagt bereits: „In der Ruhe liegt die Kraft", was definitiv auch so ist. Es geht also nicht darum, den Weg der Meditation zu verteufeln. Auch hier geht es um Erweiterung. Ich möchte Dich dazu ermutigen, Dein Dasein in ein freudvolles Leben zu transformieren, nicht dazu, Dich aus dem Leben mit all seinen Erfahrungen zurückzuziehen. Aus diesem Grund befürworte ich die Definition der Achtsamkeit von Kabat-Zinn.

Da Achtsamkeit so wichtig ist und gleichzeitig oft falsch verstanden wird, möchte ich näher darauf eingehen, was es in Bezug auf den *Switch Code* bedeutet, *achtsam zu sein*.

Absicht

Kabat-Zinn definiert Achtsamkeit als Aufmerksamkeit, die *absichtsvoll* ist. Wir haben bereits an anderer Stelle über die Kraft der Absicht gesprochen. Vielleicht hast Du eine schriftliche Absichtserklärung verfasst, die Dir nun, im Rahmen des Prozesses zur Verwirklichung Deiner Ziele im Leben, nutzt. Auf jeden Fall hast Du Dein Ziel in das Navigationssystem Deines Lebens eingegeben. Es ist in diesem Zusammenhang egal, ob Du mehr mit Absicht oder Wunsch

Dein Leben *switchen* möchtest. Achtsamkeit bedeutet in unserem Falle, dass Du Deine Aufmerksamkeit auf die Dinge richtest, die im Einklang mit der Erfüllung Deines Wunsches stehen. Versuche Deine Gedanken und Gefühle in eine positive Richtung zu lenken. Nicht indem Du krampfhaft versuchst, über Deinen Geist Kontrolle auszuüben, sondern indem Du einfach nach Gedanken, Dingen, Menschen und Situationen Ausschau hältst, die Dir Freude machen, auf sie *achtest*.

Stehe morgens mit der Absicht auf, einen schönen Tag zu erleben. Vielleicht wirst Du im Rahmen dieser absichtsvollen Ausrichtung, die schönen Dinge in Deinem Leben erkennen. Du kannst Dein Leben vom dicken Staub Deiner eingefahrenen Muster befreien und die kleinen Geschenke Deines Lebens neu entdecken. Alle Freude, alles Glück ist bereits in Dir.

Unser Leben ist ein unbestellter Acker mit unendlich vielen Samenkörnern, reich an schönen Momenten. Wir besitzen ein riesiges Potenzial an Möglichkeiten. Indem Du Deine Aufmerksamkeit von den Dingen abziehst, die Dich an Deine unbefriedigende Lebenssituation ketten, wirst Du wieder frei, auf die kleinen Pflänzchen zu achten, die Dein Wunsch nach Veränderung gewässert hat. Du wirst Deinen Blick nicht mehr sehnsuchtsvoll zu einem unerreichbaren Ziel schweifen lassen, sondern die kleinen, feinen Veränderungen wahrnehmen. Sie zeigen sich bereits jetzt in Deinem Leben, nur dadurch, dass Du Dir selbst und Deinem Dasein liebevolle Aufmerksamkeit schenkst.

In diesem Zusammenhang ist wiederum das Gefühl der Dankbarkeit ein machtvolles Instrument. Sie lenkt unsere Konzentration auf unseren Acker, in dem die Erfüllung al unserer Wünsche bereits vorhanden ist. Wenn Du aufmerksam nach all den kleinen und großen Geschenken Ausschau hältst, für die Du jetzt schon in Deinem Leben dankbar bist, dann ist dies der Wasserstrom, der die Samen der Erfüllung Deines Zieles zum Sprießen bringt. Ein gutes Hilfsmittel ist ein Tagebuch. Nimm Dir, wann immer Du Lust und Zeit hast, Zettel und Stift und notiere die Dinge, für die Du Dankbarkeit empfindest. Es unterstützt diesen Prozess. Auch wenn Du im Außen keinerlei Veränderung feststellst, können kleine Aufzeichnung und Notizen Dein ganzes Leben umkrempeln.

Wie in allen Aspekten des *Switch Codes* gibt es auch hierbei kein Richtig und Falsch. Du kannst Dich für das Lächeln der Bäckereifachverkäuferin genauso bedanken wie für die Gesundheit und Liebe Deines Kindes oder Partners. Es gibt kein Groß oder Klein, keine Bewertung. Auch kannst Du Dich jeden Tag aufs Neue für die gleichen Dinge bedanken. Wichtig ist nur das Bewusstsein. In jeder Lebenssituation, egal wie schwierig sie sein mag, gibt es irgendetwas, wofür wir dankbar sein können. Sei es der Schmetterling, der an uns vorbeifliegt, ein Regenbogen, ein lächelndes Kind, der Postbote oder ein leckeres Brot. Auch Du wirst jede Menge Dinge in Deinem Leben finden, für die Du dankbar sein kannst und die gut laufen.

Wenn Du gerade richtig deprimiert bist und Dir gar nichts einfällt, wofür Du dankbar bist, oder Du Dich nicht wirklich gedanklich öffnen kannst, dann konzentriere Dich einfach auf das natürliche Ein- und Ausströmen Deines Atems. Fühle, wie sich Dein Bauch beim Einatmen wölbt und wie die angewärmte Luft beim Ausatmen aus Dir strömt. Es ist wunderbar, bewusst zu erleben, wie der Körper ohne unser

Zutun frische Luft in unseren Körper zieht und alles Verbrauchte wieder ausatmet. Bleibe einfach beim Beobachten dieses Ablaufes, bis Du Dich entspannst. Selbst, wenn Du so verzweifelt bist, dass es Dir nicht gelingt, etwas Positives zu empfinden, verschafft Dir die Konzentration auf Deinen Atem Erleichterung. Alles ist besser als negative Gedanken und Emotionen zu füttern, da diese die Negativität in unser Leben bringen.

Ich selbst bedanke mich jeden Abend vor dem Einschlafen für die Menschen, die Begegnungen, die großen Wunder und die kleinen Nebensächlichkeiten, die Denkanstöße und die Erfahrungen, die mein Leben bereichern. Wenn ich zu müde bin, um mir bewusste Gedanken zu machen, für was ich in meinem Leben dankbar bin, versuche ich einfach, mit dem Gefühl der Dankbarkeit einzuschlafen. Es ist nebensächlich, ob Du Dir bewusst Zeit nimmst, die Dinge, für die Du dankbar bist, aufzuschreiben, oder das Gefühl der Dankbarkeit einfach in Dir erzeugst. Wichtig ist, dass Du eine Art Entspannung und Erleichterung in Deiner momentanen Situation empfindest. Betrachte Dein Leben mit der Absicht, Dankbarkeit zu empfinden. Du wirst im Laufe der Zeit immer empfänglicher für die kleinen und großen Dinge, die in Deinem Leben gut sind. Probiere es aus.

Der Absicht folgt die Aufmerksamkeit und der Aufmerksamkeit die Energie. Je mehr wir unsere Aufmerksamkeit bewusst auf die Bereiche, Kleinigkeiten, Situationen und Empfindungen lenken, die in uns das Gefühl der Dankbarkeit oder Freude erzeugen, desto mehr verdichten wir unsere positive Energie. Ist diese Energie stark genug, wird sie die positiven Veränderungen in unserer physischen Welt herbeiführen. Das ist physikalisches Gesetz. Wir erzeugen den ganzen Tag Schwingungen, ob wir es wollen oder nicht. Das Gesetz der Resonanz gibt uns das zurück, was wir schwingungsmäßig aussenden. Indem wir unsere Aufmerksamkeit, mit der Absicht positivere Schwingungen zu erzeugen, von den negativen Aspekten unserer derzeitigen Lebenssituation abziehen, schaffen wir die Möglichkeit, dass sich unser Leben komplett zum Guten *switcht*. Da Gleiches Gleiches anzieht, wird jeder Gedanke, der positive Gefühle in Dir auslöst, zu weiteren positiven Empfindungen und Gedanken führen. Diese zeigen sich dann in positiven Veränderungen in Deinem Leben. Du bist der Kapitän. Da Du nicht gleichzeitig gute und schlechte Schwingungen aussenden kannst, liegt es an Dir, Dich zu entscheiden. Du kannst versuchen, in jeder Situation, in jedem Gespräch, in jeder Begegnung oder auch wenn Du allein die Wand anstarrst, die guten Aspekte zu finden oder in Deiner negativen Bewertung verharren. Ist Dein Glas halbvoll oder halbleer? Es ist Deine Entscheidung.

Das Jetzt

Unsere Definition der Achtsamkeit bezieht sich auf den gegenwärtigen Moment, ungeachtet der Vergangenheit und der Zukunft.
Die Vergangenheit ist vorüber und die Zukunft noch nicht eingetreten. Es gibt also nur die Gegenwart, den momentanen Augenblick, der wirklich existent ist. Leider achten wir diese unsere einzige Realität sehr wenig. Wir vergeuden den Augenblick, indem wir in der Vergangenheit schwelgen,

über die Zukunft grübeln oder uns einfach nur durch ständige Berieselung und alltägliche Routine von der Macht des Augenblicks ablenken. Der Prozess des *Switch Codes* fordert Dich auf, den Moment zu achten. Tauche wieder ein in das Wunder des Lebens, welches sich in jedem Moment Deines Seins sich Dir offenbart. Spüre die Lebendigkeit, die in dem gegenwärtigen Augenblick wohnt. Unserem Richter im Kopf fällt es nicht leicht, sich auf diese ewige Wirklichkeit der Gegenwart einzulassen. Er möchte die Vergangenheit analysieren und die Zukunft vorwegnehmen. Die Gegenwart ist für unseren Verstand nicht an sich lebendig, sondern ein Konstrukt, welches er mit erschaffen hat. Im Rahmen dieser illusionären Kontrolle verlieren wir die Magie des Augenblickes aus den Augen. Wir spüren nicht mehr die Schönheit der Schöpfung, das Wunderwerk unseres Körpers, die Gefühle der Dankbarkeit, wenn wir versuchen, die Gegenwart unserer Vergangenheit und Zukunft unterzuordnen. Wir bekommen eine schnöde Vorstellung einer gegenwärtigen Realität geliefert, die eher einem Gefängnis gleicht denn einem erfüllten, lebendigen Leben. Die Illusion einer eigenständigen Vergangenheit und Zukunft, außerhalb der Wirklichkeit der Gegenwart, lähmt uns. Sie schneidet uns von der Macht unserer eigenen Schöpferkraft ab und führt zu viel Leid auf dieser Welt. Durch Projektionen auf eine veränderte Zukunft haben ganze Völker unendliches Leid ihrer jeweiligen Gegenwart erfahren. Der Gedanke an ein Großdeutsches Reich führte zur Ermordung von Millionen deutschen Bürgern jüdischen Glaubens. Bei der kommunistischen Revolution in Russland verhungerten Millionen Bauern, obwohl der Aufstand gerade die Arbeiter und Bauern von ihrem Leid befreien sollte. Der Glaube an zukünftiges Heil kann die Gegenwart zur Hölle machen. Selbst die Kirche, die sich auf die Bibel beruft, in der ganz klar steht, dass der Mensch sich nicht um das Morgen sorgen und sich beim Bestellen des Ackers nicht umdrehen soll, droht dem Menschen mit dem Jüngsten Gericht. Diese Heilsversprechen und gleichzeitige Drohung mit der Hölle findet sich auch in anderen Religionen. Sie führt bis heute zu Versklavung, Folter und Tod.

Unser Verstand wird mit einer illusionären Vorstellung von Zeit indoktriniert. Er maßregelt den Menschen dermaßen, dass er kaum eine Chance hat, die Vitalität, Individualität, Schönheit, Kreativität und das Wunder des Augenblickes zu erkennen. Deshalb ist es so wichtig, den Moment wieder als einzige Realität anzuerkennen und zu achten.

Indem wir den Moment leben, also unsere Achtsamkeit auf die Gegenwart lenken, befreien wir uns aus der Fessel der Vergangenheit und Zukunft. Wir haben eine antrainierte Vorstellung davon, wie unser Leben zu laufen hat und sich entwickeln wird. Diese hat, zusammen mit unseren alten Mustern, Bewertungen, Handlungsweisen, Vorstellungen und Wünschen, unsere Idee vom Leben geprägt. Es wird Zeit, dass Du Dein Drehbuch neu schreibst und Deine Identifikation mit einer Scheinrealität auf Basis der Illusion von Zeit aufgibst. Aber keine Sorge, Du gibst Nichts auf. Im Gegenteil: Du hebst nur den Schleier der Illusion. Du bist nicht der, der Du zu sein glaubst. Du bist nicht länger dick oder dünn, arm oder reich, allein oder in einer unbefriedigenden Beziehung, erfolgreich oder am unteren Ende der sozialen Leiter. Du bist dieses wunderbare Wesen, das gerade in diesem Moment diese Sätze liest. Nicht mehr und nicht weniger. Das Leben ist Deines. Achte es und Du wirst merken, wie Du nach und nach wieder der Hauptakteur in Deinem Leben wirst. Das Leben gewinnt wieder an Frische und Farbe. In unserem Falle bedeutet dies, dass Du im Prozess, in dem der *Switch Code* langsam anfängt, die Tür zu dem Leben Deiner Wünsche zu öffnen, die Gegenwart nicht länger ablehnst. Denke nicht mehr an die Fehler der Vergangenheit, die gar keine Fehler waren. Alles ist in der Gegenwart vorhanden. Du musst nur Dein Denken von dem, was war und dem, was noch nicht ist, auf den Moment lenken, der gerade stattfindet. Versuche die Gegenwart immer mehr in Verbindung mit Deinen Träumen zu erleben. Spüre das Sonnenlicht, mache Dir Mut, sei achtsam den vielen kleinen Dingen gegenüber, die das Leben (auch Deines) so einzigartig und kostbar machen. Der Geist wiederholt irgendwann nicht mehr die alten Trampelpfade. Wir identifizieren uns nicht mehr länger mit dem, was scheinbar real ist und haben die Chance, in einem brandneuen *Jetzt* unsere Zukunft selbst zu gestalten. Erkenne, dass der Moment, den Du gegenwärtig erlebst, die einzige Realität ist. Nimm ihn als Deinen Verbündeten an und nicht als Deinen Feind, den es zu überwinden gilt. Lebe Deine Gegenwart mit einem neuen Gefühl der Macht. Mache Dir bewusst, dass alle Hebel in Gang gesetzt wurden, damit sich Deine Wünsche in der perfekten Form zu dem perfekten Zeitpunkt erfüllen. Alles ist arrangiert. Du bewegst Dich auf Dein Ziel hin und kannst den Luxus genießen, Dich an der Fahrt Deines Lebens zu erfreuen. Wenn du die Gegenwart achtsam erlebst, wirst Du im Laufe Deiner Reise vom Ausgangspunkt zum Ziel die ersten Anzeichen für die Manifestation Deiner Wünsche bemerken. Vielleicht lernst Du auf einmal neue Menschen kennen, die Dich unterstützen oder motivieren. Vielleicht ist es ein Artikel in einer Zeitschrift, ein Gespräch, ein Buch oder eine plötzliche Eingebung, die Dein Leben immer weiter in Richtung Deines Zieles *switcht*. Genieße den Moment und Du genießt das Leben.

Du magst Dich jetzt vielleicht fragen, ob dies nicht ein Widerspruch ist. Du sollst auf der einen Seite Vergangenheit und Zukunft nicht beachten, sondern nur den Moment, aber gleichzeitig Deine zukünftigen gewünschten Veränderungen visualisieren. Wie kann ich mich in mein erwünschtes Ziel, das ja noch nicht eingetroffen ist, hineinfühlen, ohne in die Illusionsfalle einer Zukunftsvision zu tappen? Die Antwort ist ganz einfach und in dem Prozess des *Switch Codes* begründet. Indem Du den vorherigen Schritten des *Switch Codes* folgst, bist Du schon auf dem Weg in Deine erwünschte Zukunft. Dein Ziel ist nicht eine Wunschvorstellung, der Du sehnsüchtig hinterherhechelst, sondern ein gut eingeleiteter *Prozess*, der den Gesetzen des Lebens und des Universums folgt. Indem Du an Dein Ziel glaubst, Deine kleinen Schrittchen in Richtung der Realisierung Deiner Träume machst, visualisierst und auf Deine Gedanken achtest, ist Dein Wunsch keine Zukunftsvision mehr, sondern bereits Teil Deiner Gegenwart. Du verlagerst nichts in die Zukunft, sondern erschaffst es in der Gegenwart, indem Du achtsam in dem Moment bleibst. Selbst wenn Du Dir Deine Zukunft entsprechend Deines Ziels in allen Facetten ausmalst, geschieht es im *Jetzt.* In dem Moment, in dem Du visualisierst, erschaffst Du in der Gegenwart Deine Zukunft. Eine Zukunft, die es ohne Deine *Gegenwärtigkeit* nicht geben kann. Du hast den Mut, auch in den Momenten, in denen Du vielleicht am liebsten alles hinschmeißen und Dich wieder in Dein altes Denken vergraben würdest, an die Erreichung Deines Zieles zu glauben. Du brauchst die Lebendigkeit des Augenblicks, um Deine Freude, Deine Neugierde, Deine neuen Gedanken und das kleine, zarte Vibrieren zu spüren. Diese Emotionen laden Deine Wünsche in der Gegenwart emotional so auf, dass sie sich in der Zukunft erfüllen müssen. Du erschaffst in der Gegenwart, in diesem Moment, mit Deinen Gedanken und Gefühlen Deine Zukunft. Sie ist nicht unabhängig von dem Augenblick, den Du gestaltest. Sie richtet sich danach, wie Du die Wirklichkeit der Gegenwart annimmst. Du schreibst in jedem Moment Deine Noten. Die Zukunft ist lediglich das Orchester, das die Symphonie Deines Lebens spielt.

Wertfreiheit

Jon Kabat-Zinn definiert Achtsamkeit als Aufmerksamkeit, die *nicht wertend* ist. In meinem Verständnis liegt hier der Fokus auf der vorbehaltlosen Akzeptanz dessen, was ist. Akzeptiere die Gegenwart so, wie sie sich gerade präsentiert, ohne sie zu bewerten. Durch jede Art der Bewertung erliegen wir der Illusion einer universalen Realität, die es nicht gibt. Wir beginnen, uns an dieser scheinbar existierenden Wirklichkeit zu messen und landen in der leidvollen Falle des Sich Vergleichens. Indem wir unsere Figur mit der unserer Fitnesstrainerin vergleichen, unser Einkommen und Erfolg an Managern in Großkonzernen messen, unsere Beziehungen im Vergleich zu den Paaren der Hochglanzmagazine betrachten, erschaffen wir uns unser eigenes Leid. Wir achten nicht mehr auf das, was wir in diesem Moment Gutes haben und erleben, sondern fokussieren uns auf andere Menschen, andere Leben und füttern unsere Sehnsucht. Wie wir bereits gesehen haben, ist das sehnsuchtsvolle Wünschen ein Gefühl des Mangels, welches gesetzmäßig mehr Mangel in Dein Leben bringt. Es ist also nicht nur überflüssig, sein eigenes Leben mit denen der anderen

252

zu vergleichen, sondern äußerst kontraproduktiv. Indem Du versuchst, bei Dir zu bleiben und nur darüber nachzudenken, wie Du Dein Leben verändern möchtest, kommst Du Deiner eigenen Schöpferkraft näher. Du kannst alles sein, was Du möchtest, alles erreichen, was Du Dir wünschst, aber Du kannst nicht mit einem anderen Menschen tauschen. Und das ist auch gut so.

Wir werden alle als unschuldige Wesen in eine Welt geboren, die uns viele Möglichkeiten zu individuellem Wachstum bietet. Wir artikulieren unsere primären Bedürfnisse an unsere Umwelt völlig wertfrei. Im Laufe der Zeit konfrontieren uns die Umwelt und die Gesellschaft mit ihren Bedürfnissen nach Kontrolle, Sicherheit und Macht. Wir übernehmen Werte und Normen unserer Eltern, unserer Kultur und werden ideologisch geprägt. Zug um Zug passen wir unser Denken, Handeln und Fühlen den äußeren Bedingungen an. Wir vergessen mehr und mehr unseren freien und göttlichen Ursprung. Irgendwann sind wir dann so voll mit Glaubenssätzen, antrainierten Handlungsmustern und normativen Wertvorstellungen, dass kaum noch Platz bleibt, unsere Einzigartigkeit und Schöpferseele zu spüren. Wir verlieren den Zugang zu unseren Wünschen und Träumen.

Ich bin mir durchaus bewusst, dass eine intakte soziale Gesellschaft Normen und Werte braucht, aber statt durch ein friedliches Miteinander, das durch bestimmte sinnvolle Verhaltensmuster geregelt wird und das Potenzial des Einzelnen fördert, werden wir entmündigt. Im Laufe unserer Entwicklung wird uns gesagt, wie wir zu sein haben, was wir denken sollen und schließlich, wer wir sind. Wir fragen uns gar nicht mehr, ob dies wirklich das Leben ist, wie wir es empfinden oder uns wünschen. Mit der zunehmenden Reglementierung geht ein hoher Verlust der Individualität und des Gefühls der Einzigartigkeit einher. Dies endet oftmals darin, dass Lebendigkeit und Kreativität in einem Maße verloren geht, dass wir unser Leben mehr fristen, als es zu genießen und selber zu gestalten. Schritt für Schritt identifizieren wir uns mit den Wertungen und Bewertungen über uns, die Welt und das Leben. Schließlich halten wir diese Identifikation für die absolute Realität, in der wir unseren Geist nur noch wie einen Dackel ums Haus spazieren führen. Im Rahmen des Prozesses ist es immer wieder Deine Aufgabe, zu hinterfragen, an welcher Stelle Dich bestimmte Glaubensmuster und übernommene Wertvorstellungen an die Leine genommen haben, und Dir den Weg zu einem wahrhaft erfüllten Leben verstellen. Unser altes Weltbild, Deine Familie, die Gesellschaft, Deine bisherigen Erfahrungen haben Dich in ein Korsett gezwängt, von dem es sich zu befreien gilt. Die Bewertung, die Dich Dein Leben lang begleitet hat, ist maßgeblich an der Situation beteiligt, in der Du Dich jetzt befindest. Wenn wir wieder lernen, die Dinge einfach so zu betrachten, wie sie sind, werden wir andere Facetten an ihnen entdecken. Wenn wir Gedanken zulassen und vorbeiziehen lassen, ohne sie zu bewerten, dann hören wir auf, uns in Grübel Spiralen zu verfangen. Je mehr Du den Moment annimmst, wie er ist und Deine Bewertung ausschaltest, desto mehr feine Nuancen wirst Du in ihm entdecken. Ich glaube nicht, dass es uns möglich ist, immer in den totalen Zustand absoluter Wertfreiheit und Achtsamkeit zu leben, aber wir können uns darin üben. Auch Du kannst das. Wir haben die Möglichkeit, den Moment positiv oder negativ zu bewerten, ihn zu ignorieren oder ihn zu leben. Wenn wir ihn leben, dann wird er lebendig. Du wirst dann viel mehr

Informationen, Gefühle, Kreativität, Frische und Neugierde empfinden. Es geschieht durch Deine nicht wertende Achtsamkeit. Mit der Zeit wirst Du spüren, wie Deine Wahrnehmung sich verändert und Du Dein Leben anders empfindest. Dazu braucht sich in der Außenwelt nicht viel ändern. Das ist großartig. Du musst nicht viel mehr tun, als Deine Bewertungsinstanz in Deinem Gehirn ab und zu in den Urlaub zu schicken. Schon hast Du die Weichen für große Veränderungen gestellt. Es ist immer Deine Entscheidung, ob Du einfach auf Deinem Sofa liegen willst und frustriert in den Fernseher schaust, oder ob Du den Luxus genießt, auf dem Sofa zu liegen und gezielt nach Informationen und Geschichten Ausschau zu halten, die Dich berühren. Vielleicht ist von außen betrachtet überhaupt kein Unterschied in der Szenerie, vielleicht nicht einmal in der Wahl Deines Fernsehprogrammes, und trotzdem sind es völlig unterschiedliche Lebensgefühle, die Du haben kannst.

Bei mir kann ich es gerade an den sehr banalen Dingen schnell spüren, ob ich achtsam im Hier und Jetzt bin, oder ob ich mich einfach nur vor dem Leben drücke. Um Dir zu verdeutlichen, was ich meine, beschreibe ich eines von diesen kleinen, eigentlich unbedeutenden Alltagsgeschehnissen: Meine Tochter bekam vor ein paar Tagen zwei Weisheitszähne gezogen und ich wusste, dass die nächsten Tage für sie und mich ruhig und nicht besonders lustig werden würden. Ich dachte, dass ich die Zwangsruhe zwischen Kühlkissen und Breikochen auch für mich nutze und kaufte mir eine der vielen Frauenzeitschriften, um es mir zu Hause bequem zu machen. Gesagt, getan. Ich machte es mir also zu Hause auf meinem Sofa mit der Zeitschrift gemütlich. Meine Tochter hatte ich mit dem Nötigsten versorgt und fing an zu blättern. Eigentlich wollte ich abschalten, aber mein Verstand nutze sofort die augenscheinliche Ruhe, um die Macht zu übernehmen. Obwohl meine Tochter fast erwachsen ist, litt ich mit ihr und fühlte mich ein wenig hilflos. Zu diesem Gefühl gesellte sich die Frage, ob ich mich genug kümmerte, wenn ich die Zeit, die sie vor dem Fernseher saß für mich nutzte. Im Nu zog dieser Gedanke weitere, ähnliche Gedanken nach sich und während ich die Artikel der Zeitschrift überblätterte, fand ich mich in einem furchterregenden Szenario wieder: Ich hatte als Mutter, aber auch in meiner Funktion als Ernährer der Familie komplett versagt. Mit einer Prise Selbstmitleid gewürzt, stürzte ich mich in die Rolle des Opfers, das von Gott und der Welt allein gelassen war. Kurze Zeit später beschimpfte ich schließlich unseren Staat, der zuließ, dass sich alleinerziehende Frauen ohne einen Mindestunterhalt für ihre Kinder allein durchschlagen müssen. Ich war so in meiner Negativschleife gefangen dass es mir fast zu viel wurde, mich liebevoll um mein Kind zu kümmern. Ich vergaß tatsächlich, die Kühlkissen wieder ins Eisfach zu legen. Die Situation war mir kurzfristig total entglitten. Ich feuerte die Zeitschrift in die Ecke und fand alles und jeden doof – mich eingeschlossen. Frustriert knallte ich mich vor den Fernseher. Ich zappte mich durch alle Sender, ohne an irgendetwas Gefallen zu finden. Schließlich fing ich an zu schreiben und bekam keinen Satz auf das Papier. Ich fühlte mich wie der größte Versager auf Gottes Erdboden. Zum Glück habe ich viel über das Leben und darüber, wie es funktioniert, lernen dürfen. Ich wusste, dass die Situation durch meine Bewertung so viel Schrecken verbreitete obwohl eigentlich gar nichts Schreckliches passiert war Damit will ich nicht sagen, dass sich nicht dringend etwas an der Unterhaltsregelung in unserem Staat ändern muss oder dass die Wange meiner Tochter sich nicht unnatürlich blau verfärbte, aber das ist eine andere Ebene. Die Dinge passieren und sind so wie sie sind. Wir müssen entweder über die Ratio, per Gesetz oder auch praktisch darauf reagieren, ohne Frage. Aber es ist selbstverschuldetes Leiden, wenn wir uns in Zweifeln, Ängsten, Beschuldigungen, Vergleichen, Selbstmitleid oder Werturteilen suhlen. Damit schließen wir uns von der Wirklichkeit der Gegenwart und somit vom Leben aus. In dem Moment, in dem Du Dich in negativen Gedanken verlierst, gibst Du Deine eigene Handlungsfähigkeit auf. Das nützt weder Dir, den vom Staat ungerecht Behandelten, Deinem Kind, noch dem Weltfrieden. Im Gegenteil. *Dein Leben ist so, wie Du denkst, dass es ist.* Eine Weisheit, die wahr ist und Dir alle Macht gibt, Dein Leben nach Deinen Wünschen bzw. Gedanken zu leben. Also machte ich eine Kehrtwende. Ich packte die Kühlkissen in das Gefrierfach, kochte Suppe und telefonierte mit Freunden. Mir ging es nicht bombig, aber ich war nicht länger in der Grübel Falle. Abends packte ich die ganzen Reste des geistigen negativen Mülls zusammen und schickte sie nett gebündelt in den Himmel. Das war dann die wirkliche Erleichterung. Im Anschluss konnte ich mich über mich selber amüsieren. Ich bedankte mich dafür, dass ich mir meiner Unbewusstheit mal wieder bewusstwerden durfte und schlief mit einem Lächeln ein. Am nächsten Tag fischte ich die Zeitschrift, die ich in den Müll geworfen hatte, wieder raus und fing erneut an zu blättern. Die Zeitschrift, die ich am Vortag auf indiskutable Modestrecken voller nichttragbarer Mode reduziert und für blöd erklärt hatte, war auf einmal voller kleiner Wunder. Ich entdeckte ein wunderbares Rezept für Apfelkuchen und beschloss, mal wieder ein paar

Freundinnen zum Kaffee einzuladen. Eine dieser Freundinnen, bei der ich mich ewig nicht gemeldet hatte, rief ich spontan an. Wir hatten so viele spannende Dinge zu besprechen, dass wir uns gleich für die nächste Woche verabredeten. Einige Seiten später las ich einen Artikel über ein Paar, dass mit fast neunzig Jahren einen gemeinsamen Neuanfang wagte. Den hatte ich vorher überblättert. Ich war fasziniert. Es waren meine Gedanken, die ich in diesem Artikel wiederfand. Dieser Lebensbericht bestätigte meine Überzeugung, dass man nie zu alt ist, um das Leben, sich Selbst oder auch einen anderen Menschen neu zu entdecken. Ich war berührt. Ich spürte die Dankbarkeit und beschloss, diese kleine Alltagsanekdote hier aufzuschreiben, auch wenn es vielleicht zu banal oder persönlich ist. Nachdem ich meine Tochter mit Suppe versorgt hatte, machte ich den Fernseher an und zappte, wie am Vortag durch das Programm. Ich war begeistert über die vielen Bilder, Geschichten und Inspirationen, die ich freudig aufnahm. Dabei möchte ich anmerken, dass sich das Programm nicht wesentlich von dem des Vortages unterschied. Ich sah in einer eher lächerlichen Sendung einen kurzen Kommentar über Steven „Steve" Paul Jobs (1955-2011), dem Mitbegründer und langjährigen CEO von Apple Inc., in dem er eine Rede mit den Worten *„bleibt hungrig und tollkühn"* schloss. Mir schossen fast die Tränen in die Augen, da mich diese Worte in dem Moment so berührten. Damit schaltete ich den Fernseher aus und wurde mir wieder einmal bewusst, dass ein fast gleicher Tag sich vollkommen anders anfühlen kann. Das Leben ist das, was wir daraus machen.

Wir kreieren durch unsere Gedanken unsere eigene Wirklichkeit und unsere Emotionen. Diese Verbindung von Denken und Fühlen erschafft wiederum die Wirklichkeit, in der wir leben. Durch Achtsamkeit im gegenwärtigen Moment haben wir all die Macht, die wir brauchen, um unser Morgen nach unseren Vorstellungen zu gestalten.

Versuche, Dich im Alltag in Achtsamkeit zu üben. Die Gesetzmäßigkeiten des Lebens werden Dich zu Deinem Ziel führen. Wie, wann und wo wird für Dich geregelt. Deine Aufgabe ist es einzig und allein, den Moment, der Dir jetzt gerade geschenkt ist, zu achten und Deinem Ziel entsprechend zu leben.

Neuer Lebenslauf

Du hast Dein Ziel formuliert. Du hast darüber hinaus die feste Absicht, es jetzt in Deinem Leben zu manifestieren. Im Zuge dessen, ist es an der Zeit, dass Du Dir einen neuen Lebenslauf zulegst. Das heißt, Du hast den *Switch Point*, an dem die Manifestation Deines Wunsches beginnt, erreicht. Dein Leben ist dabei, sich zu verändern. Du hast den Lauf Deines Lebens in die von Dir gewünschte Richtung geändert. Es liegt jetzt an Dir, diesen neuen Lebenslauf zu verinnerlichen und zu Deiner neuen Realität zu machen. Es ist nicht leicht, diesem tiefgreifenden Prozess, den Du jetzt in Gang gesetzt hast, zu vertrauen. Noch schwieriger wird es, wenn sich an den äußeren Gegebenheiten Deines Lebens erst einmal nichts ändert. Wenn Du Dir Wohlstand und Fülle zum Ziel gesetzt hast, wirst Du nicht morgen in einem Schloss aufwachen und mit Cinderella frühstücken. Aber Du hast Dich auf den Weg gemacht, indem Du Deine Absicht, Wohlstand und Fülle in Dein Leben zu ziehen, bekundet und Dein Ziel entsprechend formuliert hast. Damit Dein Wunsch sich nun in Deinem Leben zeigt, musst Du ihn mit der entsprechenden Energie aufladen. Mit energetischen Brennstoff gefüttert, können die Gesetze des Universums zu Deinen Gunsten und in Deinem Sinne wirken. In Deinem Sinne heißt in diesem Zusammenhang mit all Deinen Sinnen. Konkret bedeutet dies, dass es jetzt an der Zeit ist, Dein Ziel mit all Deinen Sinnen bereits zu erleben, obwohl es noch auf dem Weg zu Dir ist. Du kannst die Manifestation Deines Wunsches noch nicht sehen, aber mit Kraft Deiner Vorstellung kannst Du den Vorhang, der zwischen Dir und Deinem neuen Leben liegt, wegziehen und Dich in Einklang mit Deinen Lebenswünschen und Zielen bringen.

Ein guter Weg, um Dich von dem *Sender*, der seine Zielvorgabe in das Universum geschickt hat, in die Empfängerposition zu bringen, ist das bereits erwähnte *so tun als ob*. Indem Du Dich innerlich auf ein Leben konzentrierst, in dem Du *so tust, als ob* Du die Ziellinie bereits überquert hättest und genau an dem Punkt bist, an den Du gelangen wolltest, schaltest Du von dem Zielgebenden auf Empfänger um. Wenn Du versuchst, Dich jetzt schon so zu fühlen, als wenn sich Dein Endergebnis bereits erfüllt hat, beschleunigst Du den Manifestationsprozess, der jetzt im Hintergrund bereits angelaufen ist. Indem Du Dich auf das Ziel ausrichtest, wirst du weniger auf den Mangel in Deiner momentanen Situation schauen. Dadurch wirst Du andere Schwingungen aussenden, auf die das Leben dementsprechend reagiert. Du hast jetzt die Möglichkeit, Deinen Beitrag zu leisten, indem Du Deine Gedanken veränderst, Deine Worte anders wählst und eine neue Sichtweise auf Dein Leben bekommst. Natürlich rate ich Dir an dieser Stelle nicht dazu, Geld auszugeben, welches Du noch gar nicht besitzt und Dich hoch zu verschulden. Stattdessen ermutige ich Dich, das Gefühl der Fülle bereits jetzt zu fühlen. Wenn Du Dich nach einem Partner an Deiner Seite sehnst, dann ist es oftmals sehr leicht, andere glückliche Paare als Zumutung zu sehen und sich noch deprimierter zu fühlen. Indem Du tust, als ob Dein perfekter Partner schon da ist oder zumindest darauf wartet, Dich endlich kennenzulernen, kannst Du von dem Gefühl der Einsamkeit und des Mangels auf Vorfreude umschalten. Überlege Dir jetzt schon, welche schönen Unternehmungen Du mit Deinem Partner machen wirst. Spüre bereits die Liebe, das Glück und all die anderen schönen Emotionen, die Du fühlen wirst, wenn dieser besondere Mensch in Deinem Leben ist. Ich verspreche Dir, dass Du aus diesem Blickwinkel die verliebten Paare, die Dir begegnen, nicht mehr selbstmitleidig ignorierst, sondern ganz anders empfinden wirst. Das ist der Zauber, der jetzt in Dein Leben kommt. Auch wenn sich scheinbar nichts an Deiner Situation verändert, tauchst Du in ein ganz neues Leben ein. Du kannst Dich in diesem Moment von den Fesseln Deiner aktuellen Situation und von der Schwere Deines Lebens befreien. Du gibst dem Lauf Deines Lebens eine völlig neue Richtung. Die Situation, in der Du Dich momentan befindest, wie erdrückend und ausweglos sie Dir auch erscheinen mag, ist niemals eine Endstation. Egal an welchem Punkt in Deinem Leben Du gerade stehen magst, es ist immer ein guter Startpunkt. Hab Vertrauen und löse Dich von vermeintlichen Realitäten.

Ein guter und leichter Weg *so zu tun als ob*, ist es, Dir vorzustellen, dass sich Dein Traum bereits erfüllt hat. Führe Dir in diesem Zusammenhang all die positiven Resultate, die sich daraus in Deinem Leben ergeben haben, genau vor Augen. Ähnliches tun wir bereits, wenn wir visualisieren. Hier geht es genau wie bei der Visualisierung darum, dass wir unsere Wünsche, die wir bereits abgeschickt haben, mit der nötigen Energie aufladen, damit sie sich möglichst schnell und leicht in unserem Leben manifestieren. Die Nuance, die bei dem *so tun als ob* anders ist als bei der Visualisierung, ist der spielerische Charakter. Während Du bei Deiner täglichen Visualisierungsübung den Wunsch energetisch auflädst, veränderst Du, indem Du *so tust, als ob* sich Dein Wunsch bereits erfüllt hätte, Deinen täglichen Blick auf Dein Leben. Stell Dir all die schönen Dinge so vor, als wenn Du sie bereits in Deinem Leben hättest. Wenn Du Dein neues positiveres Leben hinter der Ziellinie durchspielst, durchlebst und Deinen Erfolg gedanklich feierst, wird Dich das verändern.

Das ist ein entscheidender Punkt. Wenn Du Dein Endergebnis, das Du formuliert hast, gedanklich und emotional so darstellst, als ob Du es bereits erreicht hast, dann veränderst Du vielleicht erst einmal wenig in Deinem Leben, aber Du veränderst Dein Selbst. Wenn Du Dir – vielleicht zum ersten Mal – die Freiheit zugestehst, Dein Leben in den buntesten Farben auszumalen, die Freude, die die Erfüllung Deiner Wünsche in Dein Leben bringt, zu fühlen, und Du beginnst, nach den Sternen zu greifen, dann bist Du ein Stückweit neu geboren. Du begibst Dich schrittweise immer tiefer hinein in die Schöpferkraft Deines Lebens. Du übernimmst die Verantwortung, statt sie auf die Umstände zu schieben oder an andere Menschen abzugeben. Du bist nicht länger in einer Opferrolle gefangen, sondern erlebst Deine eigene Gestaltungskraft. Du hast Deinen Horizont erweitert und Dich selbst verändert. Du bist auf einmal der Schöpfer, und Dein Leben Dein Werk.

Leider ist es möglich, dass nicht alle Menschen in Deinem Umfeld mit dieser Veränderung Deines Selbst gut klarkommen. Wenn Du aufhörst, in das allgemeine Gejammer über die Ungerechtigkeiten des Lebens mit einzustimmen und bewusst Deine Schöpferkraft annimmst, kann das einige Menschen so stark mit ihren eigenen Denkmustern konfrontieren, dass sie erst einmal den Kopf schütteln. Viele werden versuchen, Dich mit Fragen zu verunsichern. Sie werden sich erkundigen und nachbohren, *wie* Du denn gedenkst, Dein Ziel zu erreichen. Andere wollen Dich dazu bringen, dass Du überhaupt die Möglichkeit der Erreichung Deines Zieles kritisch hinterfragst. Lass es zu und bleibe auf Deinem positiven Weg. Selbst wenn Du bemerkst, dass sich Veränderungen in Deinem persönlichen Umfeld ergeben, nimm es als positives Zeichen. Es zeigt nur, dass sich die Dinge in Deinem Dasein zu Deinem Besten verändern. Es wird Situationen geben, die Dich irritieren. Unter Umständen werden Dir Menschen Egoismus vorwerfen, wenn Du Dich völlig auf Dich und Deine Ziele einstimmst. Wir haben es verlernt, dass wir selber Schöpfer unserer Wirklichkeit sind und unsere gesellschaftlichen Normen tragen nicht gerade dazu bei, dass wir sie entdecken sollen. Wir leben jedoch in einer so privilegierten Zeit, dass wir uns um unsere Existenz im Alltäglichen nicht mehr sorgen müssen. Wir haben genug Wasser, Nahrung, ein Dach über dem Kopf und können uns zumindest in unseren Breitengraden an einem weitgehend friedlichen Umfeld erfreuen. Trotzdem ist unser kollektives

Denken traumatisiert und oftmals noch nicht bereit, sein altes Weltbild dem neuen Paradigma unterzuordnen. Viel Leid, Mistrauen, Gewalt und Armut existiert in dieser Welt, weil der Mensch nicht bereit ist, sich aus seinem Mangeldenken zu befreien und die Welt nach besseren Ideen zu gestalten. Wir leben heute in einer Zeit, in der wir die Möglichkeit haben, unsere eigenen Wahrheiten in Bezug auf uns selbst und die Welt, in der wir leben, zu finden. Auf der anderen Seite verfallen viele Werte, auch gute, und das Ego schwingt sich auf. Der momentane kollektive Geist ist wesentlich aggressiver im Handeln zum eigenen Vorteil und in der Ablehnung eigenständigen Denkens. Die negativen Auswirkungen können wir überall auf der Welt sehen und spüren. Ausbeutung, Krieg und Unglück sind Folge unseres alten Weltbildes. In diesem Zusammenhang ist es alles andere als egoistisch, wenn Du aus diesem Kreislauf ausbrichst und Dir Deines Selbst und Deiner Kraft bewusstwirst. In dem Du dieses Buch liest, bist Du gedanklich in das neue Paradigma eingestiegen und hast die Chance, Dein Leben unter anderen Prämissen und Umständen zu führen. Anders als Du es vielleicht bisher getan hast. Dabei entdeckst Du kein neues oder esoterisches Denken, sondern erlebst, wie das Leben eigentlich funktioniert. Viele Menschen tun dies gerade und Du wirst im Laufe Deines neu ausgerichteten Lebens andere Menschen, neue Situationen und Impulse bekommen, die immer den Zweck erfüllen, Dich Deinem Ziel ein Stück näher zu bringen. Falls Du in diesem Prozess bemerken solltest, dass Du in einer bestimmten Situation oder einer bestimmten Konstellation von Menschen wieder in Deine alten destruktiven Denkweisen zurückfällst, dann sei gnädig mit Dir. Wir alle haben Tage, an denen wir es nicht schaffen können oder wollen, uns auf unser gewünschtes

Endergebnis auszurichten, entsprechend zu denken und zu handeln. Das ist okay. Versuche nur immer wieder, den Veränderungen, die Du durch den *Switch Code* in Gang gesetzt hast, zu vertrauen. Nimm Dir das Recht und die Freude heraus, Dir vorzustellen, dass Du Deine Ziele bereits erreicht hast. Erlaube Dir, in den schönen Details Deines neuen Lebens zu schwelgen. Es geht um Dein Leben. Das bedeutet eine große Verantwortung, aber auch hier steht die Freude im Vordergrund. Vertraue darauf, dass Dir das Leben das schenkt, was Du von ihm verlangst und mache Dich voller Vertrauen und Achtsamkeit in Richtung Deines Zieles auf den Weg. Es ist die Reise Deines Lebens, und Du sollst sie genießen, ungeachtet der Deiner momentanen Lebensumstände.

Beispiele und Zeichen

Der *Switch Code* ist keine geheime Wissenschaft, sondern der Code unseres Daseins. Er ist bereits Bestandteil unseres Lebens, ob wir uns dessen bewusst sind oder auch nicht. Möglicherweise ist nicht alles, was Du bisher gelesen hast, in Dein Bewusstsein vorgedrungen. Wahrscheinlich lehnst Du auch einige Teile ab oder hältst sie für unrealistisch. Egal wie Deine persönliche Meinung an diesem Punkt des Buches ist, ich kann Dir versichern, dass es sich um universelle Mechanismen handelt. Sie wirken immer und bei Jedem. Vielleicht hältst Du aber auch inne und versuchst, Dein Dasein und Deine Existenz auf diesem wunderbaren Planeten mit den Augen des neuen Paradigmas zu sehen.

Wenn Du Dein bisheriges Leben aus diesem neu gewonnen Blickwinkel heraus betrachtest, kannst du unter Umständen feststellen, dass Du einiges, das Bestandteil des *Switch Codes* ist, bereits in Deinem Leben angewandt hast. Vermutlich findest Du Beispiele dafür, dass es bereits Abschnitte in Deiner Biographie gibt, indem Du das Wirken des *Switch Codes* im Nachhinein sehen kannst, auch wenn es Dir vielleicht zu dem damaligen Zeitpunkt gar nicht bewusst war.

Ich habe in meinem Leben mehrere Situationen und Beispiele gefunden, an denen ich die unfehlbare Wirkung des *Switch Codes* entdecken konnte, auch wenn ich ihn damals in seiner Gänze noch nicht kannte, geschweige denn ihn bewusst hätte einsetzen können. Eines der frühesten Beispiele, an das ich mich bewusst erinnere, ist eine Turnprüfung in der 5. oder 6. Klasse. Ich war ein eher mittelmäßig sportliches Kind mit durchschnittlichem Ehrgeiz. Trotzdem kann ich mich noch sehr gut an das demütigende Gefühl erinnern, als ich am Reck einen Aufschwung machen sollte, aber fortlaufend kein anderes Ergebnis zustande brachte, als wie ein Mehlsack an langen Armen an der Stange zu hängen. Ich konnte nur einen kleinen Hüpfer mit den Füßen Richtung Reckstange zustande bringen. Ich hatte keine Vorstellung davon, wie die anderen Kinder es hinbekamen, dass sie ohne jegliche ersichtliche Anstrengung die Beine und den dazugehörigen Unterkörper in einem schwungvollen Kreis über die Stange schwangen. Es mutete mir fasst wie Zauberei an. Ich war frustriert. Am Tag vor der Sportprüfung lag ich abends in meinem Bett und bat den lieben Gott um eine Lösung. Es war nicht so, dass er mir antwortete, aber ich hatte den Impuls, die morgige Prüfung immer wieder durchzuspielen. In meiner Vorstellung warf ich meine Füße hinter die Ohren und Richtung Decke und wirbelte um die Reckstange. Etwas, das mir vorher in der Realität kein einziges Mal geglückt war. Ich hatte nicht den blassesten Schimmer, wie der biomechanische Ablauf dieser Übung sein könnte, aber ich tat so als ob. Und es wirkte. Am nächsten Tag stand ich vor der Reckstange und ehe ich mich versah, war ich auch schon um sie rumgewirbelt und hatte die Prüfung bestanden. Es war magisch. Seitdem habe ich mich allerdings immer von Stangen, an denen die Leute gerne Aufschwünge machen, ferngehalten. Ich habe das Prinzip bis heute nicht begriffen. Aber ich habe intuitiv sehr viel richtiggemacht. Meine Konzentration lag bei dem Endergebnis. Ich hatte es in meinem Geiste bereits vorweggenommen. Ich habe mich nicht mit der Technik oder den einzelnen Abläufen – die mir bis heute nicht völlig bewusst sind – aufgehalten, sondern mich gleich auf mein erwünschtes Ergebnis fokussiert. Das *Wie* der Übung hat mich dabei nicht interessiert. Indem ich das Gefühl, wie meine Beine schwungvoll um die Stange fliegen, immer wieder vor meinem geistigen Auge gesehen habe, war ich optimal auf die Prüfung vorbereitet. Es ereignete sich alles genau so, wie ich es mir gewünscht hatte. Jahre später las ich, dass viele Sportler vor ihren Wettkämpfen genau diese Methode des mentalen Trainings anwenden, um sich auf persönliche Bestzeiten einzustimmen und sie vorwegzunehmen. Es gibt auch Studien, die bezeugen, dass es sehr wohl möglich sein soll, rein mental Klavierspielen zu lernen oder sich sogar Bauchmuskeln aufbauen, auch wenn man die Übungen nur im Geiste absolviert. Der Geist unterscheidet nicht zwischen realem Erlebnis oder Fiktion. Vermutlich ist er uns da schon einen

Schritt voraus und weiß, dass ein Großteil unseres Lebens auf Illusionen fußt. Viele Menschen haben ein eingeschränktes und leidvolles Leben, da sie glauben, dass das Leben so ist, wie es sich ihnen präsentiert. Sie haben Sorgen und Ängste in Bezug auf Dinge, die sie befürchten, obwohl sie überhaupt nicht in ihrem Leben existent sind. Das ist mit *dem Ursprung* allen Übels in unserem Leben und auf dieser Welt gemeint. Statt sich auf das zu konzentrieren, was wir wollen, und sei es nur ein Aufschwung an einer Reckstange, konzentrieren wir uns viel lieber auf all die Dinge, die wir nicht haben oder die Umstände, die das, was wir haben, bedrohen. Obwohl diese Geschichte mit der Reckstange Jahrzehnte zurückliegt, finde ich sie immer wieder ein gutes Beispiel dafür, wie kraftvoll unser Geist ist. Es stehen uns wahrlich mächtige Werkzeuge mental zur Verfügung, um unser Leben nach unseren Wünschen zu gestalten. Obwohl diese kleine Turnprüfung für mein heutiges Leben keinerlei Relevanz hatte, ist mir dieses Erlebnis immer in Erinnerung geblieben. Es ist ein kleines Puzzlestück in meiner eigenen Bewusstwerdung gewesen, auch wenn ich es damals noch nicht erkannt habe.

Ein anderes Beispiel, wie großartig und präzise der *Switch Code* wirkt, wurde mir erst neulich bewusst, als ich auf dem Weg zu meinem Lieblingsbäcker war. Ich ging die quirlige Hauptstraße meines Viertels entlang und genoss die ersten warmen Sonnenstrahlen des Jahres. Links und rechts hatten die Bars und Restaurants Ihre Bänke und Tische auf den Gehwegen aufgestellt und die Leute genossen ihren Kaffee in der Sonne. Alles war sehr lebendig und schön. Mit einem Mal wurde mir bewusst, dass es nicht der Zufall war, der mich genau an diese Stelle gesetzt hatte, sondern ich selbst Als mein Sohn noch sehr klein war, ging es mir eine Zeitlang ziemlich schlecht. Ich hatte diverse Hautausschläge, die sich niemand erklären konnte und war psychisch in einer e-her deprimierten Verfassung. Ich versuchte, es allen recht zu machen und hatte mich und meine Überzeugungen dar-über komplett verloren. Ich hatte ein Bilderbuchheim, ein sü-ßes Kind, viel Geld, eine tolle Firma und fühlte mich völlig gefangen in einem goldenen Käfig. Alles, was ich über die Mechanismen des Lebens und seine Magie wusste, hatte ich in den Keller meines Bewusstseins verfrachtet. Ich hatte mich in den Illusionen eines augenscheinlich intakten und erfüllten Lebens verfangen. Ich war unglücklich. Da ich nicht der Typ Mensch bin, der lange in einem schlechten Zustand verweilen kann, versuchte ich verschiedene Dinge, um mein Leben für mich lebenswerter zu gestalten. Auch wenn ich die Augen vor der Wahrheit meines so beschaulichen Fami-lienlebens verschloss, versuchte ich, Wege zu finden, die Kluft zwischen meinen Lebensumständen und meiner Le-bensüberzeugung zu überbrücken. Vieles war vergeblich. In dem Prozess des Suchens bekam ich schließlich eine Bro-schüre in die Hände, welche eine Sommerakademie für bil-dende Künstler in Hamburg bewarb. Da es sich um eine Art Weiterbildung handelte, war es notwendig, dass ich mich in bestimmter Form bewerben musste. Es gab nur wenige Plätze für ausgewählte Künstler. Darüber hinaus war ich nicht sicher, ob ich es in meiner privaten Situation organisie-ren könnte, wirklich an dem Kurs teilzunehmen. Es klappte. Ich bekam einen Platz bei einem holländischen Maler, der mit seinen provokanten Bildern zur Aids-Problematik und anderen politisch brisanten Themen anfangs etwas be-fremdlich auf mich wirkte. Es standen irgendwie alle Zeichen auf ein bevorstehendes Verlassen der Komfortzone, in der ich mich aber auch nicht wohl gefühlt hatte. Ich mietete mir für die Dauer des dreiwöchigen Workshops ein Zimmer in einer Wohnung in Hamburg-Ottensen an. Durch das fast undurchdringbare Labyrinth der Einbahnstraßen dieses Viertels war ich jeden Morgen gezwungen, die kleine Hauptstraße des Stadtteils entlangzufahren. Auf dieser täglichen Fahrt bewunderte ich die Nonchalance seiner Bewohner. Sie saßen auch auf den kleinsten Bürgersteigen sehr lässig auf kleinen Bänken und Stühlen nebeneinander, genossen ihren Kaffee und lasen die Zeitung. Das war ein Bild, wie ich es von Zuhause nicht kannte. Ich war begeistert. Ich malte in den kommenden Wochen wie verrückt, steckte den kleinen Zeh in den Großstadtteich und entdeckte lang verlorene Anteile meines Selbst wieder. Es war herrlich. Aus diesem Gefühl heraus sagte ich zu mir selber, dass dies ein Ort sein, an dem ich gerne leben wollen würde. Und voilà, nun wohne ich Jahre später - und ohne auch nur das geringste Zutun meinerseits - genau in diesem Stadtteil und kaufe auf genau dieser Straße meine Brötchen. Wobei es in diesem Zusammenhang vielleicht nicht ganz richtig ist, dass ich gar nichts dazu beigetragen habe, dass nun auch ich zu den lässigen Kaffeetrinkern gehöre, die ich so bestaunt hatte. Ich habe damals meine Gefühle wahrgenommen und auf meine Emotionen und Wünsche geachtet. Ich habe nicht neidvoll oder sehnsüchtig auf den Lebensstil gestarrt, der bestimmt auch gar nicht immer so toll ist, wie es mir damals vorkam, sondern einfach offen und ehrlich meinen Wunsch geäußert. Danach hatte ich keinen Einfluss mehr genommen und ich bin selbst verblüfft, dass die einzige Wohnung, die ich in meiner Situation bekommen konnte, genau dort lag, wo ich sein wollte. Ich hatte weder auf den Stadtteil noch auf eine bestimmte Art der Szenerie bestanden und genau das offeriert bekommen, was ich mir vor so vielen Jahren gewünscht hatte. Trotzdem war das alles kein Zufall. Das Universum hatte mir zu dem perfekten Zeitpunkt die Möglichkeit geliefert.

Vielleicht hast Du ebenfalls schon die ein oder anderen Puzzleteile in Deinem Leben erhalten, die bis jetzt nur noch nicht ihren richtigen Platz gefunden haben. Was gibt es in Deinem Leben für Situationen und Begebenheiten, in denen Du bereits nach dem neuen Paradigma gehandelt oder entschieden hast und was waren die Folgen? Oder frage Dich, was vielleicht geschehen wäre, wenn Du in einer vergangenen Situation schon dieses Wissen gehabt hättest. Ich glaube, es ist für jeden Menschen spannend, wenn er sein bisheriges Leben aus der Perspektive des *Switch Codes* noch einmal neu betrachten würde. Wie anders würden sich einige Begebenheiten anfühlen und verändern, wenn wir komplett die Verantwortung für sie übernehmen und jegliche Schuldzuweisungen unterlassen. Auch wenn es bestimmt Situationen gibt, die wir kaum ertragen können, wenn wir die komplette Rechenschaft über unsere Eigenverantwortlichkeit ablegen müssten, so gibt es uns doch die wundervolle Chance, unser Leben ab jetzt zu verändern und selbst neu zu gestalten. Das Leben ist nicht ungerecht. Wir sind auch keine Opfer. Du bist nicht das Lamm, das zur Schlachtbank geführt wird. Das Schlimmste an einer vermeintlichen Opferrolle ist die Ohnmacht. In dem Moment, in dem Du anderen Menschen die Macht über Dein Empfinden gibst, verlierst Du die Selbstbestimmung über Deine Gefühle. Du fühlst Dich ohnmächtig, also *ohne Macht*.

Das Leben richtet sich nach uns und ist uns zu Diensten. Das ist es doch Wert, wenn wir den kurzen Schmerz der Eigenverantwortlichkeit ertragen müssen. Es gibt keine Zufälle. Das Universum reagiert auf das, was Du an es sendest. Immer und zu jeder Zeit. Es ist jetzt an Dir, ihm zu sagen, was Du in Deinem Leben erreichen und bekommen möchtest.

Wecke den Kaiser und die Kaiserin in Dir

Achtsamkeit und *Vertrauen* sind die Zauberwörter in dem Prozess der Manifestation. Es grenzt manchmal wirklich an Zauberei, wie sich die Dinge arrangieren, damit sich das gewählte Endergebnis in der bestmöglichen Weise verwirklicht. Menschen treten plötzlich in Dein Leben, die Dir weiterhelfen. Du bekommst Ideen und Inspiration. Sogenannte *Zufälle* geschehen, die Dich in die Richtung Deiner Wunscherfüllung schubsen, und nach und nach verändert sich Dein Leben. Wie Du vermutlich schon an meiner Wortwahl gemerkt hast, glaube ich nicht an Zufälle. Nichts in unserem Leben geschieht zufällig. Alles, was wir in unserem Leben vorfinden, haben wir selber mit unseren Gedanken, unseren Emotionen und unserem Glauben nach und nach erschaffen. Alles läuft nach dem Plan ab, den wir vorgeben. Das ist auch der grundlegende Unterschied zur Schicksalsergebenheit, die oftmals nichts anderes ist, als eine Negierung der eigenen Verantwortung. Ich glaube auch, dass alles immer einem bestimmten Plan folgt, nur mit dem Unterschied, dass es in meiner Überzeugung kein extern bestimmtes Schicksal für uns gibt, das sich nach und nach erfüllt, während wir nur stummer Beobachter sind. Kein Gott, kein Vater, keine

Regierung, keine Familie und keine allmächtige Kraft bestimmt unser Schicksal, sondern einzig und allein wir selbst. Natürlich sind wir beeinflusst durch unsere Sozialisation und unser Umfeld, aber unser Leben und vor allem unser Lebensgefühl verantworten wir selbst. Diese postulierte Eigenverantwortung mag uns angesichts ungerechter Ereignisse, schwerer Lebensumstände, Krankheiten, Armut, Unzufriedenheit und Einsamkeit immer wieder schwer im Magen liegen, aber es ist die beste Startposition, die wir haben können, um unser Leben zu ändern. Wie grausam wäre es, wenn es wirklich ein unabwendbares Schicksal für jeden von uns geben würde, das sich nach einem Plan erfüllt, bei dem wir keine Mitsprache hätten? Wir würden uns einfach einem Leben ergeben, das entweder gut oder schlecht wäre, je nachdem, was unser Schicksal sich für uns überlegt hat. Es wäre ein Sich-Durchschleppen auf den ausgetretenen Pfaden unserer Ahnen, die noch nichts von ihrer eigenen Großartigkeit und innewohnenden Schöpferkraft ahnten. Du bist nichts und niemandem ausgeliefert, sondern kannst das Ruder Deines Lebens selbst in die Hand nehmen. Du darfst Dein Leben in die Richtung steuern, die Du möchtest.

Nicht jeder Gedanke und jede Emotion manifestiert sich sofort. Sie laden sich erst einmal mit der Kraft der einhergehenden Gefühle und Glaubensmuster auf, um sich dann in unserem Leben zu zeigen. Aus diesem Sachverhalt ist es im Prozess der Manifestation manchmal schwer, die Zeichen für die Realisation der Wünsche zu sehen. Wie schon beschrieben, kann es sich sogar zeitweise für Dich so anfühlen, als ob sich die ganze Welt gegen Dich verschworen hätte, und die Dinge eher schlimmer als besser werden. Das ist ein normaler Prozess, da das Universum manchmal

Raum schaffen muss, damit die Dinge, die Du Dir wünschst, ihren Platz in Deinem Leben finden können. Nehmen wir einmal an, Du wünschst Dir einen neuen Job. Du setzt Dir demgemäß eine spannende Aufgabe, in der Du Dich und Dein Potenzial ausleben kannst, zum Ziel. In diesem Falle ist es rückschauend folgerichtig vom Leben, dass es Dich erst einmal von Deiner jetzigen, unbefriedigenden Arbeitsstelle befreit. Vielleicht sogar auf dem harten Weg der Arbeitslosigkeit. Wir können nicht duschen, ohne nass zu werden oder nur ein bisschen schwanger sein. Genauso wenig können wir uns an das Universum wenden, ohne es in seiner ganzen Genialität wirken zu lassen. Das kann für Dich, auf der Achse von Zeit und Raum betrachtet, sehr schmerzhaft und verwirrend sein. Obwohl die Gesetze des Lebens sich immer erfüllen, ist es manchmal eine fast übermächtige Herausforderung, dem Prozess der Manifestation zu vertrauen, wenn auf einmal alles in Deinem Leben anfängt zu wackeln. Versuche, zuversichtlich zu bleiben. Wenn es ruckelt, dann zeigt es Dir, dass sich der Zug des Lebens in Richtung Deines Endzieles in Bewegung gesetzt hat. Analysiere nicht das, was gerade ist, sondern richte Dein Blick in die Ferne, fest auf Dein Ziel. Wenn Du Veränderungen in Deinem Leben wünschst und den *Switch Code* anwendest, wird es sich zwangsläufig ändern müssen.

Es wird im Laufe der Verwirklichung Deiner Träume immer wieder Momente der Furcht oder des Zweifels geben. Wir sind die ersten Generationen von Menschen, die sich langsam ihrer eigenen Göttlichkeit bewusstwerden. Es sind zwangsläufig noch wackelige Schritte, die wir auf dem – uns noch relativ unbekannten – Terrain der eigenen Schöpferkraft machen. Es ist alles gut. Du musst weder joggen noch anmutige Pirouetten drehen. Sei entspannt, während Du

Dich auf Dein eingegebenes Endergebnis zubewegst. Alles, was Du tun solltest, ist darauf zu vertrauen, dass hinter dem Vorhang einer illusionären Realität, alles für Dich so arrangiert wird, dass Du Dein Ziel in der bestmöglichen Art und Weise erreichst. Vergiss nicht, dass die Aufgabe, die Dir bei der Manifestation Deiner Wünsche zufällt, die viel Leichtere ist. Deine Aufgabe ist es lediglich, Dich in die ungefähre Richtung Deines Zieles zu bewegen und auf Empfang zu bleiben, damit Dir das Geschenk der Erfüllung Deines Wunsches ausgehändigt werden kann. Um Dich immer wieder daran zu erinnern, dass Du Dich gerade in dem Manifestationsprozess Deines Wunsches befindest, kannst Du Dich visuell gerne mit Dingen umgeben, die Dich an Dein Ziel erinnern. Vielleicht hilft es Dir an dieser Stelle, Bilder von den Sachen auszuschneiden, die Du Dir wünschst und damit eine Collage zu machen. Sie kann Dich dann immer wieder daran erinnern, welches Ziel Du eingegeben hast. Vielleicht ist es auch ein Foto, auf dem Du glücklich aussiehst, das Dir hilft, Dich besser zu fühlen. Oder ein Talisman, der Dich mit Deinem Wunsch verbindet. Ich habe zu diesem Zweck zum Beispiel immer einen Stein oder eine Kastanie in meiner Jackentasche, die ich berühre und in die Hand nehme, wenn meine Gedanken mal wieder gegen meinen Glauben und mein Vertrauen schießen wollen. Immer wenn ich diese Handschmeichler in meiner Hand fühle, verbinde ich mich mit meiner inneren Weisheit, die mich beruhigt und mir sagt, dass alles gerade auf dem Weg zu mir ist, und dann entspanne ich mich. Das Leben ist großartig. Wir können uns jederzeit und allerorts daran erinnern. Es kommt nicht darauf an, was Du machst, um in Verbindung mit Deinen Wünschen zu bleiben. Es ist gut, solange es Dir hilft, Dich wieder an Dein Ziel zu erinnern und Dich zu entspannen. Du hast

Dich mit dem *Switch Code* auf eine spannende Reise begeben und Dich auf ungewohntes Gebiet gewagt. Schreite mutig voran. Es passiert alles zu Deinem Guten. Versuche, die Gefühle der Unsicherheit in Aufregung umzupolen. Genieße die Fahrt auf der Zielgerade. Es ist eine Reise zu Dir selbst, in ein selbstbestimmtes Leben. Viele Menschen investieren Unsummen an Geld und Kraft, um ihr Leben mit belanglosem Sex, Bungeejumping, riskanten Geldgeschäften oder Drogen aller Art ein wenig aufregender zu gestalten. Leider führt das oftmals nur zu dem Endergebnis, dass ihnen ihr Dasein im Anschluss noch grauer und trostloser vorkommt. Bei anderen muss der Kick immer größer werden, damit sie überhaupt eine Art Lebensgefühl im Einerlei Ihrer eigenen Begrenzung spüren können. Wahre Kraft kommt von innen und nicht von den äußeren Begebenheiten. Du hast jetzt die Macht und die Möglichkeit, Dich kopfüber in den Fluss des Lebens zu stürzen. Beginne eine entspannte und gleichzeitig spannende Fahrt, die Dich zu dem Punkt bringt, den Du bestimmt hast. Feiere die Einzigartigkeit Deiner Existenz, auch und gerade dann, wenn Dir zwischendurch einmal nicht zum Feiern zumute ist.

Wenn Du Dir Deiner eigenen Ziele bewusst bist, dann ändert sich Dein Leben. Im Angesicht Deiner erwachenden Stärke und der Einsicht, dass Du über eine ungeheure Schöpferkraft verfügst, hast Du die Fahrt zu Deinem Zielpunkt angetreten. Die Maschinerie des Lebens hat sich in Gang gesetzt, um Dich zu Deinem Endergebnis zu führen. Wie gesagt, kann es auf der Reise mal ruckeln und schaukeln, aber Du bist auf dem besten Weg. Der *Switch Code* öffnet nun die Türen zu den Wundern Deines Lebens und alles wird in einem neuen Glanz erstrahlen. Du hast die alleinige Macht über Deine Gedanken und Gefühle. Nutze sie und das Universum wird Dir bedingungslos dienen. Es wird Dich führen, wohin Du willst. Mache das Leben, das Dir geschenkt wurde, zu *Deinem* Leben. Werde Kaiserin oder Kaiser in Deinem eigenen Reich.

21 Tage

Bevor ich Dich nun mit den besten Wünschen auf die Reise zur Schatzkammer Deines Lebens entlasse, möchte ich Dir noch ein paar Ratschläge für die nächsten 21 Tage auf den Weg geben.

Warum 21 Tage?

Weil wir diese Zeit brauchen, um unser Gehirn, unseren Körper und unsere Seele neu auszurichten. Wissenschaftler haben herausgefunden, dass es ungefähr drei Wochen braucht, bis alte Neuronen Verschaltungen im Gehirn deaktiviert sind und neue Denk- und Wahrnehmungsmuster vernetzt werden können. Unabhängig von den biochemischen Prozessen unseres Gehirns wissen wir alle, dass es Zeit und Übung braucht, um neue Gewohnheiten in unserem Leben zu etablieren und unerwünschte Muster loszulassen. Bei der Raucherentwöhnung spricht man zum Beispiel auch über eine Frist von 21 Tagen, bis der Körper sich an den Verzicht des Nikotins und die Aufgabe der psychologischen Komponenten des Rauchens gewöhnt hat. Ähnlich ist es bei der Anwendung des *Switch Codes* in Deinem Leben. Negatives Denken, Jammern, Hilflosigkeit und Frustration müssen aus Körper und Geist hinaus. Demgegenüber muss das neue Denken und Handeln erst seinen Platz finden. Es ist ein bisschen wie Detox für die Seele. Um Dir eine kleine Hilfestellung auf Deinen ersten Schritten in Dein neues Leben zu geben, habe ich ein paar Punkte nochmals zusammengefasst, auf die Du in den nächsten Wochen ein Augenmerk haben solltest.

Bring Deine Energie zum Fließen

Nichts ist wichtiger, als Dich gut zu fühlen. Es sind die Schwingungen, die wir unermüdlich aussenden, die uns das in unser Leben bringen, was zu Ihnen passt. Wenn Du Dein Leben in eine positive Richtung lenken möchtest, ist es Deine primäre Aufgabe, die dementsprechenden Schwingungen zu erzeugen. Wenn wir uns gut fühlen, senden wir diese positive Schwingung aus, die Gutes in unser Leben zieht. Es ist in den nächsten Wochen an Dir, Dich selbst zu fragen, wie Du dich fühlst. Du magst jetzt vielleicht denken, dass es völlig normal und einfach ist, sich seiner Emotionen bewusst zu sein. Ich verspreche Dir, dass Du des Öfteren verwundert sein wirst, wie normal und hartnäckig wir an negativen Denkweisen und Mustern festhalten, und wie selbstverständlich wir in das große Gejammer einstimmen. Gerade weil dies keine leichte - aber ungemein wichtige - Aufgabe ist, solltest Du in den kommenden Tagen den Fokus von den Dingen nehmen, die Dich belasten. Die Umstände, die uns am meisten Kopfzerbrechen machen, sind die Negativschauplätze unseres Lebens. Sie können wir am leichtesten aufspüren. Lass die Probleme in Deinem Leben erst einmal links liegen und versuche, Dich auf andere Dinge zu konzentrieren, die sich besser anfühlen. Probleme sind nichts anderes, als eine Entschuldigung dafür, weiter in seiner negativen Blase zu planschen und sich vor der eigenen Verantwortung seinem Leben gegenüber zu drücken.

Das hört sich erst einmal hart an, aber wenn Du es mit ein klein wenig Abstand betrachtest, ist es doch wunderbar. In der Übersetzung bedeutet dies nämlich nichts anderes, als dass Du in den nächsten Tagen Deine Probleme einfach mal loslassen kannst. Richte stattdessen Deinen Fokus darauf, dass Du Dich gut fühlst. Da dies leichter gesagt als getan ist, hat es einen großen Vorteil, wenn Du Dir bereits im Vorfeld etwas überlegst, das Dir Freude macht, das Du an Dir magst oder neu für Dich ist. Alles ist erlaubt, was Dich davon abhält, im Sumpf der Probleme und Sorgen steckenzubleiben. Ich weiß, dass dieser Punkt nicht einfach ist. Ich bin immer wieder erstaunt, wie tief verankert und normal negatives Denken für uns ist. Es ist vermutlich ein lebenslanger Prozess, um wirklich frei von Sorgen, Unsicherheiten, Ängsten, Befürchtungen und Selbstzweifeln zu werden. Wir uns regelrecht in unseren Problemen aus dem einfachen Grund heraus, dass wir es so gewohnt sind. Um diese Gewohnheiten nach und nach abzulegen, habe ich dir ein paar Stichpunkte zusammengefasst, die Dir als kleine Stütze helfen sollen.

☑ **Versuche, nicht an Deine Probleme zu denken.** Wenn Du merkst, dass Du anfängst zu grübeln oder in die Problem Falle trittst, dann denke sofort an etwas, das Deine Stimmung verbessert oder Dich ablenkt.

☑ **Überlege Dir positive Szenarien und Alternativen.** Wenn Du an Sorgen oder Probleme denkst, dann konzentrierst du Dich auf den Mangel und lädst diesen weiter energetisch auf. Frage dich stattdessen, was Du lieber hättest.

☑ **Überlege dir ein Umschaltthema.** Es gibt bestimmt etwas an Dir oder in Deinem Leben, dass Dir richtig gut gefällt und das Dich glücklich macht. Denke an etwas, das Dir ein Lächeln auf Dein Gesicht zaubert. Habe dieses *Umschaltthema* am besten gleich morgens nach dem Aufwachen parat. Falls Dir gerade kein positiver Aspekt an Dir selbst einfällt, dann denke an eine Situation, die Du schön empfunden hast oder an eine Zeit, als Du glücklich warst. Lege Dir für die kommenden Tage kleine Hilfestellungen und Themen zurecht, auf die Du zurückgreifen kannst, um schnell von negativen Gedanken auf positive umzuschalten.

☑ **Rede nicht über negative Dinge in Deinem Leben** und halte Dich von Gesprächen dieser Art fern. Falls Du doch mit Personen zusammen bist, die vermutlich gewohnheitsmäßig negativ sprechen, dann versuche das Thema zu wechseln oder frage sie, was sie sich stattdessen wünschen würden.

☑ **Rede nicht über Krankheiten** und vor allem nicht über Deine eigenen.

☑ **Schau positiv nach vorne.** Versuche nicht, die Gründe für Deine Probleme zu analysieren oder herauszufinden. Damit konzentrierst Du Dich nur auf etwas, was Du doch loswerden möchtest.

☑ **Kein Gejammer mehr.** Hör auf, Dich über rote Ampeln, griesgrämige Beamte, Deine Familie, Deinen Partner oder Chef zu beschweren. Nimm den Fokus von all den Kleinigkeiten, die vielleicht ärgerlich sind, und konzentriere Dich lieber auf Dich.

☑ **Entdecke immer wieder neue Möglichkeiten, wie Du Dich ein wenig besser fühlen kannst.** Vielleicht ist es ein bestimmtes Musikstück, das Dir gute Laune macht, ein bestimmter Mensch, der Dir guttut, ein Tier, eine Beschäftigung, die Dich beruhigt und entspannt oder was auch immer. Hauptsache, Du versuchst, Dich gut (und immer ein wenig besser) zu fühlen, auch wenn es gerade mal nicht so gut läuft.

☑ **Lächle.** Wenn Du Dich nicht gut fühlst, dann versuche, ruhig durchzuatmen und ziehe die Mundwinkel nach oben. Allein dieses *erzwungene* Lächeln sendet durch die Muskelkonzentration Impulse an unser Gehirn. Die daraufhin stattfindende Endorphin Ausschüttung bewirkt, dass Du Dich besser fühlst.

☑ **Registriere Deine guten Gefühle.** Wenn Du Dich richtig gut fühlst, dann freue Dich und versuche diesen Zustand in Deinem Bewusstsein zu halten. Je bewusster wir Freude, Zufriedenheit und Glücklichsein erkennen, erleben und würdigen, desto leichter können wir diese Gefühle, die unsere Schwingungen und damit unser Leben bestimmen, fokussieren oder willentlich hervorrufen.

☑ **Versuche, Dich zu entspannen.** Wenn Du den Widerstand zu gewissen Gegebenheiten in Deinem Leben aufgibst, dann entziehst Du ihnen immer mehr Macht.

☑ **Konzentriere Dich ausschließlich auf Deine eigene Energie.** Ignoriere, wenn andere Menschen anders mit sich und ihrem Leben umgehen.

☑ **Sei gnädig mit Dir.** Wenn Du mal einen schlechten Tag hast oder Du bemerkst, dass Du wieder in alte negative Gedankenmuster zurückgefallen bist, dann ärgere Dich nicht, sondern sei dankbar, dass Du jetzt in der Lage bist, diese Muster zu erkennen.

☑ **Rede Dir immer wieder gut zu.** Sei Dein bester Freund und Gefährte für die nächste Zeit. Höre Dir selber zu. Oftmals ist es hierbei sehr hilfreich (wenn auch anfangs vermutlich etwas befremdlich), laut mit sich zu reden.

Neben der Detox-Kur, um negative Gedanken- und Handlungsmuster langsam aus unserem Leben zu drängen, gilt es in den kommenden Wochen, uns und unser Leben aus dem Blickwinkel des *Switch Codes* neu zu entdecken. Du hast nun die Möglichkeit, Dein Leben neu auszurichten. Du kannst die ausgetretenen Pfade verlassen und Deinen Blickwinkel in Richtung Deines gewünschten Zieles neu einstellen. Diese veränderte Lebens*einstellung* erzeugt ein neues Lebensgefühl, und dieses Gefühl verändert Schritt für Schritt Dein Leben. Das ist nicht immer einfach. Oftmals haben wir es uns in unserem Leben so bequem gemacht, dass wir uns nur ungern aus dieser Komfortzone wagen. Wir sind eher gewillt, uns den ganzen Tag über die Dinge zu beschweren, die in unserem Leben nicht so gut laufen, anstatt den Stier bei den Hörnern bzw. unser Leben bei seinen Möglichkeiten zu packen. Es geht in den kommenden Wochen nicht darum, dass Du Dein gesamtes bisheriges Leben auf den Kopf stellen sollst, sondern um eine veränderte Sicht auf Dein Leben. Eine positivere Lebenseinstellung führt zu einem positiveren Lebensgefühl, und positive Emotionen manifestieren positive Dinge in unserem Leben. Deshalb ist es so wichtig, dass wir wieder offen werden für die kleinen und großen schönen Dinge in unserem irdischen Dasein. Vollbringe in den kommenden Tagen kleine Veränderungen, die Dich berühren. Veranstalte einen klitzekleinen Ausflug zu Deiner Seele. Keine Sorge, wir reden hier nicht über überirdische Aktivitäten, sondern um *kleine Achtsamkeiten* gegenüber Dir selbst. Es liegt ganz allein an Dir, ob Du statt routinemäßig auf der Couch abzuhängen mal wieder Deine Lieblingsmusik hörst, mal wieder mit Deiner

Lieben zusammen kochst oder einfach abends eine Runde um den Block gehst und wirklich schaust, was Dich umgibt. Ich kann mir vorstellen, dass allein die Tatsache, dass Du Deine Lebenssituation aus dem Blickwinkel der Eigenverantwortung heraus betrachtest, viele Dinge in einem anderen Licht erstrahlen lässt. Es ist ungewohnt für uns, die komplette Verantwortung für die Dinge und Geschehnisse in unserem Leben zu übernehmen und aus der Opferrolle herauszutreten. Es kann da in unserer Gefühlswelt ziemlich ruckelig werden. Aber ist es letztendlich nicht viel besser, das Opferhemdchen gegen die Krone zu tauschen und wieder Herrscher und Herrscherin im eigenen Leben zu werden? Ich finde, das ist das bisschen Gefühlschaos durchaus wert. Es ist eine spannende Reise, auf die Du Dich begibst.

Um langsam Deine Einstellung Dir selbst und Deinem Leben gegenüber zu verändern, solltest Du in den kommenden 21 Tagen versuchen, ein paar der folgenden *Switch Code* Punkte in Dein Leben zu integrieren.

☑ **Vermeide jegliche Auseinandersetzung mit negativen Themen.** Diesen Punkt haben wir schon behandelt, aber da es um die Entwicklung eines neuen Lebensgefühls geht, ist es wichtig, nochmals an diesen Punkt zu erinnern. Natürlich heißt das nicht, dass Du keine lästigen Banküberweisungen mehr vornehmen sollst oder den Zahnarzttermin ausfallen lässt. Es geht nicht darum, dass Du Deine täglichen Pflichten vernachlässigst, sondern dass Du Dich nicht emotional in negativen Schwingungen verfängst oder in die Grübel Falle tappst.

☑ **Sei absichtsvoll.** Du hast Dir die Regentschaft über Dein Leben zurückgeholt, also handele dementsprechend. Formuliere Absichten für bestimmte Dinge und Projekte, den Verlauf Deines Tages oder wie Du Dich fühlen möchtest. Indem Du morgens, abends oder wann auch immer Deine Absichten für Dich formulierst, setzt Du Dich wieder an das Steuerrad Deines Lebens.

☑ **Sei neugierig.** Entdecke Dich und Dein Leben neu. Wage kleine Veränderungen in Deinem Leben. Vielleicht veränderst Du Deine Morgenroutine und fährst mit dem Rad zur Arbeit statt mit dem Bus, oder Du verabredest Dich mit lange nicht mehr gesehenen Freunden, liest das Buch, das du schon vor Jahren geschenkt bekommen hast. Versuche einfach Dich und Deinen Alltag anders zu betrachten. Sei offen und kreativ und beobachte, was passiert. Schon kleinste Veränderungen können Großes bewirken. Wenn du erst einmal wieder bewusst die Schönheit eines Sonnenaufgangs, die Liebe Deiner Familie, die Freude an bestimmten Dingen oder auch nur eine schöne Blume am Wegesrand wahrgenommen hast, wird es Dir wesentlich leichter fallen, immer mehr Gutes in Deinem Leben zu entdecken. Vor allem entdecke Dich selbst. Finde jeden Tag etwas, das Du an Dir gut und schön findest.

☑ **Schreibe den Lauf Deines Lebens neu.** Überlege Dir immer wieder, wie du Dein Leben leben möchtest. Welche Dinge möchtest Du entdecken, welche Erfahrungen machen, wie und wo leben und mit wem? Was möchtest Du Dein Eigen nennen und warum? Es geht hierbei nicht um eine rationale Bestandsaufnahme oder Analyse der zu bewerkstelligen Schritte, sondern um die *Freiheit,* sich sein Leben so zu gestalten, wie man es möchte. Es geht um das Schwelgen, das Träumen und das Sich-Begeistern.

☑ **Sei Dein bester Freund.** Die Beziehung zu Dir selbst sollte in Deinem Leben, besonders aber in den nächsten Wochen, an erster Stelle stehen. Es gibt nichts im Außen, was außerhalb Deiner selbst die Veränderung in Deinem Leben schafft. Alles, was an Dich herangetragen wird und passiert, steht in Resonanz zu dem, was du aussendest. Es liegt also auf der Hand, dass es in erster Linie um Veränderungen in dem Umgang und der Wahrnehmung Deiner selbst gehen muss. Versuche, in den kommenden Tagen einfach mal, Dich morgens nach dem Aufwachen selbst zu begrüßen. Du kannst auch gerne zu jeder anderen Zeit laut oder in Gedanken mit Dir selbst sprechen, und Dir gut zureden und Dich ermutigen. Probiere es einfach mal aus.

☑ **Sei dankbar.** Dankbarkeit ist die mächtigste Kraft, die uns zur positiven Veränderung unseres Lebensgefühls (und damit unseres Lebens) zur Verfügung steht. Dankbarkeit lenkt unseren Blickwinkel und unsere Gefühle auf die Fülle, die wir bereits in und um uns haben. Sie nimmt den Fokus von unserem üblichen Mangeldenken. Versuche, in den kommenden Wochen jeden Tag mindestens *drei Dinge* zu finden, für die Du in Deinem Leben dankbar bist.

Pflege Deine Wünsche

Du hast das Ziel, welches Du erreichen willst, mit Hilfe des *Switch Codes* in das Navigationssystem Deines Lebens eingegeben. Jetzt gilt es, den Motor zu starten und in den Empfangsmodus zu schalten. Wenn Du Dein Endergebnis an das Universum gesandt hast, ist es Deine Aufgabe, im Empfängermodus zu bleiben, damit Dir das, was Du Dir gewünscht hast, geliefert werden kann. Um empfangsbereit zu sein, muss die Schwingung, die wir aussenden, mit der unseres Wunsches übereinstimmen. Nur wenn wir in Resonanz mit der Schwingung unseres Endergebnisses sind, kann das Leben uns auf die beste Art das liefern, was wir uns wünschen.

Da wir eine der ersten Generationen sind, die sich mit ihrer eigenen Schöpferkraft auseinandersetzt, bedarf es in dem Manifestationsprozess einiger Übung. Neben Zweifeln

Selbstboykott und tieferliegenden Denk- und Handlungs-mustern sind es veraltete Ansichten über die Mechanismen des Lebens und seine Gesetze, die es uns manchmal schwermachen, unsere eigene Schöpferkraft in unserem Leben einzusetzen. Wir erleben gerade den großen Para-digmenwechsel der Denkmuster und Weltanschauungen, die unsere eigenen Gestaltungsmöglichkeiten in unserem Leben zwar belegen, aber oftmals noch in einem veralteten Weltbild verhaftet sind. Im Zuge des neuen Denkens des *Switch Codes* wird Dein Vertrauen und Dein Glaube auf eine harte Probe gestellt. Um Dir den Prozess der Manifestation Deiner Wünsche zu erleichtern, habe ich Dir in Bezug auf das Erreichen Deiner Ziele ebenfalls ein paar Punkte zu-sammengefasst:

☑ **Liebe Deinen Wunsch** und die Vorstellung von Dei-nem Leben, wenn er sich erfüllt hat. Fühle Dich richtig in Deinen Wunsch hinein, spüre die Begeisterung und die Freude. Gefühle sind die mächtigsten Verbündeten bei der Erfüllung unserer Träume.

☑ **Visualisiere täglich.** Nimm Dir jeden Tag ein paar Mi-nuten Zeit, um Dein Endergebnis in all seinen Farben und Facetten vor Deinem geistigen Auge lebendig werden zu lassen.

☑ **Bleib dran, auch wenn erst einmal gar nichts passiert.** Fälle nicht gleich ein Urteil, wenn nicht am nächsten Tag ein rosa Elefant in Deinem Wohnzimmer steht, auch wenn Du ihn Dir gewünscht hast. Die Mechanismen im *Switch Code* wirken immer und bei jedem, aber sie folgen den Gesetzen des Universums, die viel größer und ausgeklügelter sind, als unsere kleine menschliche Vorstellungskraft glauben kann. Deine Aufgabe ist es, Deinen Wunsch energetisch immer wieder aufzuladen und an seine Verwirklichung zu glauben.

☑ **Fixiere Dich nicht auf das Endergebnis.** Die Verwirklichung unserer Träume ist viel umfassender, als uns bewusst ist. Wir bekommen das, was wir uns wirklich wünschen und worauf wir uns energetisch ausrichten. Manchmal wissen wir aber gar nicht ganz genau, was wirklich der leichteste Weg oder beste Zeitpunkt zum Erreichen unseres Ziels ist. Wir glauben vielleicht, es zu wissen und hadern dann damit, dass die Dinge sich völlig anders entwickeln. Du bekommst Dein eingegebenes Endergebnis oder vielleicht sogar ein noch besseres. Vielleicht nicht auf dem Wege, wie Du dachtest und eventuell auch anders verpackt. Vertraue Deiner Schöpferkraft und den Gesetzen des Lebens.

☑ **Das Leben gibt uns immer das, was wir von ihm erwarten.** Wenn Du Dein Ziel eingegeben hast, aber im Grunde Deines Herzens bzw. Deines Verstandes nicht erwartest, dass Du es wirklich erreichst, dann versperrst Du Dir selbst den Weg. Versuche, immer in dem Vertrauen zu bleiben, dass das, was Du Dir wünschst, auf dem Weg zu Dir ist.

☑ **Vertraue immer wieder.** Es ist normal und verständlich, dass es Phasen gibt, in denen wir ungeduldig werden oder zweifeln, ob wir uns überhaupt in Richtung Endergebnis bewegen. Wenn Du der Wirksamkeit des Gesetzes der Anziehung misstraust und damit haderst, dass sich scheinbar gar nichts in Deinem Leben verändert, dann nähre nicht diese negativen Gedanken. Achte auf die kleinen Veränderungen, die der *Switch Code* in Deinem Denken bereits bewirkt hat. Überleg welche Möglichkeiten sich daraus für Dich ergeben können.

☑ **Verbinde Dich mit Deinem Wunsch.** Es ist ein wenig paradox, einerseits *nicht* auf ein bestimmtes Endergebnis fixiert zu sein, um andererseits stark und permanent in der Vorstellung der Erfüllung unseres Wunsches zu schwelgen. Es handelt sich dabei aber um völlig unabhängige Prozesse, die nebeneinander ablaufen. Unsere Aufgabe

ist die energetische Aufladung des erwünschten Endergebnisses. Seine Erfüllung liegt außerhalb unserer Zu-
ständigkeit. Es sind zwei Schuhe desselben Paares. Damit Du Deine Aufgabe immer wieder vor Augen hast, ist
es manchmal sinnvoll, eine gedankliche und emotionale
Hilfe in den Alltag einzubauen. Etwas, das Dich an Deinen
Wunsch erinnert und mit ihm verbindet. Etwas, das Dich
froh macht, wenn Du daran denkst, es siehst oder be-
rührst. Es kann ein besonderes Objekt sein, eine schöne
Erinnerung, ein Geruch oder was immer Dir gefällt.

☑ **Versuche nicht, Umstände oder Menschen in Deinem Umfeld verändern zu wollen.** Denke an das, was
Du Dir wünschst und lasse sich die Dinge verändern.

☑ **Mache Dir keine Sorgen darüber, *wie* Du Deine
Wünsche erreichen kannst.** Überlasse es dem Universum und der Kraft des Lebens, die Dinge in Deinem Leben Deinem Wunsch entsprechend zu regeln.

☑ **Achte auf die Synchronizität der Ereignisse.** Da Du
Dich auf Dein Ziel zubewegst, werden sich Dinge dementsprechend verändern. Das kann erst einmal unsichtbar
passieren. Es kann sich sogar so anfühlen, als ob sich

das Leben, das Dich ja eigentlich auf einer Sänfte Deinem Ziel entgegentragen sollte, gegen Dich verschworen hätte. Aber keine Sorge, das Leben ist kein mieser Verräter, sondern immer zu Deinem Wohl da. Achte also auf die Dinge, die in Deinem Leben passieren, aber bewerte sie nicht.

☑ **Achte die Beweise.** Beweise, dass Dein Leben dabei ist, sich in die von Dir vorgegebene Richtung zu verändern beginnt, können sehr vielfältig sein. Vielleicht wachst Du morgens motivierter auf, hast merkwürdige Begegnungen mit neuen Menschen, bekommst Informationen zu einem bestimmten Thema, beobachtest Veränderungen in Deinem Umfeld oder merkst allgemein, dass sich etwas wandelt. Wie auch immer, Du wirst Veränderungen in Dir oder Deinem Umfeld spüren. Leider neigen wir *vernunftsbesessenen* Wesen schnell dazu, sämtliche Beweise oder Erfolge auf unser eigenes Konto zu buchen, anstatt anzuerkennen, dass der Manifestationsprozess sich in Gang gesetzt hat. Dadurch blockieren wir womöglich weitere Veränderungen, da wir wieder in alte Muster zurückfallen. Deshalb halte nach Beweisen Ausschau und registriere sie mit einem dankbaren Gefühl. Mehr musst Du nicht tun.

☑ **Folge Deiner Intuition.** Wenn Du anfängst, Dich in kleinen Schritten in Richtung Deines Wunsches zu bewegen, werden sich Dinge *switchen*. Wenn Du beginnst, Dich so zu fühlen, als wenn Du Dein Ziel bereits erreicht hättest, wird sich Deine Sicht auf Dein Leben wandeln und Deine Seele wird Dir immer mehr Impulse schicken. Folge dann Deiner Intuition. Sie ist Teil des Navigationssystems, das Dich Deinem Ziel immer näher entgegenbringt. Dein Leben wird sich anders anfühlen. Du wirst Deinem Endergebnis entsprechend anders sprechen, anders handeln und im Laufe der Zeit eine andere Lebenseinstellung entwickeln. Deine Inspiration und Intuition werden wiedererwachen und gestärkt. Vertraue der Stimme Deiner Seele. Du wirst Dich immer mehr zu dem Menschen entwickeln, der Du wunschgemäß sein möchtest.

Ausblick

Der *Switch Code* gibt Dir die Möglichkeit, Dein Leben zu verändern. Du wirst vielleicht in den 21 Tagen Deinen Endpunkt nicht erreichen, aber Du hast die ersten Schritte in ein neues Leben gewagt. Der Weg wird vermutlich nicht immer leicht sein, aber um einiges spannender als ein Leben, das sich nicht so lebendig anfühlt, wie es sein sollte. Du hast nun die Chance, einzelne Bereiche Deines Lebens oder auch Dein gesamtes Dasein zu wandeln, und zwar in die Richtung, in die Du es verändern möchtest. Lass den Geist Deines Zieles bereits jetzt in allem wirken, was Du machst. Selbst alltägliche Dinge werden sich dann für Dich anders anfühlen. Wenn Du Deine Schwingungen erhöhst, werden neue Erfahrungen und Veränderungen in Dein Leben kommen *müssen.* Das ist das Gesetz, welches sich immer erfüllt. Es kann sein, dass Du in den kommenden Wochen, wenn Du von den Emotionen der Langeweile, der Sorge, von Ängsten, Stress oder anderen niedrigschwingenden Empfindungen bewusst auf die höheren Frequenzen der Freude, Neugierde, Erwartung und Liebe umschaltest, ab und zu ein Gefühl der Unruhe oder des Unwohlseins empfindest. Das ist völlig normal. Der Körper, aber auch unser Geist ist es nicht gewohnt, längerfristig in diesem höheren Schwingungsbereich zu sein. Es kann zu Stimmungsschwankungen kommen, da wir von unseren normalen emotionalen Bahnen, die wenig Aufregung für Geist und Seele bereithalten, auf unbekanntes Terrain wechseln. Das ist alles kein Grund zur Besorgnis, sondern eher ein freudiges Zeichen dafür, dass Du den *Switch Point* überschritten hast.

Dein Leben beginnt sich zu wandeln. Sei zuversichtlich und freu Dich auf die Veränderungen, die jetzt in Deinem Leben stattfinden.

Sei stolz auf Dich.

Ich bin es.

Mit dem *Switch Code* hast Du Dich auf eine Reise zu Dir und Deinen Wünschen gewagt. Wenn Du den Code anwendest, wird sich die Tür zu der Schatzkammer Deines Lebens öffnen. So ist das Spiel.

Nun entlasse ich Dich in Dein eigenes Abenteuer, das sich *Dein Leben* nennt. Ich wünsche Dir von Herzen eine spannende Reise. Du bist nicht nur Frau oder Mann; Du bist *geballte Lebensenergie!* Lebe und spüre diese Energie. Du bist auf dieser Welt, um Deinen rechtmäßigen Platz einzunehmen. Du musst das Leben spüren, auch wenn es erstmal nur in Deiner Fantasie ist. Das Leben sorgt für Dich. Alles ist in unserer Natur, im Universum und in unserem Körper wundervoll und perfekt organisiert. Alles ist mit allem verbunden und Du bist Teil des Ganzen. Du bist Teil der Schöpfung. Alles, was Du brauchst, ist vorhanden. Du musst es nur noch zu Dir ziehen und mit Deiner eigenen Schöpferkraft ab*schöpfen*. Du hast so viel mehr Macht, als Du bisher vermutlich dachtest. Wir sind von einem liebenden und für uns sorgenden Universum umgeben...und Du bist ein Bestandteil dieses Kosmos.

Es geht nicht darum, dass Du ein anderer Mensch werden sollst, sondern der Mensch, der Du wirklich bist. Und Du bist wundervoll.

Danksagung

Ich danke meinen Kindern Bo und Lilli, dass ich von Ihnen so viel über mich, das Leben und die Liebe lernen durfte. Meiner Mutter Karin Hansen, da ich durch sie der Mensch bin, der ich bin. Helga Novak, die mich so viel über die Mechanismen des Lebens gelehrt hat. Thorsten Schmidt, der als Geburtshelfer dafür gesorgt hat, dass dieses Baby das Licht der Welt erblicken konnte. Christian Jaekel, für seine intensiven Gespräche. Rona und Uli, für ihre Freundschaft.

Und dem Leben an sich, für die Wunder, die es vollbringt.

Danke!

Abel, G. (2004): *Zeichen der Wirklichkeit*. Suhrkamp, Frankfurt.

Birkenbihl, V.F. (2007): *Von Null Ahnung zu etwas Quantenphysik?* (DVD). MVG-Verlag.

Byrne, R. (2012): *The Magic*, Knaur Verlag, München.

Chödrön, P. (2013): Meditieren. Freundschaft schließen mit sich selbst. Kösel Verlag, München.

Craig, E. (Hg.) (1998): *Routledge Encyclopedia of Philosophy*, London/New York.

Dahlke, R. (2000): *Krankheit als Sprache der Seele. Be-Deutung und Chance der Krankheitsbilder.* Genehmigte Sonderausgabe. Orbis Verlag, München.

Dethlefsen, T. (2014): *Krankheit als Weg – Praxis der ganzheitlichen Heilung.* Vortrag 11 (CD). Aurinia Verlag, Hamburg.

Dethlefsen, T. (2014): *Krankheitsbilder – Praktische Symboldeutung.* Vortrag 12 (CD). Aurinia Verlag, Hamburg.

Dethlefsen, T. (2014): *Krankheit, Schicksal, Heilung – Transformation durch die Gesetze des Lebens.* Vortrag 13 (CD) Aurinia Verlag, Hamburg.

Dispenza, J. (2015): *Schöpfer der Wirklichkeit – Der Mensch und sein Gehirn – Wunderwerk der Evolution.* KOHA Verlag, Burgrain

Dürr, H.P. (2009): *Warum es ums Ganze geht. Neues Den*

ken für eine *Welt im Umbruch*. Oekon-Verlag, München.

Hay, L.L. (2005) *Gesundheit für Körper und Seele*. Ullstein Verlag, Berlin.

Kabat-Zinn, J. (1982): *An outpatient program in behavioral medicine for chronic pain patients based on the practice of mindfulness meditation: Theoretical considerations and preliminary results*. General Hospital Psychiatry. 4 (1)

McTaggart, L. (2003): *Das Nullpunktfeld*. Wilhelm Goldmann Verlag, München.

Tolle, E. (2003): *Stille spricht. Wahres Sein berühren*. Arkana Verlag, München.

Schmidt, E. A. (2012): *Platons Zeittheorie*. Klostermann Vittorio Verlag, Frankfurt a. M.

Stelzl, D. (2012): *Auf der Suche nach der einen Wahrheit: Quantenphysik und Huna*. Schirner Verlag, Darmstadt. *Durch Erleuchtung zur Erlösung. Spirituelle Berührungspunkte von Quantenphysik und Huna*. (Aufsatz).

Watzlawick, P. (1997): *Wie wirklich ist die Wirklichkeit – Wahn, Täuschung, Verstehen*. Piper Verlag, München.

Willaschek, M. (Hrsg.) (1999): *Realismus*. Schöningh, Paderborn.

Günstige Cover für Bücher und Ebooks gibt es bei

www.facebook.com/budgetcover/

budgetcover ist ein Angebot des citroNET Autorenservice.
Hier gibt es außerdem Hilfe beim Satz des Buchblocks,
Konvertierung in druckfähige Dateien oder ein Korrektorat:

www.citronet.de

Dort bekommt ihr auf Wunsch auch eine eigene Autoren-
Website, Grafikelemente oder Bildbearbeitung
für euer Buch.

CPSIA information can be obtained
at www.ICGtesting.com
Printed in the USA
BVHW04s1334081018
529577BV00024B/830/P

Der Switch Code bietet Dir die
Grundlagen, Dein Leben neu zu
begreifen und positiv zu verändern.
Dieses Buch öffnet Dir in vier
Schritten die Tür zur
Schatzkammer Deines Lebens.
Der Switch Code ist eine Reise zu
Dir selbst und Deinem Potenzial.

Lebe Dein Leben selbstbestimmter,
glücklicher und spannender!

Mit diesem klugen und warmen
Buch kannst Du das Geschenk
Deines Lebens auspacken, statt
immer nur an der bunten
Verpackung zu zupfen.